江苏省高校品牌专业建设工程一期项目成
江苏省教育科学"十二五"规划课题（D/
中国高等教育学会大学生素质教育研究分
大学生素质教育专题研究课题（CALE201630）结项成果

哲学通识教育的
理念、历史与实践研究

General Education in Philosophy:
Concept, History and Practice

张　亮　孙乐强　主编

南京大学出版社

图书在版编目(CIP)数据

哲学通识教育的理念、历史与实践研究 / 张亮，孙乐强主编. — 南京：南京大学出版社，2016.12
ISBN 978 - 7 - 305 - 18008 - 8

Ⅰ. ①哲… Ⅱ. ①张… ②孙… Ⅲ. ①教育哲学－通识教育－研究 Ⅳ. ①G40 - 02

中国版本图书馆 CIP 数据核字(2016)第 295569 号

出版发行　南京大学出版社
社　　址　南京市汉口路 22 号　　　　邮　编　210093
出 版 人　金鑫荣

书　　名　哲学通识教育的理念、历史与实践研究
主　　编　张　亮　孙乐强
责任编辑　施　敏

照　　排　南京南琳图文制作有限公司
印　　刷　南京玉河印刷厂
开　　本　880×1230　1/32　印张 11.875　字数 277 千
版　　次　2016 年 12 月第 1 版　2016 年 12 月第 1 次印刷
ISBN 978 - 7 - 305 - 18008 - 8
定　　价　42.00 元

网址：http://www.njupco.com
官方微博：http://weibo.com/njupco
官方微信号：njupress
销售咨询热线：(025) 83594756

代序言：我国通识教育改革的成就、困境与出路

张　亮

20 世纪 90 年代以后，我国高等教育进入新的历史改革和发展期。随着社会主义市场经济的深入推进，源于前苏联的传统专业教育模式已不再能够适应新时期人才培养的需要。在此背景下，国内一些研究型大学率先进行反思、批判，积极学习、借鉴欧美世界一流大学的先进办学理念和成功改革经验，最终聚焦通识教育，开始进行各具特色的改革探索。应当讲，经过 20 多年的思考与探索，国内教育界已对实施通识教育的重要性和必要性达成了共识。《中华人民共和国国民经济和社会发展第十三个五年规划纲要》更是把这种共识上升为国家意志，明确提出要"实行通识教育与专业教育相结合的培养制度"。然而，令人遗憾的是，经过这么长时间的摸索，人民满意、教师支持、学生认可的通识教育模式却千呼万唤不出来。我们依旧处在改革的初级阶段。有鉴于此，我们试图通过系统的历史回顾，揭示我国通识教育改革的成功经验和不足之处，并努力从我国的当前实际出发，为通识教育改革的深入发展提供一些意见和建议，供国内同行参考。

一

马克思指出："一切划时代的体系的真正的内容都是由于产生这些体系的那个时期的需要而形成起来的。"①目前饱受批评的、以专才培育为目标的人才培养模式也是如此。解放前，我国若干精英大学仿效欧美施行通识教育，在一个很小范围内取得了较为显著的成功。新中国成立后，社会主义和资本主义阵营的对立格局迫使我国做出选择，采取了全面学习苏联的立场。正是在这种历史条件下，我们摈弃了欧美的通识教育，效仿苏联建立起了专业化的人才培养模式。1956年社会主义改造完成之后，我国建立了高度集中的计划经济体制，并取得了巨大的建设成就，从而极大地强化了这种以计划和专业化培养为核心的教育模式。反过来，这种教育模式因为适应了我国当时的经济社会发展需要而展现出自身的制度性优势，为我国的社会主义建设培养了大批急需的专业性人才。因此，无论如何我们都不能以虚无主义的方式对待这种曾发挥过巨大历史作用的传统教育模式。对于传统的专业教育模式，还有一点必须强调的是，虽然以实用性的专业人才培养为目标，但它并不是一种纯粹的技术或知识教育，而是一种具有自觉的政治精英意识的专业教育，因为它要培养的专业人才必须同时是"德、智、体等全面发展的社会主义事业的建设者和接班人"，即具有高度政治责任感和历史使命感的社会精英。

改革开放以后，随着国际国内形势以及社会发展需要的变化，传统的专业教育模式的内在局限性开始暴露。首先，它的实用性

① 《马克思恩格斯全集》第3卷，人民出版社1960年版，第544页。

指导思想导致了人才培养的功利主义趋向,弱化了对学生人文素养的培育。据统计,截至1980年,我国大学本科共有1039个专业,其中理工科占了695个,而文科总共才60个[①],形成了严重的重理轻文的实用主义倾向。其次,这一模式过分强调专业培养,使学生无法形成宽广的理论视域和全面发展的素质基础,难以获得可持续的自我发展能力。再次,这种模式主要强调知识和技能教育,相对忽视人的价值情感,泯灭了学生的个性差异。最后,这种模式完全按照统一规划进行专业设置,形成了完全同质化的专业结构,导致我国专业资源分布相对分散重复。

随着改革开放和社会主义市场经济的不断深入发展,传统教育模式的内在局限日益暴露,最终使人们意识到它已经不再能够适应我国新时期的经济社会发展需要。在此背景下,国内学者开始反思并提出了一种新的大学理念,认为大学作为大学并不只是一种专业教育,即一种传授专业知识和技能的教育,更主要是塑造学生完整的人格,培养与时代相适应的、具有高度历史责任感和使命感的现代公民,为人的自由全面发展奠定坚实的素质基础。从中国高等教育中消失已久的通识教育就此回到人们的视野。在党和政府的关心、支持和领导下,我国的高等教育改革拉开了序幕。1985年,中共中央《关于教育体制改革的决定》指出,教育体制改革的根本目的在于"提高民族素质,多出人才、出好人才……所有这些人才,都应该有理想、有道德、有文化、有纪律,热爱社会主义祖国和社会主义事业,具有为国家富强和人民富裕而艰苦奋斗的献身精神,都应该不断追求新知,具有独立思考、勇于创新的科学

---

① 《中国教育年鉴(1948—1981)》,中国大百科全书出版社1984年版,第239页。

精神"①。此后,中共中央、国务院又印发了《中国教育改革和发展纲要》(1993)、《中华人民共和国教育法》(1995)等文件和法律、法规,为积极推动专业教育向素质教育的转变奠定了宏观的制度支撑。1995 年,当时的国家教委在全国 52 所高校进行素质教育试点,素质教育也由一种理念变为一种教育实践。在总结过去实践经验的基础上,1999 年,中共中央国务院颁布了《关于深化教育改革全面推进素质教育的决定》,从此以后,素质教育由原来的初步探索阶段进入到全面推进的新阶段,成为我国 21 世纪教育改革的重中之重。②

20 世纪 90 年代末以后,我国一方面大力推进高等教育大众化进程,另一方面通过实施"211"工程、"985"工程,积极支持、引导一些有条件的研究型大学走以质量提升为核心的内涵式发展道路,建设世界高水平大学。在这种背景下,北京大学、复旦大学、中山大学、浙江大学、南京大学等研究型大学陆续开展通识教育改革,为积极探索符合时代发展和我国实际情况的通识教育模式做出了重要贡献。

回顾我国通识教育改革近 30 年来所走的路,成就是有目共睹的。首先是教育理念的认识飞跃。现在人们已经明确认识到,教育最主要的目标不是培养某一狭窄领域中的专业人才,而是要培育完整的人,塑造学生健全的人格。这一理念如今已经深入人心,成为当前教育界的一项共识,并上升为国家意志。其次是实现指导思想的根本突破,充分认识到实施通识教育改革的战略意义。

① 《中共中央关于教育体制改革的决定》,《教育改革重要文献选编》,人民教育出版社 1986 年版,第 16 页。
② 袁贵仁:《素质教育:21 世纪教育教学改革的旗帜》,《中国教育学刊》2001 年第 5 期。

经过 20 多年的摸索，人们已经清楚地意识到，实施通识教育改革并不是人们头脑中捏造出来的虚假幻象，也不是机械照抄国外学校的盲目行为，而是我国社会经济发展的内在要求，是符合新时期我国人才培养、成长规律的必由之路，也是积极推动我国由教育大国转变为教育强国，全面提升人才培养质量的战略选择。再次是通识教育改革已由一种理念转变成了一场多姿多彩的实践运动。北京大学的"元培"计划、清华大学的宽口径人才培养模式改革、复旦大学低年级本科生教学改革、中山大学的博雅学院、南京大学的"三三制"改革，等等，所有这些都已清楚地表明，通识教育已从最初的理念变成了一种多样化的探索活动，而且有越来越多的大学加入到这场改革实践中来，从而为我国通识教育下一阶段的改革和发展积累了丰富的经验。最后是明确了通识教育的建设重点。1999 年，中共中央国务院颁布的《关于深化教育改革全面推进素质教育的决定》明确指出："高等教育要重视培养大学生的创新能力、实践能力和创业精神，普遍提高大学生的人文素养和科学素质。"[①]可以说，这一指示成了高校进行教学改革的科学指南，大部分高校都把培养具有"社会责任感、创新精神、实践能力和综合素质过硬"的拔尖人才作为通识教育的主要目标，这在一定程度上提升了我国人才的整体素养。

二

尽管取得了有目共睹的成就，但我们必须承认，我国的通识教

[①] 《中共中央国务院关于深化教育改革全面推进素质教育的决定》，《人民教育》1999 年第 7 期。

育改革目前已陷入踟蹰难前的困境之中。一方面,倡导改革的相关高校自觉殚精竭虑、成效显著。但另一方面,在人民群众和教育主管部门看来,这些改革雷声大、雨点小,似乎并没有实效;在作为通识教育改革执行者的任课教师看来,改革信念虽然坚定,措施却未必得当,有乱指挥、瞎折腾的嫌疑;而广大接受通识教育的学生也不买账,觉得水货多,干货少,对自己的成长和发展意义不大。事实上,"钱学森之问"的提出及其在社会上得到的广泛共鸣,充分传达了社会各方面对通识教育改革进展不大、成效不彰的失望和不满。作为一项系统工程,通识教育改革的确不可能一蹴而就。然而,如果改革20多年,我们却依然处于改革的初级阶段,那么,就必须认真思考我们的改革究竟怎么了。

检讨通识教育改革当前遭遇的困境,以下一些问题值得我们认真思考:

第一,缺乏自觉的本土化指导纲领。在国内大学里,一提通识教育,人们就会想到哈佛、耶鲁,特别是耶鲁大学1828年发表的《耶鲁1828报告》,仿佛美国大学早在那个时代就形成了成熟有效的通识教育模式似的。事实上,《耶鲁1828报告》只是美国大学移植欧洲通识教育的开始,只是到了1943年的《哈佛通识教育红皮书》,美国大学才真正找到符合现代美国大学需要的通识教育模式。也就是说,我们现在奉为圭臬的美国经验其实是美国大学长期本土化的产物。然而,我们却从根本上忽略了这一点,以为只要照搬照套哈佛或耶鲁的经验,就能学到通识教育的真经。美国大学的成功和我们当前的困境都说明,我们只有走本土化道路,将国外的先进理念与中国大学实际相结合,才能建构一套符合中国大学需要的通识教育理念、培养目标、课程体系以及制度规范。成语说"纲举目张"。符合中国实际的本土化指导纲领就是我们成功完成通识教育改革的纲,只有拿起这个纲,目(具体的通识教育改革)才能张。

第二,根本培养目标,即培养什么人,不明确。培养什么人是一切教育改革的出发点和落脚点。在这个根本点上,美国大学始终非常明确。1947年,美国高等教育委员会发表《为了民主的高等教育》报告,明确阐述了美国通识教育的目标,即培育体现美国主流价值观、与美国的社会制度相适应的社会公民。具体而言,又分为11条:培养具有民主理念和伦理原则的行为;参与团体和社会活动并有所贡献;了解和运用自然环境,科学地解决生活问题;相互尊重以促进了解和平;了解他人观点,并有效表达自己观点;掌控情绪,并具有良好的社会适应能力;保持体能健康;会欣赏并参与文艺活动;与家人和美相处,并具有相关知识和伦理;选择并快乐地从事符合自己兴趣与才智的工作;能有批判性的能力和习惯,具有建设性的思想。[①] 相比之下,我们对这个问题的认识则要模糊得多,仅仅抽象地提出要培养"全人"或"社会公民"。然而,这是怎样的"社会公民"呢? 美国的,中国的? 如果说是中国的,那么他们应当具有什么样的品质? 说到底,我们的通识教育改革在坚持、捍卫、传播社会主义核心价值观这个大是大非问题上认识还不够到位、行动还不够坚决。

第三,教育内容的选择缺乏章法。教育目标决定教育内容,而教育内容反过来又服务于教育目标的达成。在这个方面,美国大学积累了非常丰富的经验。以哈佛大学最新版通识教育计划为例,[②]八类课程不仅每一门课程都目标明确,而且类与类、课程与

---

① 黄坤锦:《美国大学的通识教育》,北京大学出版社2006年版,第82页。

② http://www.generaleducation.fas.harvard.edu/icb/icb.do 2013-03-24.

课程之间相互联系、相互支撑,构成了一个有机整体,从而很好地实现了批判精神与公民意识、古典与现代、本土视野与世界视野的交融和统一。反观我国,通识教育课程的设置既缺乏整体设计,也缺乏个别论证,因人开课的现象非常普遍,结果严重损害了通识教育改革的实效及其声誉。

第四,制度保障不力。通识教育改革是一项系统工程。不论是本土化纲领的锤炼、根本培养目标的制定、教育内容的遴选,还是教学过程的实施、教学效果的评估,都需要以切实可行的制度安排为保障,否则就只能流于形式。从当前我国通识教育的发展现状来看,在制度建设方面还存在很多不足:开展通识教育改革的高校没有建立具有充分代表性和权威性的专门委员会负责总体设计,改革往往成为少数改革者的"私事";有些高校成立了专门的机构,但权威和权力都不充分,对教学过程及其效果缺乏有效的监督、管理和评估,因而难以兴利去弊,积聚改革的正能量;相关高校都建设了不少规章制度,但这些制度往往比较原则化,可操作性不强,且系统性不足,无法对通识教育改革的总过程形成有效覆盖,结果导致虽有制度但形同虚设。

第五,对通识教育历史地位的认识仍旧不足。经过 20 多年的积极探索,我们对通识教育的战略意义已有了充分认识。然而,令人遗憾的是,这种充分认识在实践中并没有转化为名副其实的建设活动。当前,我国通识教育改革基本上都是在专业主义的模式下进行的,换言之,在实践中,通识教育根本无法撼动专业教育的主导地位,最终沦为专业教育的"加餐"、"小甜点"。也就是说,大学的教学改革并没有全面贯彻通识教育的理念,这成为影响通识教育改革成效充分发挥的一个重要因素。

第六,对通识教育和专业教育的关系的认识存在误区。在当前教育界，存在一种观点，认为通识教育是对过去以政治价值观为主导的专业教育模式的一种替代，是一种去意识形态化的价值中立教育。如果说过去的教育模式过分强调了价值观引导的政治功能，那么，这一观点则试图取消主流价值观教育的合法性，完全走向了另一个极端。通过对哈佛大学的细致研究，可以发现，不论是1945年的《通识教育的红皮书》还是2009年新版通识教育计划，其最根本的目标就是，将美国的主流价值观渗透到课堂中去，以一种潜移默化的方式引导学生的价值观，将其塑造成美国主流价值观所需要的社会公民。以此来看，通识教育绝不是一种消除主流价值观引导的中立教育，相反，它本身就是一种价值观教育：如果缺少了后者的引导，通识教育必然会失去方向，沦为各种腐化思想的温床；反过来，如果通识教育培养出来的学生不符合这个社会主流价值观的要求，那么，这种通识教育必然是一种失败的教育。以此来看，通识教育与主流价值观教育绝不是两个相互矛盾的对立面，而是相互融通、内在联系在一起的。

三

通过上述分析，可以看出，与世界一流大学相比，我国通识教育改革依旧处于初步探索阶段，离真正成熟的通识教育模式还有很大的差距。这也由此引出一个重要问题，即我们该如何解决和克服当前通识教育存在的问题，不断将通识教育改革推向前进呢？基于已有的实践，我们认为可以从以下几个方面入手：

第一，必须要进一步明确中国通识教育改革的指导思想和理念，实现指导思想的本土化。虽然国内学界已对通识教育的理念达成一定共识，但在怎么建设的问题上尚未形成一定的共识，目前大部分教学改革和实践都只是对国外大学的简单复制和移植。在这方面,我们应当进一步明确我国通识教育建设的指导思想,即从中国语境出发,以本土化为原则,建构一套有中国特色的通识教育模式。更为重要的是,要建立一套与通识教育相匹配的规章制度,使通识教育改革的每一步都"有法可依",为通识教育改革的深入发展提供坚实的制度保障。

第二,应当进一步明确中国通识教育的培养目标,培育真正符合中国主流价值观和时代发展的现代公民。我们认为,通识教育"应当面向三个维度,即面向现代社会人全面发展的要求,面向全球化、信息时代的挑战,面向中国社会现代化转型的挑战"①。具体而言,中国通识教育应当培养具有"世界眼光、中国灵魂的现代公民"。所谓"现代公民"意味着能正确认识我们身处其中的现代社会,以形成符合现代社会要求的认知、情感、意志、品质、能力和行为方式;"世界眼光"意味着能够从全球化的角度来看待世界以及处于世界中的中国,进而形成与这个全球化时代相匹配的国际视野和国际化交往能力;而"中国灵魂"则意味着能够正确认识中国的文化传统,不仅知道自己在何种意义上是一个中国人,而且明白自己只有作为中国人才能被其他国家地区的人们尊重,从而真正成为一个具有中国灵魂的中国人。如果将这三个方面具体化为素质要求,它应当包括:理性的批判精神、良好的道德修养、高度的社会责任感、高度的文化认同感、宽广的理论视野、良好的社会适应能力以及无私的奉献精神。

第三,应当根据本土化的培养目标,建构具有中国特色的通识课程体系。根据上述观点以及国内外开展通识教育的经验与反

---

① 唐磊:《通识教育中国化及其定位》,《光明日报》2013年1月3日第7版。

馈,我们认为,当前我国通识课程体系应当包括七大类:(1) 现代视野中的中国传统文化,从 21 世纪的视角审视中国传统文化的成就与不足之处,全面塑造学生的文化认同感和民族自信心;(2) 影响世界的重要文明,积极培育学生的国际视野,增强学生的文化包容性和开放性,使学生能够正确地认识世界,认识中国在世界中的地位,培育学生的社会责任感和历史使命感;(3) 伦理价值观与思维方法,强调社会主流价值观的传递,塑造学生的高贵品格;(4) 科学与世界,系统介绍自然科学的重要概念、客观事实和相关理论,使学生更好地理解自己生活的世界和宇宙,提升学生的科学素养;(5) 经济发展与社会问题,培养学生的批判思维,积极锻造学生解决实际问题的能力;(6) 文学艺术与诠释,积极提升学生的个人修养和审美趣味;(7) 跨文化沟通与人际交往,培育学生的社会适应能力。这七类课程既凸显了国际视野又兼顾了本土特色,共同构建出一个较为完整的通识课程体系,必然能够为中国通识教育目标的实现提供坚实保障。

第四,应当加强师资队伍建设,为通识教育改革提供人力支撑。教师是通识课程建设的主体之一,教师自身的素养决定了通识课程质量的高低。从现有状况来看,大部分高校教师都是在传统专业模式中学习的,他们所习得的理念和知识大部分都是一种专业知识,而这与通识教育的要求还存在一定差距。换言之,当前能够真正胜任通识课程的高校教师是很有限的,这是当前我国通识教育改革所面临的重要问题之一。因此,高校和教育管理机构必须要进一步加强通识课程师资力量的培训与建设,精心打造一支高水平、研究型、国际化的教学团队,只有这样,才能真正为通识教育的可持续发展提供坚实的人力保障。

第五,必须改变传统以知识灌输为中心的教学方式,积极探索符合通识教育理念和本质的授课方式。作为高等教育的一部分，通识教育无论试图传达什么理念，都应当具备学术性、启发性和形式上的多样性。这就要求通识课程不拘泥于过去一位教师向数百名学生满堂灌的形式，而是在吸取经验、全面听取师生意见、结合课程具体情况的基础上，合理安排授课方式。如讲座大课与研讨小课相结合，课堂讲授与参观学习相结合，甚至可以安排观点不同的教师在同一课程中分别讲授，既唤起学生的兴趣，也培养他们独立思考的能力与批判精神。

目　录

第一章 什么是哲学通识教育

2015年1月,中共中央办公厅和国务院办公厅印发的《关于进一步加强和改进新形势下高校宣传思想工作的意见》强调指出:"要充分发挥高校哲学社会科学育人功能,深化哲学社会科学教育教学改革,充分挖掘哲学社会科学课程的思想政治教育资源。"这些都对新时期充分发挥哲学社会科学的育人功能提出了明确要求。因此,如何站在时代发展的制高点上,结合中国语境,打造一套符合时代发展的哲学通识教育模式,全面发挥哲学的咨政育人功能,就是当前我国高等教育改革必须面对和着力解决的重大问题。而要完成这一建构,首先必须澄清哲学与通识教育的关系,全面阐述哲学通识教育的科学内涵、理念及其历史地位。

第一节 哲学教育与通识教育关系辨识

综观世界教育发展史,可以发现,通识教育或博雅教育已成为当今时代发展的主流。那么,在整个通识教育体系中,哲学究竟发挥什么样的作用呢？哲学教育与通识教育的培养目标是否一致？它们存在何种关联？要解答这一问题，必须厘清哲学教育与通识教育的内涵及其辩证关系。

1. 哲学与哲学教育

哲学(Philosophia)概念的起源凝结着人们关于哲学的"最大公约数"：哲学是一种从总体上把握世界的人类智慧。尽管给哲学下定义几乎是不可能的，但人们并没有因此感到多大的困扰。这是因为人们在哲学概念的起源中找到了基本共识，从而在事实上给出了一种替代性的定义。Philosophia(哲学)是两千五百年前古希腊人创造的一个术语。希腊文 Philosophia 由 philo(爱、追求)和 sophia(智慧)构成，意思是爱智慧或追求智慧。不过，哲学所追求的智慧并不回答和解决各种具体问题，而是力图为人类社会的生存与发展、个人的安身立命提供指引。在这一点上，古今中外的哲学是一致的。孙正聿先生指出，作为爱智之学，"这种'大智慧'和'大聪明'，按照中国传统哲学的看法，就是'究天人之际，通古今之变'，'判天地之美，析万物之理'，'为天地立心，为生民立命'；按照西方传统哲学的看法，就是'寻求最高原因的基本原理'，'提供一切知识的基础'，'发现生命的意义'和'使人崇高起来'；按照现代西方哲学的看法，就是解决'精神的焦虑'、'信仰的缺失'、'形上的迷失'、'人性的危机'、'意义的失落'和'人与自我的疏离'等等问题；按照马克思主义哲学的看法，最根本的就是解决'现实的人及其历史发展'的问题。所有这些问题，用通常的说法，就是哲学所研究的'世界观'、'历史观'、'人生观'和'价值观'等等问题"①。

---

① 孙正聿：《哲学通论》，人民出版社 2010 年版，第 3 页。

以此来看，第一，哲学不是一种单纯的知识传授，更不是某种专业技能的学习，而是人类探究人与世界、人与社会的关系以及人之为人的一门大学问。哲学教育也不是一种单纯的知识和技能教育，而是"使人作为人能够成为人，而不是成为某种人"①的教育，是一种心灵的熏陶、智慧的启迪和健全人格的培育。

第二，哲学教育是一种世界观、人生观、价值观教育。马克思说："任何真正的哲学都是自己时代的精神上的精华"，"是文明的活的灵魂"②。任何一种哲学都不是理论家的主观虚构，而是"哲学家以时代性的内容、民族性的形式和个体性的风格去探索人类性问题"的理论结晶。作为理论形态的世界观，哲学的内容极为丰富，既包括对自然以及人与自然关系总体理解的自然观，又包括对历史以及人与历史关系总体理解的历史观，还包括对人本身以及人生意义总体理解的人生观，同时也包含人们对价值原则、价值规范和价值理想的认知。由于世界是多种多样的，这也决定了以理论形态呈现出来的世界观、人生观和价值观必然是多姿多彩的，这种多样性和开放性构成了哲学的理论特征和内在生命力。"正是这些多姿多彩的哲学理论，表现和推进了人类对自身的追问，表现和推进了人类对世界的求索，表现和推动了人类对自身与世界的相互关系的理解，历史地变革人们的世界图景、思维方式、价值观念、审美意识和终极关怀，从而塑造和引导了新的时代精神。"③从这个角度而言，哲学是把握时代精神演变、透视人类文明变迁的一个窗口，是人类有效应对文化、思想和精神危机的一种利器。贺麟

①　冯友兰：《中国哲学简史》，北京大学出版社1985年版，第16页。
②　《马克思恩格斯全集》第1卷，人民出版社1995年版，第220页。
③　孙正聿：《哲学通论》，人民出版社2010年版，第26页。

先生强调:"哲学知识或思想,不是空疏虚幻的玄想,不是太平盛世的点缀,不是博取科第的工具,不是个人智巧的卖弄,而是应付并调整个人以及民族生活上、文化上、精神上的危机和矛盾的利器。哲学的知识和思想因此便被认为是一种实际力量——一种改革生活、思想和文化上的实际力量。"①然而,在不同的历史时代或不同的民族国家中,不同的哲学形态又具有不同的历史地位,"每个时代都有每个时代的精神,每个时代都有每个时代的价值观念","人类社会发展的历史表明,对一个民族、一个国家来说,最持久、最深层的历史是全社会共同认可的核心价值观。核心价值观,承载着一个民族、一个国家的精神追求,体现着一个社会评判是非曲直的价值标准……如果一个民族、一个国家没有共同的核心价值观,莫衷一是,行无依归,那这个民族,这个国家就无法前行"②。因而,在不同的历史时代或不同的民族国家中,占主导地位的哲学教育必然表现为主流世界观、人生观、价值观的教育。

第三,哲学教育是一种系统化的逻辑思维训练。"哲学的力量,是一种理论的逻辑力量,一种理论的说服力量,一种撞击人的理论思维的力量。'逻辑感',是哲学的最为基本的重要品格。"③哲学不是语言游戏,更不是概念或范畴的简单罗列,而是通过严密的概念、推论和判断的演化,呈现出来的一种系统的逻辑思维。恩格斯曾说,要培育这种思维,"除了学习以往的哲学,直到现在还没有别的办法"④。这正是哲学的魅力和不可替代的价值所在。因

---

① 贺麟:《当代中国哲学》,《中国现代哲学原著选》,复旦大学出版社 1989 年版,第 619 页。

② 《习近平谈治国理政》,外文出版社 2014 年版,第 168 页。

③ 孙正聿:《哲学通论》,人民出版社 2010 年版,第 3 页。

④ 《马克思恩格斯选集》第 4 卷,人民出版社 1995 年版,第 284 页。

此，作为一种理论形态，哲学教育应当注重逻辑思维的训练，即通过严谨的理论分析和逐层递进的逻辑跃迁，实现部分与整体、要素与全体的无缝连接，彰显思想的丰富内涵，全面再现逻辑思维的理论魅力和现实力量。

第四，哲学教育是一种反思性的批判精神培育。马克思指出，作为把握世界的一种基本方式，哲学"不同于对于世界的艺术精神的，宗教精神的，实践精神的掌握"①。如果说神话是人对宇宙的一种想象和拟人化的把握，那么，宗教则是人根据自己的本质所创造出来的神圣世界；如果说艺术创造了属人的审美世界，那么，科学则创造了属人的求真世界，而常识则是人对世界的一种无反思性的经验把握。与它们相比，哲学究竟具有什么样的独特价值呢？黑格尔曾说："哲学的认识方式只是一种反思——意指**跟随在事实后面的反复思考**"；哲学所跟随的"事实"不是感性的具体事实，而是"一种现存的知识"，因此，"反思以**思想**的本身为内容，力求思想自觉其为思想"②。正是这种反思性，将哲学与神话（幻想）、宗教（信仰）、艺术（审美）、常识（经验）和科学（知识）区分开来，从而在哲学与它们之间找到了一条切实可行的界划标准。"哲学的这种'大智慧'和'大聪明'，不是既定的知识，不是现成的结论，不是实例的解说，不是枯燥的条文，而是追究生活信念的前提，探寻经验常识的根据，反思历史进步的尺度，询问评价真善美的标准。哲学智慧反对人们对流行的生活态度、思维方式、价值观念、审美情趣等采取现成接受的态度，反对人们躺在无人质疑、因循守旧的温床

---

① 《马克思恩格斯全集》第30卷，人民出版社1995年版，第43页。
② ［德］黑格尔：《小逻辑》，贺麟译，商务印书馆1980版，第8、40页。

上睡大觉。"①从这个角度而言,哲学教育必然是一种反思性的批判思维的培育:首先,它把神话、宗教、常识、艺术等作为反思对象,通过对它们的前提性批判,深入追问思维与存在之间的内在关系,超越它们的自明性前提和思维方式的内在局限性,从而提供一种反思性的批判思维。其次,作为人类把握世界的一种方式,科学主要运用理论思维探索宇宙、自然、社会和精神发展的客观规律,它的主要任务在于求真,从而开启了一种科学主义的思维范式和价值规范。但是,作为追求思维与存在统一性的活动,科学本身并不能解决人的存在意义问题,而哲学不仅追求思维与存在的同一性,更在于从根本上反思思维与存在的关系问题,它不仅在于求真,更在于求善求美,从而超越了关于思维与存在关系的定向理解。再次,哲学的反思性不仅是对神话、宗教、艺术、常识和科学的反思,更是一种自我批判。作为时代精神的精华,哲学必须从"阿门塞斯冥国"②中走出来,实现世界的哲学化和哲学的世界化,一种深刻的哲学必须切中时代发展的脉搏,回应时代问题,重塑时代精神,这本身就是哲学的自我批判。正是这种反思性的批判思维,将哲学与其他一切理论形态界划了开来。

第五,哲学教育是一种批判性的创新思维的培育。哲学的批判性在于反思各种理论(包括自身)的思想前提,是一种清理地基的批判活动;但哲学绝不是彻底的否定,而是在清理地基的基础上,实现理论的综合创新与升华。科学、艺术、常识、伦理和宗教等提供了关于人与世界、人与社会、人与人之间关系的不同理解,而哲学则是对上述方式的一种综合性超越,是经验与超验的辩证统

---

① 孙正聿:《哲学通论》,人民出版社 2010 年版,第3—4页。
② 《马克思恩格斯全集》第40卷,人民出版社 1982 年版,第258页。

一,是知情意的内在融合和真善美的圆融互通,能够为人类提供真正的时代指引和精神诉求。因此,哲学的评价标准并不在于它是否具有片面性或局限性,而是在于它能否为人类的知行提供创造性的指引。从这个角度而言,哲学教育不仅要注重逻辑思维和批判思维的训练,更要注重创新思维的培育。

最后,哲学教育是一种救世情怀的熏陶。作为一名合格的现代公民,除了具备基本的素养外,还应具有"敢为天下先"的担当意识和高度自觉的社会责任感,这是时代发展的必然要求。在专业化发展的大背景下,现代知识分子大多沦为一种专业学者和技术专家,沉迷于理论和技术的玄幻之中,遗忘了对社会和人类命运的关注。这恰恰是传统专业教育的弊端。作为一种大智慧,哲学是探究世界存在之道、人之为人之本、社会发展之方向以及生命意义之归宿的大学问;作为密涅瓦的猫头鹰和高卢的雄鸡,哲学在总结过去的基础上,汲取智慧,为未来人类社会的发展提供精神之源,使其朝着有利于每一个人的自由全面发展的方向而不断前行,真正实现真善美的圆融。哲学以其高贵的品性,赋予人类以高度自觉的历史使命感、社会责任感、崇高的价值旨趣和不可或缺的终极关怀,使其成为人类安身立命之本、社会创新之源、时代精神之精华、文明传承之灵魂。哲学能够启迪人类智慧,唤醒人类良知,明辨是非曲直,反思进步之尺度,澄明生命之意义,它所孕育的这种高尚情怀和担当意识,能够为人类社会发展提供不可替代的精神家园。

总而言之,正是由于哲学的内在品格,使其在整个人类文明史上具有不可替代的历史价值。如果一个民族没有自己的哲学,那么,这个民族是没有灵魂的。同样,一座大学如果没有哲学教育,那么,这座大学也不可能称得上是一座真正的大学。

2. 自由教育、博雅教育或通识教育

通识教育起源于古希腊的自由教育(liberal education,又译为博雅教育),"最初出现在奴隶社会……在奴隶社会里,人被分成两种:自由人和奴隶,或者说统治者和服从者。奴隶承担仆佣性质的专门化职业,自由人主要关注公民的权利和责任。对于前者的训练完全是职业性的,但是自由人不仅是统治阶级,而且还是有闲阶层,他们的教育仅限于自由的技艺(liberal arts),没有任何实用的色彩。自由人被培养成为思索和追求美好人生的人,他们的教育是非专门化的(unspecialized)也是非职业化的(unvocational),其目的是培养出一个对于自身、对于自身在社会和宇宙中的位置都有着全面理解的完整的人"①。所谓自由教育实际上是自由人所接受的教育,它的目的不是为了获得某种专业技能,更不是为了获取钱财,而是为了完善自身的发展,使之成为一个符合德行的完整的人。与此相反,奴隶所接受的教育则是一种"卑陋"的职业教育。"任何职业、工技或学科凡可影响一个自由人的身体、灵魂或心灵,使之降格而不复适合于善德操修者,都属'卑陋';所以那些有害于人们身体的工艺或技术,以及一切受人雇佣、赚取金钱、劳悴并堕坏意志的活计,我们就称为'卑陋'的行为。"②

以此来看,第一,自由教育是与奴隶社会相适应的教育形式,是奴隶主或统治阶级享有的贵族式精英教育,它不包含任何实用或功利性色彩,它的根本目的是为了塑造人的品性,使人成为真正的自由人和公民;而奴隶教育则是为了生存或某种实用目的而进

---

① [美]哈佛委员会:《哈佛通识教育红皮书》,李曼丽译,北京大学出版社 2010 年版,第 40 页。

② [古希腊]亚里士多德:《政治学》,吴寿彭译,商务印书馆 1997 年版,第 408 页。

行的职业培训,称不上"人"的教育。第二,马克思恩格斯指出:"统治阶级的思想在每一时代都是占统治地位的思想。这就是说,一个阶级是社会上占统治地位的物质力量,同时也是社会上占统治地位的精神力量。支配着物质生产资料的阶级,同时也支配着精神生产资料,因此,那些没有精神生产资料的人的思想,一般的是隶属于这个阶级的。"①所谓自由教育与职业教育的划分一开始就打上了意识形态的烙印,这一点注定了自由教育绝不是一种异质于核心价值观的中立教育,相反,而是一种根植于统治阶级意识形态并为后者服务的价值观教育。第三,与培养目标一致,教育内容主要包括传统的"七艺":逻辑学、文法、修辞、几何学、天文、算术和音乐,以更好地培育人的心智和理性,使人成为一个自主的"完人"。最后,自由教育是以闲暇为前提条件的,正是由于闲暇,这些人才能摆脱外在实用或功利目的的束缚,着眼于人的完善和发展。

　　进入中世纪,宗教占据了绝对主导,古希腊、古罗马文化逐渐被遗忘,上帝成为至高无上的存在,而人被淹没在上帝的光环之中。结果,自由教育也逐渐被宗教信仰所代替。到了14—17世纪,在文艺复兴运动的推动下,人性逐渐压倒了神性,重新成为宇宙的中心。也是在此背景下,古希腊、古罗马的自由教育再次受到重视,被赋予了"人文教育"的内涵。不过,与亚里士多德一样,这种教育是与职业教育相对的,主要是面向上层贵族的精英式教育,而不是面向普罗大众的普及教育。这种人文主义传统在牛津大学和剑桥大学得到了进一步贯彻和发展。普莱斯特里的《面向公民和积极生活的博雅教育课程》以及诺克斯的《博雅教育》,分别从不同的方面,对这一理念做出了系统阐发。

---

　　① 《马克思恩格斯选集》第1卷,人民出版社1995年版,第98页。

　　然而,自近代以来,人类进入到科学蓬勃发展的时代,伽利略和牛顿创立的科学实验方法得到了广泛运用,这对传统的自由教育或博雅教育产生了巨大冲击。19世纪中叶以来,以孔德为代表的实证主义将这种方法论发挥到极致,形成了以经验证实为核心的实证原则,并将其视为研究人类行为的唯一的正确方法。在此影响之下,德国的梅伊曼和尹拉将实证主义运用于教育学,开启了教育学的科学化转向,建立了以实证主义为原则的实验教育学。以此为开端,法国的比奈和西蒙发动了智力测验运动,各种教育测量开始运用于教育研究,20世纪初出现了激动人心的"教育科学运动",其中被誉为"教育科学之父"的桑代克是影响最大的人物。他不仅创立了教育心理学,而且大力倡导科学教育学认识论规范,把教育学的量化研究推到极致。[①] 另一方面,第一次和第二次工业革命的蓬勃发展,进一步强化了教育的知识论范式。马克思指出:"大工业的原则是,首先不管人的手怎样,把每一个生产过程本身分解成各个构成要素,从而创立了工艺学这门完全现代的科学。社会生产过程的五光十色的、似无联系的和已经固定化的形态,分解成为自然科学的自觉按计划的和为取得预期有用效果而系统分类的应用。"[②]工业的发展,进一步加剧了对技术人员的要求,这从侧面进一步强化了教育的实用化转向。这种教育范式的形成,极大地推动了科学的发展和社会的进步,然而也带来了一系列的弊端。首先,这种范式完全遵循传统的主客二分模式,把教育对象视为没有情感的客体对象,单纯通过外在灌输方式进行知识传授,完

---

①　康万栋:《教育学科学与人文的双重性格》,《中国教育学会教育基本理论委员会第十届年会交流论文》,2005年。

②　《马克思恩格斯全集》第44卷,人民出版社2001年版,第559页。

全压抑了受教育者的能动性和创造性。其次，这种范式过分强调实证思维，形成了以工具理性为主导的思维范式，忽视了批判精神的培养。再次，这种范式完全割裂了知识与生活之间的内在联系，致使教育的两大领域发生了断裂，"一方面现代人把派生的科学世界的教育当作教育本身，认为科学世界的教育就是人的全部教育，而那更为根本的生活世界的教育却不知不觉地被遗忘了；另一方面，现代的科学世界的教育又表现出悲壮的'浮士德精神'，在这种教育中，人为了取得对知识和对自然的权力，放弃了对自身生命根本的关注，把自己的灵魂典当了出去"①，培养出来的都是一些"没有精神的专家，不懂感情的享乐者"，成了"没有灵魂的工程师"。最后，这种范式忽视了对人生意义和价值的追求。"在19世纪后半叶，现代人让自己的整个世界观受实证科学支配，并迷惑于实证科学所造就的繁荣。这种独特现象意味着，现代人漫不经心地抹去了那些对于真正的人来说至关重要的问题。"②教育绝不只是一种知识传授，更要培养人的价值理性，为实现人的自由全面发展提供可靠基础。

在此背景下，以赫胥黎、纽曼和洪堡为代表的教育家，分别从不同角度对新时期的自由教育或博雅教育做出了探索。赫胥黎指出，面对工业革命和科学主义的冲击，大学教育再一味地固守人文主义传统，已无法适应时代发展的要求，必须将科学教育纳入自由教育或博雅教育之中。他在1868年的演讲《在哪里能找到一种自由教育》中指出："自由教育，就是在自然规律方面的智力训练，这

---

①　高德胜：《知性德育及其超越》，教育科学出版社2003年版，第35页。
②　[德]胡塞尔：《欧洲科学危机和超验现象学》，张庆熊译，上海译文出版社1997年版，第5页。

种训练不仅包括了各种事物以及它们的力量,而且也包括了人类以及他们的各个方面,还包括了把感情和意志转化成与那些规律协调一致的真诚热爱的愿望。"①在他看来,大学教育应当在自然科学和人文科学之间保持平衡,决不能左支右绌、顾此失彼,不同专业的学生都必须具备基本的自然科学和人文学科知识,才能适应时代的发展需要。这一理念在某种程度上改变了文艺复兴时期的人文主义传统:一方面,将科学教育置于与人文教育同等重要的地位,成为博雅教育的基本内容;另一方面,这种教育不再单纯地面向上层贵族,而是逐渐向大众倾斜。面对专业教育和科学主义的盛行,纽曼在《大学的理想》中极力维护了牛津大学和剑桥大学的自由教育传统。他认为,自由教育或博雅教育应当是专业教育的前提,"理智不是用来造就或屈从于某种特殊的或偶然的目的、某种具体的行业或职业抑或是学科或科学,而是为了理智自身进行训练,为了对其自身故有的对象的认识,也是为了其自身的最高修养"②。因此,大学教育首先是"成为人"、然后才是成为"某种人"的教育。也是在此基础上,纽曼认为,博雅教育就是"绅士教育",后者必须"具备有教养的才智,有灵敏的鉴赏力,有率直、公正、冷静的头脑;待人接物有高贵、谦恭的风度是好事——这些都是广博知识天生具有的本质。它们都是大学的目标"③。如果一味地强调专业教育,就会本末倒置,相反,只有通过博雅教育的洗礼,每个人才具备更加完善的理智,才能更好地接受专业教育。这种"绅士

---

① [英]赫胥黎:《科学与教育》,单中惠等译,人民教育出版社1990年版,第59页。

② [英]纽曼:《大学的理想》(节译本),徐辉、顾建新等译,浙江教育出版社2001年版,第72页。

③ [英]纽曼:《大学的理想》(节译本),徐辉、顾建新等译,浙江教育出版社2001年版,第40页。

教育"理念成为后来牛津大学和剑桥大学自由教育的指导思想,形成了延续至今的博雅教育传统,在世界范围内产生了重大影响。

　　由于深受人文主义传统的影响,洪堡提出了一系列的改革措施,重塑德国大学教育,其中最为突出的是教学与科研相结合以及学术自由原则。他认为,大学应该是自由的殿堂,不能一味地迎合社会,而应当保持自己的独立性,研究纯科学的知识;同时,大学绝不应当以培养专业化人才为目标,而应当注重培育眼界开阔、目光远大、具有独立判断力和个性自由的"完人",后者应当具有六个特征:(1) 充分的自由性;(2) 适当的规律性;(3) 丰富的想象力;(4) 较强的思辨能力;(5) 独立的个性;(6) 完整的民族性。[①] 在洪堡的主导下,以柏林大学(1949 年后,改名为柏林洪堡大学)为代表的高等教育改革,奠定了德国自由教育的发展方向。第二次世界大战之后,由于社会、政治、意识形态等多重因素的影响,德国大学呈现出多样化的发展模式,但洪堡的自由教育理念依然发挥着重要作用,成为后来德国大学教育改革的重要基础。与洪堡的理想型大学理念不同,经过启蒙运动和法国大革命的洗礼,法国大学形成了一种与政治传统相结合的教育理念。在后者看来,大学不应当脱离社会,相反,更应当积极地融入社会,培养引领社会发展的政治精英。由此观之,古典自由教育经过工业革命和近代民主革命的冲击之后,在英、德、法各自传统的基础上,形成了以绅士教育、自由教育和政治教育为代表的教育理念,确立了与现代欧洲民主制度相适应的博雅教育模式。[②]

---

　　① 转引自姚小平:《洪堡特——人文研究和语言研究》,外文教学与研究出版社1998 年版,第 22—29 页。洪堡特即洪堡,翻译不同。
　　② 孙华:《通识教育的欧洲模式》,《江苏高教》2015 年第 2 期。

　　与欧洲相比,美国在自由教育的探索方面起步较晚。作为英属殖民地,这一理念直到 17 世纪才传入美国。当时美国人仿照剑桥大学建立了第一所高等学府,这就是后来的哈佛大学。此时,它的教育模式和课程设置基本上都是参照欧洲自由教育的理念而建构起来的。从这个意义上说,欧洲经验对于刚刚起步的美国大学而言起到了积极的借鉴作用。然而,到了 18—19 世纪,这一模式遇到了巨大挑战。一方面,美国独立战争的爆发,使美国摆脱了英国的殖民统治,建立了相对民主的资产阶级制度,这在一定程度上冲破了古典自由教育得以存在的社会基础(虽然南方还保留一定的奴隶制度);另一方面,第一次工业革命的深入发展,激发了对技能和专业人才的需要,使得被古典自由教育视为"卑陋的"职业教育,成为这一时期美国大学的新宠。在这种背景下,美国人开始认真反思一个问题,即究竟是继续沿着欧洲自由教育模式走下去还是立足本土再创造? 美国人给出了自己的答案,这主要体现在 1828 年的《耶鲁报告》中。这一报告指出:"大学的目的,不是教导单一的技能,而是提供广博的通识基础;不是造就某一行业的专家,而是培养领导群伦的通才。学生从大学所获得的不是零碎知识的供给,不是职业技术的贩售,而是心灵的刺激与拓展、见识的广博与洞明。"①换言之,教育的目的不是单纯的职业和技能培训,而是塑造"完整的人"。从这个意义上来讲,这一报告坚持了古典自由教育的理念,但并不是对它的简单移植,而是结合美国实际情况进行的再创造:古典自由教育是面向少数贵族的精英式教育,而美国教育则是为整个社会培养人才,是一种面向大众的普及性教

---

　　① A Committee of the Corporation and the Academical Faculty, *The Yale Report of 1828*, Hezekiah Howe, 1928, p. 20.

育。其次,这一报告虽然认为教育的目的是为了培养"通才",但它本身并不反对专业教育本身,而是反对将后者视为教育的唯一内容。在这里,专业教育不再被视为一种"卑陋"行为,它与"自由教育"的关系也在新的历史环境中获得了全新的理解,实现了对古典教育模式的扬弃。再次,在课程设置上,主张超越传统的教育内容,建构一种集古典、文学、科学等多学科为一体的综合教育模式,并在各学科之间保持一定的比例,形成一种有机协调的课程整体,全面培育学生多方面的品质和能力。

这一报告的发表在美国教育界产生了重要反响:第一,它进一步发展了自由教育的传统,对后来的美国教育产生了重大影响。1829 年,美国博德学院的帕卡德教授在《北美评论》上发文捍卫这一报告,并使用"通识教育"概念来称谓这种新型的教育理念。第二,这一报告标示着美国人开始摆脱原初的借鉴和模仿思维,开始扎根美国大地,积极探索与美国相适应的教育模式。这种自觉的本土反思意识的形成,为后面的教育改革提供了明确的指导思想。第三,我们必须看到,这一报告实际上只是美国通识教育改革的开始,虽然它提出了许多创新观点,但就实质而言,它在很大程度上只停留在美好的愿望和设计阶段,并没有转化成一整套相对成熟的制度体系,在整体上仍处于初步探索阶段。

南北战争以后,美国大学围绕着通识教育展开了一系列的丰富多彩的实践探索,其中具有代表性的改革事件有:1869 年哈佛大学推行的选修制改革、1909 年为了纠正选修制的弊端哈佛大学进行的主修制度改革以及 1929 年芝加哥大学推行的通才教育改革。这些事件对美国大学建立本土化的通识教育模式起到了积极的推动作用。在这里,尤其值得重视的是芝加哥大学校长赫钦斯1929 年推行的通才教育改革。面对日益功利化和实用主义的发展趋势,赫钦斯始终认为,流传下来的博雅教育传统决不能丢,它不仅适应现代工业社会的发展需要,而是也是拯救现代社会的最佳途径。于是,他主张将博雅教育与美国民主制度结合起来,建构一套本土化的通识教育模式,即经典阅读计划,力图通过对人文、社会科学和自然科学领域中的经典著作的学习,来训练学生的理智思维,陶冶情操,启迪智慧,使他们明辨是非,从而成为与美国主流价值观相符合的现代公民。① 他认为,任何专业学习者首先必须接受博雅教育,培养共同的知识和价值基础,然后才能接受专业教育。可以说,赫钦斯提出的博雅教育理念,成为后来美国通识教育改革的主要流派之一,而芝加哥大学所推行的经典阅读计划,也成为后来许多国家和大学纷纷效仿的对象。

除了芝加哥大学,哈佛大学在20世纪40年代推行的通识教育改革,也对后来美国和其他国家的大学教育改革产生了深远影响。1943年,哈佛大学校长科南特任命了一个由来自文理学院和教育学院的12位专家教授组成的委员会。1945年,该委员会发表了题为《自由社会中的通识教育》的报告,又称《哈佛通识教育红皮书》。这是美国高等教育史上里程碑式的著作,对美国大学日后的发展产生了深远影响。总体来看,这部红皮书的重要贡献在于:第一,更加明确了通识教育的战略意义。它指出,随着第二次工业革命的完成,美国大学中的专业主义和职业主义倾向日益凸显,这对于促进美国工业化的发展起到了重要作用。然而,这种专业教育也带来了不可避免的缺陷,其中最突出的就是强化了"社会的离

---

① 许占权:《西方博雅教育思想的演变与发展》,《现代教育科学》2012年第2期。

心力"①,破坏了社会得以存在的共同基础。如果这一缺陷得不到有效抑制,必然会动摇民主社会的根基,导致文化共同体的解体。基于此,这一报告强调,在社会日益多元化的今天,必须进一步强化通识教育的重要性,将其上升到使国家长治久安和民主社会得以延续的战略高度来认识。因此,在他们看来,通识教育不只是一种培养"完人"的教育,更是一种"塑造美国人政治权利感"②以及使"自由社会赖以存在的共同的知识与价值观"③的教育,是克服民主和文化危机的教育。这也是这部红皮书的标题《自由社会中的通识教育》所要表达的深层内涵。第二,进一步明确了美国通识教育的培养目标。红皮书指出:"美国教育的要务不是使少数幸运的年轻绅士学会欣赏'美好生活'。它是要将自由的和人文的传统灌输到我们整个教育系统之中。我们的目的是培养最大量的未来公民理解自己的责任和利益,因为他们是美国人,是自由人。"④美国教育不是"为了少数人,而是为了多数民众",不是培养少数懂得欣赏生活的欧洲绅士,而是为了塑造与美国主流价值观相符合的美国公民。第三,进一步明确了美国公民的素养要求。该报告指出,教育的目的在于"培养整全的人……在于培养'好'人、好的公民和有用的人"⑤。具体而言,除了符合美国主流价值观外,还应

---

　　①　[美]哈佛委员会:《哈佛通识教育红皮书》,李曼丽译,北京大学出版社 2010 年版,第 41 页。

　　②　[美]哈佛委员会:《哈佛通识教育红皮书》,李曼丽译,北京大学出版社 2010 年版,第 23 页。

　　③　[美]哈佛委员会:《哈佛通识教育红皮书》,李曼丽译,北京大学出版社 2010 年版,第 45 页。

　　④　[美]哈佛委员会:《报告呈送函》,《哈佛通识教育红皮书》,李曼丽译,北京大学出版社 2010 年版,第 2 页。

　　⑤　[美]哈佛委员会:《哈佛通识教育红皮书》,李曼丽译,北京大学出版社 2010 年版,第 58 页。

具备四个方面的能力,即"有效的思考能力,交流思想的能力,做出恰当判断的能力,辨别价值的能力"①。第四,根据培养目标,制定了一套切实可行且又有机联系的课程体系。该报告规定哈佛大学毕业生最少修满16门学位课程,其中6门课程为通识课程,涵盖自然科学、人文科学和社会科学三大类。最后,进一步明确了通识教育与专业教育的关系。该报告指出,在时代发展的今天,专业教育不再像古希腊那样,完全屈从于自由教育,被视为奴隶们所接受的"卑陋"教育;同时,也不能走向另一个极端,将专业教育视为教育的主导,将通识教育视为后者的修补和点缀。实际上,二者相辅相成,共同构成了人的生活过程中不可分割的有机整体,"'通识教育'……不是关于'一般'知识(如果有这样的知识的话)的空泛的教育;也不是普及教育意义上的针对所有人的教育。它指学生整个教育中的一部分,该部分旨在培养学生成为一个负责任的人和公民。而'专业教育'这个术语,指的是旨在培养学生将来从事某种职业所需要的能力的教育。此二者同为人的生活的两个方面,是不能完全分离的"②。"这样,曾经是两个社会阶层分别接受的两种不同的教育,现如今应该为所有人共同接受了。"③基于此,哈佛大学校长科南特主张"用'通识教育'这一术语代替'自由教育'"④来称谓这种新型的教育模式。这部红皮书从顶层设计出

---

① [美]哈佛委员会:《哈佛通识教育红皮书》,李曼丽译,北京大学出版社2010年版,第50页。

② [美]哈佛委员会:《哈佛通识教育红皮书》,李曼丽译,北京大学出版社2010年版,第40页。

③ [美]哈佛委员会:《哈佛通识教育红皮书》,李曼丽译,北京大学出版社2010年版,第42页。

④ [美]科南特:"科南特导言",《哈佛通识教育红皮书》,李曼丽译,北京大学出版社2010年版,第3页。

发,立足美国国情,制定了一套符合时代发展的、全面本土化的通识教育体系,成为美国高等教育史上的一部跨时代的著作,被后世誉为通识教育的"圣经"。在此之后,哈佛大学于20世纪七八十年代和21世纪初先后对通识教育做出了一系列的调整和完善,形成了更加符合时代发展、具有当代美国特色的通识教育模式,在世界范围内产生了不可估量的影响。

虽然芝加哥模式与哈佛模式存在一定的差异,但它们的目标却是内在一致的,即培养与美国主流价值观相符合的、适应时代发展的、地地道道的现代美国公民。1947年美国高等教育委员发表了《为了民主的高等教育》。在这一报告中,美国高等教育委员会明确阐述了美国通识教育的目标,即培育与民主社会相适应的美国公民,主要包括11种品质:(1)具有民主理念和伦理原则的行为;(2)参与团体和社会活动并有所贡献;(3)了解和运用自然环境,科学地解决生活问题;(4)相互尊重以促进了解和和平;(5)了解他人观点,并有效表达自己观点;(6)掌控情绪,并具有良好的社会适应能力;(7)保持体能健康;(8)会欣赏并参与文艺活动;(9)与家人和美相处,并具有相关知识和伦理;(10)选择并快乐地从事符合自己兴趣与才智的工作;(11)能有批判性的能力和习惯,具有建设性的思想。[①] 这本身体现出芝加哥大学与哈佛大学的共有理念。

以此看来,欧美博雅教育或通识教育不只是古典自由教育传统的延续,更是欧美各国依托本国特色,结合时代发展趋势,对其进行再创造的本土化产物。这些教育模式在世界范围内产生了重大影响,成为后来东亚以及其他国家和地区通识教育改革建设的

---

① 黄坤锦:《美国大学的通识教育》,北京大学出版社2006年版,第82页。

重要范本。

3. 哲学教育与通识教育的关系

那么,哲学教育与通识教育存在何种关系呢? 单纯从内容来看,哲学教育无疑是整个通识教育体系的一部分,但由于哲学自身的特性,使其在整个体系中具有不可替代的历史地位。哲学教育不仅天然地具有通识教育的属性,而且内在地构成了通识教育的核心和基石。

首先,哲学所倡导的"使人成为人"的教育理念,是通识教育的天然基础。康德指出:"教育学即教育科学,或是为了自然的教育,或是为了实践的教育。自然的教育包括生长发育之类,这些在人和动物是共同的。实践的教育或者说道德的教育,旨在教人如何做人,如何过自由人的生活……这是个人人格的教育、自由人的教育,使人知道如何立己,如何成为社会的一员,同时又能展现自己的个性。"①所谓"自然的教育"就是视人为自然存在物,使人体按照自然的规律生长发育,教人认识自然,服从自然的法则,康德又将这种教育称为"心智的教化";而"实践的教育"则是把人视为价值存在物,它的宗旨是要教人遵循理性自身的法则,即道德规范来生活,从而使人达到自由的境界,康德又将这种教育称为"道德的陶冶"。② 而"自然的教育"与"实践的教育"的融合,也就是古典自由教育和近现代博雅或通识教育所倡导的理念。所谓"完整的人"不仅是技能和素质的全面性,更是人的内在素养的完满性。人之为人,归根结底,并不取决于人的技能,而是根源于人的内在修养。

---

① ［德］康德:《论教育》,《世界教育名著通览》,湖北教育出版社 1994 年版,第 134 页。

② 肖朗:《人的两重性和教育的两重性》,《南京大学学报》2003 年第 1 期。

在这方面,哲学无疑具有不可替代的历史地位。哲学的无用之用就在于,使人认识到"人应尊敬他自己,并应自视能配得上最高尚的东西"。因此,哲学教育的真谛是心灵的熏陶、智慧的启迪和人格的培育,这种特质使其成为通识教育的天然基础。

其次,在价值导向上,哲学教育是通识教育的先导。人是社会的动物,虽然哲学和通识教育的目标都是培养"完整的人",但后者绝不是脱离社会关系的自然人,也不是不食人间烟火的木偶,更不是没有任何价值立场的世界公民或中立人,而是与每个国家、每个民族、每个社会的主流价值观相符合的人。对于哲学教育而言,这一点毋庸置疑。哲学本身就是一种理论化的世界观,因此,作为"使人成为人"的教育,哲学必然表现为一种世界观、人生观和价值观的教育,而在不同的历史时代或不同的民族国家中,占主导地位的哲学教育必然表现为一种主流价值观的教育。然而,对于博雅教育或通识教育而言,这一点似乎表现得不是很明显,以至于有些学者将通识教育与主流价值观教育对立了起来,这显然是大错特错。通过上述梳理,可以清楚地看出,不论是古典自由教育、欧洲博雅教育,还是美国通识教育,它们最根本的目标都是培养与本民族相适应的、具有高度责任感和历史使命感的社会公民,其中最为主要的是主流价值观教育:古典自由教育培养的是与奴隶社会相适应的自由人,英德法的博雅教育培养的是与各国传统和主流价值观相符合的本国公民;而美国通识教育培养的也绝不是欧洲公民,而是与美国主流价值观相符合的、地地道道的美国人。以此来看,将通识教育理解为一种去意识形态化的中立教育,是完全错误的:任何一种教育培养出来的人,如果不是与这个社会主流价值观相符合的人,那么,这种教育就是一种失败的教育。从这个角度而言,哲学教育不仅与通识教育内在相通,而且构成了后者的前提条件。

再次,在素养培育上,哲学教育是通识教育不可或缺的核心。从西方自由教育的演变史来看,不论是古典的自由教育、英国的绅士教育、德国的自由教育、法国的精英教育,还是美国的通识教育,虽然它们的培养体系存在一定差异,但有一点是共同的,即都强调对逻辑思维、反思能力和批判精神的塑造。这些素养虽然只是通识教育培养体系的一个方面,但由于它们的不可替代性,使其成为现代公民不可或缺的核心素质。然而,这些素养,如恩格斯所言,只有通过哲学学习才能获得,这也决定了哲学必然在整个通识教育体系中发挥不可替代的核心作用。

第二节 我们为什么需要哲学通识教育

全面普及、强化哲学教育,充分发挥哲学的育人功能,并不是什么新鲜的话题,而是每个国家、每个民族过去和现在都在重视的、未来仍将继续探索的重要课题。从这个角度而言,站在时代发展的制高点上,依托本民族文化传统,打造一套与主流价值观相符合的本土化的哲学通识教育体系,充分发挥哲学的育人功能,也必将成为我国高等教育改革建设的重心之一。

1. 何谓哲学通识教育

哲学通识教育何以可能?通过对欧美通识教育体系的研究,可以发现,哲学在它们的通识教育体系中占据着核心地位,这种教育本身就是一种哲学通识教育。从欧美的实践经验来看,在通识教育的理念指导下,加强顶层设计,建构一套与本国国情相适应的哲学通识教育模式,不仅是可能的,而且是可行的。

哲学教育是使人成为人的教育,因此,它的重心并不是知识传授,而是哲学素养的培育,即使人理性地认识人、世界以及人与世界的关系,从而形成通达地驾驭自我和从容处世的能力与智慧。可以说,哲学素养是人文精神的核心,脱离了前者,就谈不上人文素养的真正培育。而所谓哲学通识教育就是以"哲学素养培育"为核心的育人教育。它注重逻辑思维、反思能力和批判精神的塑造,强调心智的教化、情操的陶冶和人格的培育,追求人类智慧、崇高价值和人生境界的升华,使人真正成长为一名符合时代要求的"完整的人"。从这个角度而言,哲学通识教育是哲学教育与通识教育的融合,即在通识教育的理念指导下,精心打造的一套以哲学素养培育为核心的通识教育体系,它本身就是通识教育体系的有机组成部分,而不是对后者的代替。因此,在教学理念、培养方式、内容设计等方面,哲学通识教育既体现了通识教育的一般属性,又凸显了自身的特质,是二者的完美结合。就此而言,相较于哲学专业教育和思想政治教育,哲学通识教育体现了它们的相关理念,与它们存在一定的重合之处,但也存在重要差异。

那么,哲学通识教育应当遵循什么样的理念呢?通过对欧美博雅教育或通识教育的研究,可以发现,在一般层面上,它具有以下几个共性:(1)育人理念。不论是哲学教育还是通识教育,它们的根本目标都是培育"完整的人"。从这个角度而言,作为二者的融合,哲学通识教育绝不能单纯停留在普及知识的层面上,而应该上升到"人之为人"的战略高度,将咨政育人视为哲学通识教育的根本宗旨。(2)主流价值观的引导。表面上看,欧美的通识教育体系似乎没有所谓的思想政治教育课程,实际上,这是一种错觉。综观欧美通识教育实践,可以发现,不论是英国的绅士教育、德国的自由教育、法国的政治精英教育还是美国的通识教育,其中哲学教育恰恰发挥着主流价值观的引导功能,即以一种潜移默化的方式,积极引导和塑造学生的民族认同感和价值共识。(3)文明的传承。作为时代精神的精华和文明活的灵魂,哲学是人类文明的历史积淀和智慧结晶,研读哲学经典、品味哲学经典,是当代青年学生理解本民族和其他民族文化传统的一个重要窗口,也是塑造学生的灵魂、传承文明的一个重要途径。也是基于此,赫钦斯曾把经典学习视为一种"永恒学习"。(4)批判思维的培育。"哲学的智慧是反思的智慧、批判的智慧、变革的智慧。它启迪、激发和引导人们在社会生活的一切领域敞开自我反思和自我批判的空间,促进社会的观念更新、科学发现、技术发明、工艺改进和艺术创新,从而实现人类的自我超越和自我发展。"①这种对批判思维和创新精神的培育,构成了哲学通识教育的核心内容之一。(5)开放包容的豁达境界。哲学本身是开放的,任何一种哲学都体现了一种世界观,彰显了一种独特的理论视角,绝不能将哲学当成僵死的教条和封闭的思想体系,否则,就阉割了哲学的生命力。哲学是一种批判的、反思的智慧,更是净化心灵、陶冶情操、提升修养、追寻自由的重要途径,从而塑造人的开放包容精神,使人不至于成为思想封闭、思维僵化的狭隘之人。2016年,联合国教科文组织总干事伊琳娜·博科娃在世界哲学日的致辞中指出:"哲学不提供任何现成可用的答案,却为思考世界、探寻自我指引出永恒求索之路。在这条道路上,宽容既是一种道德品质,也是一种实用的对话手段。它与宣称一切均无对错的素朴相对主义毫不相干,它是对倾听的一种个人化要求,因为宽容建立在捍卫尊严和自由之普遍原则的坚定承诺之上……现在轮到我们来弘扬这一精神,勇于向自由、开

---

① 孙正聿:《哲学通论》,人民出版社 2010 年版,第 4 页。

放和宽容的思想敞开大门。"①

可以说,上述理念构成了哲学通识教育的一般理念。但这绝不是说,按照这些理念,将哲学独立出来,就能建成哲学通识教育了,这需要一系列的改革措施,比如教育理念的转型、教学方式的改变、师资力量的培训、教学体系的设计、质量管理和评估体系的建构、保障措施的建设等。如果缺少相应的配套体系,哲学通识教育只会沦为某种变相了的专业教育,或附属于专业教育的调味剂。

2. 我们为什么建设哲学通识教育

党的十七届六中全会审议通过的《中共中央关于深化文化体制改革推动社会主义文化大发展大繁荣若干重大问题的决定》指出:"坚持和发展中国特色社会主义,必须大力发展哲学社会科学,使之更好发挥认识世界、传承文明、创新理论、咨政育人、服务社会的重要功能。"②这表明,我国已经充分认识到建设哲学通识教育的必要性和重要性。我们认为,当前开展哲学通识教育建设并不是一种"奇葩"的空想,而是有效应对我国高等教育发展和未来社会挑战的一个重要途径。

首先,从国外经验来看,欧美发达国家已经形成了一套相对完备的哲学通识教育体系,包括教学理念、指导纲领、培养目标、课程体系、教材体系、制度建设等,在整个人才培养体系中占据着重要地位。而我国在通识教育和哲学通识教育建设方面起步比较晚,目前仍在探索之中,没有形成一套为大家公认的哲学通识教育模式。因此,如何立足于我国高等教育的自身特点,借鉴国外一流大

---

① [保加利亚]伊琳娜·博科娃:《2016 年世界哲学日致辞》,http://www.un.org/zh/events/philosophyday/messages.shtml。

② 《中共中央关于深化文化体制改革推动社会主义文化大发展大繁荣若干重大问题的决定》,《求是》2011 年第 21 期。

学的成功经验,从顶层设计出发,积极摸索和建立一套适合当代大学生的哲学通识教育体系,全面强化哲学的育人功能,使其在拔尖创新人才的培养中发挥更为重要的积极作用,就是当前和未来我国高等学校哲学教学改革的重要目标。因此,在此背景下,开展哲学通识教育的探索与实践,不仅具有重要的理论和现实意义,而且也具有重要的战略价值。

其次,中国传统哲学本身就蕴含着咨政育人的通识理念。梁启超曾指出:"中国先哲虽不看轻知识,但不以求知识为出发点,亦不以求知识为归宿点……中国哲学以研究知识为出发点,最主要的是人所以为人之道:怎么样才算一个人?人与人相互有什么关系?"①从仁义礼智信到格物致知、诚意正心,再到修己安人、内圣外王;从勤学好问、崇德修身到明辨是非、踏实笃行;从顺其自然、虚静净心到坐忘体道、返璞归真,从与人为善、善善与共到天下大同,等等。中国传统哲学无疑蕴含着丰富的育人思想:它教人如何为学、做事和做人,为人提供"安身立命之本";它引导人们"析万物之理"、"求人性之善"、"判天地之美"、"究天人之际",达到知情意、真善美的内在圆融,为人类提供崇高的价值诉求和终极关怀。这种崇德修身、引人向善、以文化人的思想,构成了中国传统哲学的精髓与核心。也是基于此,梁启超和冯友兰将中国哲学称为一门"使人成为人"的大智慧大学问。从这个角度而言,中国传统哲学本身就蕴含着通识教育的理念,因此,在当前背景下,提出哲学通识教育建设问题,绝不是空穴来风,更不是一种不切实际的幻想,而是内生于中国哲学传统之中的固有理念。就此而言,从当代中

---

① 梁启超:《儒家哲学是什么》,《梁启超哲学思想论文选》,北京大学出版社1984年版,第488页。

国视域出发,全面继承和弘扬这种通识理念,系统挖掘中国传统哲学的育人思想,建构一套与当代中国社会相适应的哲学通识教育模式,不仅是可能的,而且是可行的。

再次,从发展现状来看,建构通识教育,特别是哲学通识教育,是有效应对当前我国高等教育发展挑战的重要途径之一。自新中国成立以来,我国高等教育全面转向了前苏联的专业教育模式,形成了一套以专业人才为培养目标的教育模式。可以说,这套模式适应了当时我国社会发展的客观需要,对后来政治、经济、科技、教育等方面的蓬勃发展产生了不可估量的影响。然而,自20世纪八九十年代以来,随着社会主义市场经济体制的建立,市场导向和工具理性日益膨胀,并迅速波及教育领域,出现了严重的实用主义和功利化倾向,特别是随着高校合并和扩招之风兴起之后,我国高等教育逐步从原来的精英化教育转变为大众化教育,而原有的专业教育虽然取得了重要成就,但它的负面影响也日益突出:第一,专业化教育培养了一大批各个领域的专才,但在某种程度上也限制了他们的学术视野;第二,实用主义倾向和工具理性的迅速扩张,严重削弱了价值理性的塑造,在某种程度上使大学沦为"某种人"的培育场所,培养了一批有知识但缺乏人文精神的"精致利己主义者",在一定程度上加剧了社会的离心力,破坏了社会得以存在的价值共识;第三,这种教育更多地强调知识和技能教育,忽视了人之为人的根本,遗忘了对生命意义的追寻,使培养出来的人沦为某种没有精神和灵魂的知识—技术型专家。也是在此背景下,我国提出了素质教育的发展规划,明确强调,"高等教育要重视培养大学生的创新能力、实践能力和创业精神,普遍提高大学生的人文素养和科学素质"①。与此同时,国内一些高校在借鉴国外一流大学成功经验的基础上,率先进行了通识教育改革,将育人教育视为高等教育的主要目标。经过 20 多年的探索,我国在通识教育改革方面取得了良好成效,然而,也存在诸多有待进一步深化的问题。比如,我们虽然也意识到通识教育是培养"完整的人",但与欧美国家相比,这种"人"应具备什么样的独特特征? 为了实现这一目标,我们应当建构什么样的课程体系? 其中,哲学应当具有什么样的历史地位? 这些问题并没有得到有效澄清。在当前某些高校的通识教育实践中,居然没有严格意义上的哲学教学内容,确实有些令人感到意外。这种通识教育能否称得上真正的通识教育,还有待讨论。不过,从当前世界一流大学的实践经验来看,这显然是有待商榷的。作为"人之为人"的教育,哲学不仅天然具有通识教育的属性,而且也构成了通识教育不可或缺的核心。从这个角度而言,立足中国语境,打造一套符合时代发展的、具有中国特色的哲学通识教育模式,不仅是完善当前我国通识教育建设的重要举措,而且也是培养学生哲学素养和人文精神,应对专业化和功利化挑战的必由之路。

复次,建构哲学通识教育,能够为当前意识形态和社会主义核心价值观教育提供有益借鉴。在哲学社会科学工作座谈会的讲话中,习近平总书记指出,在当前社会上,存在一种根深蒂固的偏见,似乎一提到马克思主义,就只是意味着一种单纯的意识形态说教,完全缺乏学术性、学理性和系统性,进而导致在实际工作中,马克

---

① 《中共中央国务院关于深化教育改革全面推进素质教育的决定》,《人民教育》1999 年第 7 期。

思主义逐渐被边缘化、空泛化、标签化。[1] 另一方面,当前我国已进入改革的攻坚期和深水区,国内社会意识呈现出多元、多变的发展态势,特别是随着信息网络技术和自媒体的迅猛发展,信息和思想传播呈现出多样化的拓扑结构,各种思潮鱼龙混杂,借助于信息网络和自媒体大肆传播,正在侵蚀着大学生的头脑,不仅对马克思主义意识形态和社会主义核心价值观教育产生了严重挑战,更是对当代大学生的世界观、人生观和价值观的塑造产生了严重危害,许多学生对马克思主义和社会主义核心价值的认同感趋于下降,有的甚至产生了反感和抵触情绪。因此,在当前形势下,如何积极提升马克思主义理论研究的学术水平,通过深入的学理分析,系统论证马克思主义的科学性与当代生命力,全面提升马克思主义意识形态和主流价值观教育的整体水平,解决"真懂真信"问题,就是当前我国意识形态教育必须解决的重大问题。在这方面,打造一套高水平的哲学通识教育体系,恰是有效应对当前挑战的有效途径之一。哲学通识教育与思想政治教育存在相通之处,都强调主流价值观的引导作用,但前者又不完全等同于后者。[2] 实际上,真正的思想政治教育绝不是单纯的知识或观念灌输,而是一种潜移默化的引导与感染,是一种"润物细无声"的育人教育。习近平总书记指出:"一种价值观要真正发挥作用,必须融入社会生活,让人们在实践中感知它、领悟它。要注意把我们所提倡的与人们日常生活紧密联系起来,在落细、落小、落实上下功夫……使社会主义核心价值观成为人们日常工作生活的基本遵循。"[3] 而当前我国高

---

[1] 习近平:《在哲学社会科学工作座谈会上的讲话》,《人民日报》2016 年 5 月 19 日第 2 版。

[2] 关于这一问题,请参见本书第三章。

[3] 《习近平谈治国理政》,外文出版社 2014 年版,第 165 页。

校的意识形态教育远没有达到这种境界，依然停留在传统的灌输层面。从这个角度而言，哲学通识教育恰恰能够有效弥补这一缺陷：一方面，通过哲学学习，培育学生的理性和逻辑思维，通过心灵熏陶和智慧启迪，培育学生的哲学素养和人文精神，使其明辨是非，提升他们的历史使命感和社会责任感，塑造他们健全的人格；另一方面，通过哲学通识教育，可以拓展学生宽广的理论视野，通过深厚的理论分析，使他们不仅在思想的谱系中，清晰辨识马克思主义和核心价值观的说服力，而且在对话与交流中，积极引导学生树立健全的世界观、人生观和价值观。此外，哲学通识教育本身是建立在扎实的学术研究之上的，是专业教育向通识教育的一种质性转化，是知识传授、智慧启迪与价值引导的内在统一，能够为当前意识形态教育提供有益借鉴。

最后，哲学通识教育是有效应对信息社会负面影响的重要举措。在《单向度的人》中，马尔库塞集中反思了科学技术对现代人的生活、思维和行为习惯等方面的影响。他指出，当一种技术得到普遍运用或普及之后，它同时会生产出与之相适应的一套生活习惯、品位、思维方式和行为规范等，每一个人在享受技术带来的愉悦时，也会自觉或不自觉地接受与技术理性相适应的价值观念，虽然有时人们也会意识到这是一种新型的物化和奴役，但没有多少人愿意去批判和反抗，而是主动地选择享受这种美好的"奴役"。于是，在技术理性的侵蚀下，人渐渐丧失了反思和批判能力，形成了一种单向接受的实证思维，成为单向度的人，而整个社会也沦为单向度的社会。因此，他认为，与国家意识形态相比，技术理性所建构起来的统治形式更加恐怖，它以一种潜移默化和无声的方式，使大众自愿地沉醉于这种奴役之中。也是基于此，他将科学技术称为一种新型的意识形态。虽然他的结论有以偏概全之嫌，但对

于我们理解今天的现象还是有所裨益的。在 21 世纪的今天,随着
互联网、手机和微信等自媒体的普及,信息已经充斥我们生活的方
方面面,这是一个信息"内爆"的时代,这在一定程度上改变了传统
知识和信息的传播方式,使学生能够更加便利地获得信息和知识。
不过,这也在一定程度上耳濡目染地影响和改变着学生的阅读和
学习习惯。早在 1978 年,诺贝尔经济学获得者赫伯特·西蒙就曾
告诫过:"丰富的信息将导致注意力的缺失。"①在网络世界中沉迷
得越久,学生就越容易分散注意力,养成一种即刻消费式的碎片化
阅读,这在一定程度上会影响青年学生的思维方式,容易形成关注
细节忽视整体、注重微观忽视宏观的思维定向,无法有效塑造学生
的理性批判精神、严密的逻辑思维能力、自觉的社会责任感和历史
使命感。对大部分正处于成长期的青年学生来讲,过度碎片化式
的阅读,在某种程度上既不利于建构系统的知识体系,也不利于他
们正确地认识世界、认识社会、认识人与他人之间的关系,从而在
世界观、人生观和价值观的塑造方面出现一定的偏差或扭曲。因
此,在网络信息时代,积极培育学生的信息辨识能力,塑造学生的
反思和批判思维,有效预防或降低信息社会对学生的消极影响,就
显得尤为重要。面对不同的境况,不同学者分别从不同的角度开
出了药方。马尔库塞强调,在现代社会,科技越发达,就越要培养
人的批判思维;耶鲁大学前校长莱文指出,越是在网络信息时代,
就越要注重学生的逻辑思维、反思能力和批判精神的培育。德国
学者施瓦布在《第四次工业革命》中进一步强调道:"只有综合运用
我们在思维、心灵和精神方面的智慧,我们才能有效应对这些挑

---

① 〔德〕克劳斯·施瓦布:《第四次工业革命》,李菁译,中信出版社 2016 年版,第
104 页。

战。要做到这一点,我认为我们必须培养并运用以下四种智慧来适应、改变并驾驭潜在的破坏作用。"①(1) 情景判断智慧(思维),即信息的辨识和整合能力;(2) 情绪管理智慧(心灵),即情商;(3) 自我激发智慧(精神),即高度自觉的历史使命感和社会责任感;(4) 身体素质,即健全的人格和体魄。那么,如何培育这些素养呢? 哲学通识教育则是必由之路。

3. 我们如何建设哲学通识教育

作为哲学与通识教育的融合,我国哲学通识教育应当符合它的一般理念。因此,在建构哲学通识教育的过程中,必须处理好哲学通识教育与专业教育的关系,克服传统的知识灌输方式,回归哲学教育的内在属性,形成以"认识世界,立德树人"为宗旨的教育理念,全面强化哲学的育人功能,实现知识教育与育人教育、意识形态教育与智慧启迪的有机结合。但是,仅仅停留在一般层面上,能够建成中国特色的哲学通识教育体系吗? 答案是否定的。

综观欧美通识教育发展史,可以发现,英、法、德的博雅教育并不是对古典自由教育的简单移植,而是与本民族传统融合之后的一种本土化产物,因此,虽然它们都继承了古典自由教育的理念,但在具体模式上,又都体现了各自的特色。同样,美国通识教育也不是对欧洲的简单模仿,而是经过本土化改造之后的美国模式。这表明,任何成功的教育模式都是本土化的结果,任何照搬照抄别国经验的做法,都是行不通的。习近平总书记指出:"办好中国的世界一流大学,必须有中国特色。没有特色,跟在他人后面亦步亦趋,依样画葫芦,是不可能办成功的。这里可以套用一句话,越是

---

① [德]克劳斯·施瓦布:《第四次工业革命》,李菁译,中信出版社 2016 年版,第 111 页。

民族的越是世界的……我们要认真吸收世界上先进的办学治学经验，更要遵循教育规律，扎根中国大地办大学。"①因此，在建设哲学通识教育的过程中，我们必须要立足中国国情，扎根中国大地，制定符合中国实际的指导纲领、培养目标、课程体系、教学体系和制度措施，全面实现哲学通识教育的本土化。这是我们建设哲学通识教育的根本纲领。

　　首先，中国哲学通识教育究竟培养什么样的人？习近平总书记指出："为什么人的问题是哲学社会科学研究的根本性、原则性问题。"②任何一个国家都必须搞清楚自己的培养目标。就通识教育而言，虽然它的一般理念是培养和塑造"完整的人"，但在不同国家，"完整的人"所具有的内涵是不同的：英、法、德的博雅教育培养的是与它们各自的需要相适应的"欧洲人"，而美国通识教育培养的则是与美国民主社会相适应的美国人。这就意味着，我国哲学通识教育培养的必须是与我国主流价值观相符合的现代中国人。习近平总书记说："我们生而为中国人，最根本的是我们有中国人的独特精神世界，有百姓日用而不觉的价值观。"③因此，中国哲学通识教育应当培养具有"世界眼光、中国灵魂的现代公民"，即全面了解世界文明及其哲学精髓，形成理性的批判认识态度和全面的哲学素养；正确认识中国传统文化，把握中国人特有的哲学和精神世界，形成高度自觉的文化认同感和价值旨趣，塑造中国灵魂；能够正确地认识现代社会，形成与现代社会相适应的道德修养、价值观念、思维方式和行为规范。

---

　　① 《习近平谈治国理政》，外文出版社 2014 年版，第 174 页。

　　② 习近平：《在哲学社会科学工作座谈会上的讲话》，《人民日报》2016 年 5 月 19 日。

　　③ 《习近平谈治国理政》，外文出版社 2014 年版，第 171 页。

其次,我国哲学通识教育应当具备什么特征?(1)必须坚持"立德树人"的中心地位。"做人做事第一位的是崇德修身。这就是我们的用人标准为什么是德才兼备、以德为先,因为德是首要、是方向,一个人只有明大德、守公德、严私德,其才方能用得其所。"①(2)必须强化马克思主义意识形态和社会主义核心价值观的引领作用。作为社会主义国家,我国哲学通识教育必须坚守意识形态的红线,把"价值观教育摆在突出位置,坚持育人为本、德育为先,融入国民教育的全过程,贯穿到学校教育、家庭教育、社会教育的各个环节和各个方面"②。(3)继承和弘扬中华优秀传统文化,以文化人。"抛弃传统,丢掉根本,就等于隔断了自己的精神命脉。博大精深的中华优秀传统文化是我们在世界文化激荡中站稳脚跟的根基。中华文化源远流长,积淀着中华民族最深层的精神追求,代表着中华民族独特的精神标识,为中华民族生生不息、发展壮大提供了丰厚滋养。中华传统美德是中华文化精髓,蕴含着丰富的思想道德资源。不忘本来才能开辟未来,善于继承才能更好创新。对历史文化特别是先人传承下来的价值理念和道德规范,要坚持古为今用、推陈出新,有鉴别地加以对待,有扬弃地予以继承,努力用中华民族创造的一切精神财富来以文化人、以文育人。"③(4)凝练世界文明的哲学精髓,培育开放包容的豁达境界。"文明是平等的,人类文明因平等才有交流互鉴的前提。各种人类文明在价值上是平等的,各有千秋,也各有不足。世界上不存在十全十美的文明,也不存在一无是处的文明,文明没有高低、优劣之

---

① 《习近平谈治国理政》,外文出版社 2014 年版,第 171 页。

② 刘云山:《着力培育和践行社会主义核心价值观》,《求是》2014 年第 2 期。

③ 《习近平谈治国理政》,外文出版社 2014 年版,第 164 页。

分。"①哲学是"文明的活的灵魂",因此,哲学通识教育"应该从不同文明中寻求智慧、汲取营养,为人们提供精神支撑和心灵慰藉"②,培育学生开放的包容精神。(5)注重逻辑思维、批判精神和创新能力的培育。"面对世界的深刻复杂变化,面对信息时代各种思潮的相互激荡,面对纷繁多变、鱼龙混杂、泥沙俱下的社会现象……关键是要学会思考、善于分析、正确抉择。"③在这方面,哲学通识教育具有不可替代的历史价值。

再次,应当建构什么样的教学体系?从课程内容来看,哲学通识教育无疑应当涵盖当前的八个二级学科,但问题在于如何确定它们的比例,使它们融合为一个有机统一的整体。在这方面,我们认为,应当从顶层设计入手,围绕"认识世界,立德树人"这一宗旨,将每个方向最精华的育人思想凝练出来,进行统筹安排,确定不同内容的比例与课程数量,以必修和选修相结合的方式,在实证调研的基础上,根据不同层次的学生需要和认知水平,精心打造多样化的课程体系,如哲学经典导读—新生研讨课—文化素质课—高水平通识课,将哲学素养的培育贯穿大学生学习和发展的全过程。

复次,从事哲学通识教育的教师应当具备何种素养?教师自身素质的高低,决定了通识教育的质量和水平,因此,打造高水平的通识教育师资队伍,就是一切建设的核心。具体而言,我们认为,担任通识课程教学的教师应当具备以下素质:深厚的专业素养、宽广的理论视野、高尚的品行、不凡的人格魅力、智慧的启迪者、心灵的塑造者。在这方面,我们应当积极借鉴国外一流大学的

---

① 《习近平谈治国理政》,外文出版社2014年版,第259页。
② 《习近平谈治国理政》,外文出版社2014年版,第262页。
③ 《习近平谈治国理政》,外文出版社2014年版,第173页。

建设经验，通过"引进来"和"走出去"相结合的方式，精心培育和打造一支高水平的哲学通识教学团队，真正使哲学通识教育落到实处，充分发挥哲学的咨政育人功能。

最后，应当提供什么样的制度保障？哲学通识教育体系绝不是一成不变的，必须要根据时代发展和社会需要进行动态调整，这就要求我们在制度建设上必须加强顶层设计，打造一套与哲学通识教育相配套的制度保障体系，具体包括高屋建瓴的科学规划机制，富有成效的遴选、考核与质量评估机制，高效的师资培训体系，灵活的日常管理制度等，以此才能有效保障哲学通识教育的可持续发展。

第二章　哲学通识教育与哲学专业教育的关系辨析

　　理解哲学通识教育与哲学专业教育之间的异同，关键在于从理论上理顺两者与哲学教育的关系。一方面，哲学教育就其本性而言，就是一种通识教育；另一方面，哲学教育又是由哲学专业人士承担的，这就需要专业人才的培养。这种关系决定了哲学通识教育与哲学专业教育在教育理念、培养方式、教学内容等方面既不尽相同，同时又有深层的一致性。在实际教学过程中，正确、全面、辩证地澄清两者的内涵，深入、准确、明晰地厘清两者的关系，有助于教师和管理者对课程类型进行准确定位，从而更好地发挥出各类课程的最佳效果。

第一节　哲学专业教育与哲学通识教育的一致性

　　哲学教育本质上是有关人对世界、自我以及社会的认知的教育，从根本而言是非功利性的，甚至可以说"19世纪中叶之前的哲学教育就是通识教育的同义词"，而专业教育则是"旨在培养学生将来从事某种职业所需的能力的教育"。于是,哲学专业教育就具有了双重内涵:一方面,它仍然是哲学教育,要秉承哲学教育的传统;另一方面,它又承担了专业教育的责任,以培养哲学各分支领域的专家为目标。不过,既然两者同属哲学教育,那么,哲学的学科特性决定了两者之间具有一定的共性:在教育理念上,以人格教育为主,具有非功利性特征;在培养方式上,以启发式教学和教学效果的综合评价方式为主,属质性评价范畴;在课程内容上,两者都具有开放性和时代性;在价值观层面,两者都立足于一定的文化传统,强调哲学教育的思想引领作用;最后,这两种哲学教育之间是一种相辅相成、相互促进的关系。

1. 教育理念的非功利性

哲学本身是一门非功利性的学科,这明显体现在它所具有的非职业性特征中。一般而言,很多研究领域都对应着社会上的某种职业,职业的意思也就是说,它可以成为人们谋生的一种工具。例如,计算机专业是一个热门专业,这是因为这一专业领域的学生未来在就业方面有很多对口行业,如网站开发与维护、软件开发、数据库开发与管理、多媒体、移动应用开发、物流信息技术等都需要这方面的专业人才。而社会上几乎不存在哲学家或哲学工作者这种职业,即便存在一些哲学爱好者,对他们而言,哲学也仅仅是一种业余爱好,显然无法成为谋生手段。这就是哲学的特殊性。事实上,哲学从其诞生之初,就具有这种非职业性特征。如亚里士多德所言,"哲学是唯一的学术","是为学术自身而成立的唯一学术"①。即是说,哲学存在的唯一目的是其自身,只有这样它才能够成为自由的学问。在此意义上,当代的哲学教育尽管具有专业

---

① [古希腊]亚里士多德:《形而上学》,吴寿彭译,商务印书馆1959年版,第6页。

化特征,但并不具有职业化特征,这就使得哲学教育从某个层面上而言,天生就是一种通识教育。基于这一点,在现实的哲学教学中,很多学校所开设的某些专业课程实际上也可以用作通识课程。例如,马里兰大学哲学系开设的"逻辑导论"课程,同时也可以用于该校的通识课程学分。这门课程的主旨是通过对形式逻辑以及各种推理系统的学习,培养学生的分析推理能力。① 显然,不管是对于哲学系的学生,还是对于其他专业的学生而言,无论将来他们从事何种职业,这种分析推理能力都是其职业生涯中不可缺少的,甚至是他们塑造自己独立人格的重要基础。

具体而言,哲学专业教育和哲学通识教育在教学理念上存在以下几点共同之处。

第一,哲学专业教育与哲学通识教育首先都是有关世界观、人生观、价值观的教育。就此而言,哲学教育尤其符合通识教育的理念与目标。《哈佛通识教育红皮书》中关于"教育目标"的界定中,其中之一就是"帮助年轻人成为一个个体的人,拥有独特的、个性化的生活"②,也就是说,教育的目标是培养具有独立的理性反思和批判能力的人,即具有独立的世界观、人生观和价值观的人。这里的"独立"意思是说,这些看法的获得并不是基于某种说教或者不加反思的囫囵吞枣,而是经历了主体有意识的自我反思。在此意义上,哲学教育尤其适合这一目标。因为不管是针对专业学生还是非专业学生,哲学教育的主要内容是:一方面,通过再现人类历史上那些伟大灵魂的哲思世界,带领学生重走人类的智慧历程;

① https://ntst.umd.edu/soc/201508.
② [美]哈佛委员会:《哈佛通识教育红皮书》,李曼丽译,北京大学出版社2010年版,第2页。

另一方面,通过哲学理论与现实问题之间的观照,启发学生形成对当下的合理认知。显然,哲学教育的根本目的之一就是通过上述培养路径引导学生成为一个独立的主体。就此而言,哲学课程理应在通识教育中扮演一个极其重要的角色。世界范围内的诸多著名大学都注重哲学课程的这种功能。斯坦福大学通识课程体系中有一个模块叫做"伦理推理",这其中既涉及伦理学的理论,又涉及现实生活中学生有可能真实遭遇的伦理问题。从课程设置上来看,这些课程涉及伦理学基本问题、法哲学、正义、媒介伦理、工程伦理、教育与身份的塑造等主题。以其中的一门课"人类生活中的伦理"为例,此课程以一个人从出生(甚至出生之前)至死亡(甚至死亡之后)的过程中所可能遭遇的伦理问题为经,以历史上诸多伟大哲学家对这些问题的讨论为纬,系统组织课程内容,以帮助学生"更好地理解伦理对作为整体的人类生活的形塑"。这类课程的目的是引导学生正确区分正确与错误、善与恶,帮助他们认识到人性中的种种美好之处,并获得成熟的伦理判断能力,这"对于个体发展和社会的健康运转而言都是非常根本的"①。由此可见,世界观、人生观、价值观的教育通过对个性主体的塑造,进而维持了整个社会的良性发展。哲学专业课程的教学更是秉承了哲学的这种理念。牛津大学哲学系本科课程"伦理学"的核心教学主题是:"该如何断定最应该所做之事? 最合适的生活是什么? 我们对此类问题及其他问题的价值判断是客观的吗? 抑或是它们仅仅反映了我们的主观偏好和观点? 我们事实上是自由做出这些选择的吗? 还是说我们的决定已经被环境和遗传天赋等先行特征所决定?"作为哲学课程,这门课当然要考察某些核心的伦理学概念如权利、公

---

① https://undergrad. stanford. edu/programs/ways/ways/ethical-reasoning.

正、幸福等,同时也要阅读某些哲学家如亚里士多德、休谟、康德等人的经典著作,但所有这些讨论都是以服务于上述主题为前提的。① 可以看出,不管是哲学专业教育还是通识教育,两者在理念上都以哲学教育所要培养的独立主体为核心目标。当然,要贯彻这一理念,哲学教育就必须着重实现哲学的批判性和启发性这双重内涵。

第二,哲学专业教育与哲学通识教育的本质都是批判精神的塑造。"哲学是'批判的',这并不是说哲学是否定或虚无的,而只是说哲学是反思的",这里的意思是说,"仔细考察和思考诸种观念,而不是不假思索地接受它们"。简单地说,"哲学使我们能够重新思考我们观看世界的方式,我们所设定之物,我们所推断之物以及我们所确知之物,由此正确地看待我们的生活和信念"。因此,哲学的生活是反思的生活,它能够帮助我们"走出云里雾里,扩展我们对于自身的观点和我们关于世界的知识,让我们破除偏见和有害的习惯"②。哲学教育非常重要的一点就是让这种反思的生活成为学生的自觉。尽管在哲学专业课程和通识课程中,教师对批判性的教学方法可能是有差异的,但这两类课程的最终目标是一致的。例如,牛津大学面向哲学专业和物理学专业开设的"中级物理学哲学"和"高级物理学哲学"专业课程,主要目的就在于反思20世纪物理学的某些新进展给人们所带来的认识上的改变,如从哲学、形而上学、哲学逻辑、概率哲学等视角审视时空物理学以及量子力学,反思热力学和统计力学中的某些基础问题,这种审视与

---

① http://www.philosophy.ox.ac.uk/undergraduate/course_descriptions.

② [美]罗伯特·C.所罗门:《哲学导论:综合原典阅读教程》,陈高华译,世界图书出版公司2012年版,第8—9页。

反思可以帮助哲学专业的学生了解科学发展的前沿、扩展哲学分析的视野,又可以帮助物理专业的学生自觉反思物理学的基础及其对哲学基本问题的内涵所带来的扩展与变化。这门课程一方面是知识性的,另一方面也是方法论性质的,旨在让反思成为将来的科学家和哲学家们的自觉生活。① 普林斯顿大学通识课程模块"认识论与认知"部分包含一门类似的课程"物理学哲学",这门课程主要考察从近代早期至今与时空观念相关的哲学问题,同时也会涉及相关其他问题如实质论和关系论、时空对称性、先验知识、非欧几何、约定论等,课程阅读材料主要包括笛卡儿、牛顿、莱布尼茨、康德、彭加勒、赖欣巴哈、石里克等人的著作。② 开设这样一门通识课程的直接目的是引导学生以一种批判性的方式重走人类在时空问题上的智慧历程,进而训练学生的反思性、批判性的思维方式。

第三,哲学专业教育与哲学通识教育的关键都是对学生启发性思维的培养。人们往往会强调哲学的批判性,反而忽视了哲学所带给我们的启发性的方面。不管是对于哲学专业的学生还是其他专业的学生而言,这种启发性都是非常重要的。英国科学家、哲学家布赖恩·温进行的一个哲学案例研究具有典型的启发性意义。1986 年,前苏联切尔诺贝利核反应堆爆炸所带来的放射性云团扩散到北欧和西欧地区,甚至影响到了英国的坎布里亚地区。放射性铯很容易形成降雨,而后放射性物质就会进入土壤、植物甚至动物和人的体内。最初,科学家们说,完全没有问题,甚至房顶

---

① http://www.philosophy.ox.ac.uk/undergraduate/course_descriptions.
② https://registrar.princeton.edu/course-offerings/course_details.xml?courseid=004928&term=1172.

留下来的雨水都是可以饮用的。但是一个月之后,科学家们发现羊羔体内的放射性物质含量仍然超标,这次他们不得不做出了相关禁令,禁令期限为3周。但是3周后,他们的预言——羊体内的放射性物质会下降至干预线以下——再次失败,因此他们又不得不实施了一个无限期的禁令。科学家们的这三次断言给坎布里亚地区牧民的生活带来了极大的影响。温指出了两点,第一,参加这次调查的科学家主要是物理学家,他们犯错的原因在于其所依据的科学理论是有关碱性黏质土壤中放射性铯的辐射水平的理论,即在碱性土壤中,铯一类的原子可以被硅酸铝吸收到硅酸盐中,接着就固化了,不可能再被带进植被进而再次污染羊群。但实际上,坎布里亚地区的土壤是酸性泥炭有机土壤,在这种土壤中,铯具有化学和生物学意义上的活性,可以再次被植物根系所吸收。第二,在此之前,一批生物学家和环境学家实际上已经在坎布里亚地区进行了检测,并明确指出放射性铯在酸性泥炭有机土壤中的活性要比在碱性黏质土壤中高得多。这样一项哲学的案例研究带给我们的启发是双重的:对于哲学专业的学生而言,他们更加看重这一案例的认识论蕴意,关注到不同科学知识的地方性特征;而参加通识课程的非专业学生则更加注重这种认识论结论所带来的实践教训,即科学家在科学实践中一方面要更加谦虚,切勿以为科学知识的普遍性超越了具体实践情境的普遍性,另一方面要加强不同科学共同体之间的交流与知识的共享,从而最大限度发挥知识的效力,减少实践中的弯路。

因此,从教学的理念和人才培养目标而言,哲学专业教育和通识教育的共同之处在于,都以学生的世界观、价值观培养为导向,注重塑造学生认识世界、认识自身、认识社会的能力。它所培养的并不是学生的就业能力,但可以以一种潜移默化的方式体现在他们的职业能力之中。因此,它是一种非功利性的教育。

2. 培养方式上强调综合素质的训练

无论是哲学专业教育中的哲学课堂,还是哲学通识教育中的哲学课堂,都不适合采用填鸭式的灌输型授课方式。因为哲学教育的核心是塑造合理的世界观和价值观、培养学生的分析与思维能力,这些立场和能力的形成必须是学生在重走人类智慧的历程之后,所做出的自主自觉的选择。因此,哲学的培养方式不单纯是知识的教育,更是对学生综合素质的培养。

哲学专业教育与哲学通识教育在培养方式上的共通之处体现在以下四个方面:

第一,均提倡研讨式的授课方式。哲学课堂最适合采用研讨式的授课方式,至少也要采取教师讲授与研讨课相结合的方式。即便是在纯授课型的课堂上,也要尽可能地强化课堂互动。对于哲学专业课程而言,这种授课方式是没有问题的,很多知名大学的哲学课程也都是以此种方式展开的。但对于通识课程而言,需要进行区分讨论。一些小规模的通识课程,如南京大学所开展的新生研讨课,这类课程的学生人数往往较少(30 人以内),研讨型授课方式的展开是具有可行性的。而巴黎政治学院教授、著名科学哲学家布鲁诺·拉图尔为巴黎政治学院的普通本科生长期开设的"科学政治学"课程,则采取了另一种"学生研讨、教师点评、教师讲授相结合"的授课方式。第一次授课时,教师会给同学们布置 20 余本科学哲学领域的经典著作,每一位或两位同学可任选一本;从第二堂课开始,学生用一个小时的时间讲授这本著作的核心内容,教师则用剩余时间进行点评、引导大家讨论;最后,教师再在宏观的思想史和社会背景之下对该书的重点思想进一步讲授。这种授课方式的优点在于极大调动了学生的学习积极性,提升了教学效果。

第二,均采用启发性的教学模式。研讨式教学往往用于小班化教学,但对于一些200人左右的通识课程,由于时间的限制以及学生规模对研讨效果的影响,这种授课方式就不太合适了。但这并不意味着此类通识课程就必须采用传统的单纯讲授的授课方式,因为这种授课方式容易造成师生之间割裂,与哲学教育的本质是不符合的。因此,教师必须在授课中融入其他的教学方法以实现哲学教育的通识教育功能。教师们往往采取启发式教学的方法,其优点是可以最大限度调动同学们的积极性。问题引入就是一个很好的方法。迈克尔·桑德尔教授一直在哈佛大学为本科生开设一门名为"公正"的课程,作为一门政治哲学课,它不可能避免对政治哲学理论的讨论。但桑德尔教授的课程并不是就理论而讨论理论,他往往是提出现实生活中的某些现象,然后根据这些现象所引发的问题,再进行理论分析。在分析的过程中,他也往往会调动同学们参与讨论的积极性,"政治哲学是一门论辩型的科目,'公正'这一课程的部分乐趣就在于:学生们开始反驳——反驳那些哲学家们,反驳其他同学,甚至反驳我的观点"[1]。这种问题型、探讨式、互动性、启发式的教学方法的优点在于,既符合哲学教育的本性,又可以引导学生真正参与到教学活动之中,成为自主学习的主体。

第三,均认可建构主义式的课堂结构。从认识论的层面上来看,传统讲授型的授课方式先是预设了教师与学生之间的割裂,然后将教师作为教学活动的主体;学生则成为教学活动的对象或客

---

[1]　[美]迈克尔·桑德尔:《公正:该如何做是好》,朱慧玲译,中信出版社2011年版,第319页。

体,他们在知识层面上是一块白板。因此,教学活动的展开也就成了知识从教师扩散到学生中的过程。可以看出,传统教学观在认识论上采取了实证主义、客观主义模型,在知识传播问题上采取了扩散主义模型。而哲学课程,不管是专业课程还是通识课程,事实上通常都采用了建构主义的教学模型。这一模型认为,学生进入课堂时并非如一张白纸,他们都是带着自己的立场、经验、背景、偏好等进入教学现场的。在此意义上,学生对老师所讲知识的接受就不再是被动地全部吸收,而是带有了主观性的主动选择。因此,教师的主要任务不再是忽视对象特殊性地教授着千篇一律的课程内容,而是应该针对不同的对象设计不同的教学内容、采用不同的教学方法,从而引导学生形成自己的知识。在此意义上,教学效果是由教师和学生共同建构的。这种教学方式尤其符合哲学的特性,因为哲学领域几乎不存在什么唯一立场、唯一观点。这种多主体的授课模式,确保了学生在知识建构上的主动性,能够取得更好的教学效果。

第四,均选择质性评价为主的考评方式。从评价模式来看,不管是针对专业学生还是针对通识教育的学生,哲学课程的评价方式不能简单化,而是要尽可能地将课堂讨论表现、平时作业、期末考评结合起来进行综合评价。期末考评如果采取考试形式,那么考试的内容也不能全部为记忆性内容,而应以考查学生分析和思考问题的能力为主。事实上,课程结束之后学生能记得多少课堂上所学的具体内容呢?毕业后又记得多少呢?毕业5年之后呢?就此而言,各类课程特别是以培养学生思维能力为主的哲学课程,更应该强化考核内容、考核方式的多样性,以期学生能够深化对课程内容的理解。一般而言,哲学课程的考核方式主要是论文。论文的形式也可以比较多样化。斯坦福大学的"数学哲学"课程论文可以有几种选择：一是在期中和期末各写一篇小论文；二是一篇小论文加一次考试；三是期末写一篇长论文，学生可以在这三种中选择一种。① 伦敦大学的"科学社会学"课程则采取期末考试加一篇论文的考核方式，不过，该课程给出了论文写作的大致范围（共 8 个主题）。② 此外，同学们的课堂参与程度（主题报告、讨论课的参与程度）有时也会体现在成绩之中。总之，由于哲学学习的重点是强化学生理解问题、分析问题的能力，而不是知识的记忆，而这种能力又是无法被具体量化的，因此，哲学课程必须对学生采取综合评价的形式。实际上，考评方式仅仅是评价学生学习能力的一个指标，并不能代表学生学习的全部，有时甚至某些成绩并不是很好的学生，哲学课程的学习却可能对其其他课程的学习和以后的人生道路产生重大的影响。波士顿大学哲学系辛迪卡教授曾经举过这样一个例子，某位老师曾在佛罗里达州立大学开设"推理与批判性思维"课程。有一次这位老师的一位学生去找老师表示感谢，尽管这位学生实际上是一年前修读的这门课程。老师感到非常奇怪，因为这位同学的成绩只得了一个 C，显然没有值得感谢之处。学生的回复是，"我知道，但是我其他课程的成绩提高了"。③ 可以看出，哲学课程的这种思维和方法训练，其影响尽管是潜移默化，难以量化，却并非不可见。因此，对学生的评价，成绩仅仅是一方面，更重要的是这门课程对学生的现实影响，后者才正是教育的根

---

① https://philosophy. stanford. edu/sites/default/files/courses/syllabus/phil162 -262. pdf.

② https://www. ucl. ac. uk/sts/study/hpsc/2014 - 15 _ syllabi/HPSC2023 _ Module_Syllabus_2014 - 15.

③ Jaakko Hintikka, "Philosophical Research and General Education", *Front. Philos. China*, 2013, 8(2): pp. 240 - 241.

本目的所在。

3. 教学内容的时代性和开放性

任何哲学思想的形成都离不开它所处的社会和思想背景,这就使得哲学一方面具有了时代特征,是一定时代社会和思想问题的理论呈现,另一方面也具有了开放性特征,要求对前人的思想进行继承和发展。因此,以"哲学"为内容的哲学专业教育与哲学通识教育也都必须要注重教学内容的时代性和开放性。

哲学教育与其他教育的一个不同之处在于,哲学课程往往会冠以"X史"的课程名称,仿佛哲学的智慧只能从哲学史中汲取。确实,著名哲学家怀特海曾说过一句话,欧洲哲学传统就是对"柏拉图的一系列注脚"①。这是因为哲学问题要么涉及的是对终极实在的追问,要么关注的是对人生价值的思考。与一定时期内科学家们往往会就某些问题达成相对共识不同,哲学领域的这些问题往往没有明确答案或唯一答案,往往是每种答案都有自己的优缺。因此,自然科学方面的学者们都是在接受此领域知识财富的基础上,研究学术界最前沿的问题;而这些专业的学生培养也很少开设历史类课程(如物理学史、化学史、数学史等),因为它们的所有课程都是按照我们当下的科学标准对科学进行的逻辑重构,最终在这些课程中逻辑线索取代了历史线索。而哲学家们则不同,他们往往沉浸于哲学史浩如烟海的文献之中。实际上,哲学研究者确实需要关注哲学史,因为历史上那些重要的哲学家们留给我们的问题,今天仍然需要深入思考。他们留给我们的哲学智慧,对分析当下的诸多问题也仍颇有启迪。但是,从另外一个层面来看,

---

① ［英］阿尔弗雷德·诺思·怀特海:《过程与实在》,杨富斌译,中国城市出版社2003年版,第70页。

对历史的重视，并不是说哲学不应该关注当下，恰恰相反，因为历史上那些伟大的思想总是与哲学家们所处的时代紧密地结合在一起，具有鲜明的时代特征，因此，对历史的重视实际上也要求我们重视现实，只有这样才能创造出富有当下时代特色的思想。正是在此意义上，法国著名哲学家巴什拉说，"科学事实上创造了哲学"，随着科学自身的发展，"哲学也应更改其语言，以便能够反映出当代思想的精妙与变迁"[1]。在此，巴什拉所说的哲学主要是科学哲学，但实际上，不仅科学哲学如此，一般意义上的哲学都应扩展自己的视界，将我们这个时代的独特问题、独特现象纳入哲学思考的视野。哲学研究的这种开放性与时代性同样要求我们的哲学教育也必须坚持这两个原则。

第一，哲学的这种开放性应该体现为人类不同传统的思想体系之间的开放性，这在哲学专业教育及哲学通识教育的课堂教学中均有所强调。由于历史传统的差异，很多民族都形成了自己独特的思想传统，而哲学体系则是这种思想传统中一个非常重要的部分。哲学课堂的教学应该打破这些思想传统之间的分裂，要本着不管哪种思想体系只要对我们思考某些问题有所启发就应该纳入教学范围的原则，以一种开放的心态设置课程内容。特别是在当下全球化的时代，开放性的哲学教育才能够培养出真正具有全球视野的人才。很多国际知名大学都非常重视对不同文化传统的哲学的研究与教育。非西方世界自不必说，不管出于何种原因，几乎所有国家都会把西方哲学作为其哲学教学的核心部分。即便是当前在世界范围内仍占据主导地位的西方发达国家，也非常重视

---

[1]　Gaston Bachelard, *Le Nouvel Esprit Scientifique*, Les Presses Universitaires de France, 1968[1934], p. 3.

对非西方世界哲学的教学。哲学专业课自不必说,通识课同样非常强调这一点。芝加哥大学有一门名为"阅读文化"的人文类通识课程,这门课程的核心是按照时间和地理线索,立足于翔实的文献资料,阐释不同文化的形成与变迁过程。① 哈佛大学的通识课程设置中有一个模块叫作"文化与信仰",这一模块中的课程主要目的就在于引导学生理解社会、政治、经济、历史等方面的条件对文化的塑造以及在人们对文化的接受过程中的作用,考察文化与信仰对个体以及共同体身份的影响。② 这一类课程的目的往往在于培养学生在全球化时代应对不同文化的能力。此外,在"世界上的各种社会"模块、"世界中的美国"模块也有很多跨文化课程。特别值得一提的是,哈佛大学的通识课程"对亚洲问题特别是中国问题颇为关注。有 20 名研究专长为东亚语言与文化的教师,仅次于历史研究的授课教师人数。其中,仅课程名称涉及'中国'的课程高达 9 门"③。普林斯顿大学的通识课体系中设置了外语要求,其主要目的也是为了强化学生的跨文化理解能力。"精于某种外语,你所获得的将不只是交流能力;你会成为另一文化体系中的博学之士,你会获得认识世界的另外一种视角。"④学习某一国家或民族的语言,是了解乃至熟悉其文化的重要渠道,而哲学无疑又是其文化体系中最为核心的部分。

第二,哲学的开放性与时代性体现为哲学应该不断将时代精

---

① http://collegecatalog. uchicago. edu/archives/collegecatalog1112/thecollege/humanities/.

② http://handbook. fas. harvard. edu/book/program-general-education.

③ 张会杰、张树勇:《哈佛大学通识教育课程体系及其特点》,《高教发展与评估》2013 年第 2 期。

④ http://odoc. princeton. edu/curriculum/general-education-requirements#FLR.

神吸纳到自己的思想体系中,并要求哲学教育将经典与前沿结合起来。例如,科学技术论(Science and Technology Studies,简称 S&TS)是自 20 世纪 70 年代以来新兴的一个研究领域,其主要工作是用社会学、人类学等跨学科的方法考察有关科学和技术的诸多问题,其中最为核心的就是哲学问题。目前,这一领域已经成为国际学术领域中的一门显学,不管是在学术界还是公共生活领域都产生了深远的影响。从研究方法上来说,S&TS 属于社会学等学科,但从研究的问题上来说,S&TS 在很大程度上又是哲学的。因此,哲学研究者在传统的科学哲学和技术哲学研究之外,有必要将这一领域纳入自己的研究范围。事实上,科学和技术作为一种研究对象,并未限定对它们的研究方法,我们将之区分为科学哲学、科学社会学、科学史等学科只是为了学科划分与教学的方便,但这并不意味着这些学科是可以割裂的。因此,哲学研究者需要将哲学不同的领域综合起来。国外大学中不仅哲学系的研究者关注这一领域的最新进展,如美国著名哲学家、哥伦比亚大学哲学系教授菲利普·基彻就非常关注 S&TS 的工作,很多学校甚至设置了单独的 S&TS 院系,例如康奈尔大学的 S&TS 系就聚集了米歇尔·林奇、特雷弗·平奇、皮特·迪尔等知名学者,另外如爱丁堡大学(S&TS 的爱丁堡学派)、巴黎高等矿业专科学校(S&TS 的行动者网络理论学派)等也都设有相应的研究中心。这些研究在课程设置上横跨了科学哲学和科学社会学两个领域,甚至还会开设某些科学类课程,以增强学生的科学基础。这其中,康奈尔大学 S&TS 系的专业设置非常典型。这个院系共开设两个专业,S&TS 专业以及生物学与社会专业,另开有 S&TS 辅修专业。S&TS 专业在课程设置上涉及科技哲学、科技史、科技社会学、后殖民主义科学观等众多领域。而生物学与社会专业除了要修读伦理学、科学史、科学哲学、科学社会学、科学政治学、科学传播、文学与科学等领域的课程外，还要修读生物学基础方面的三门课程，这三门课程必须在以下课程组中选出，且三门课必须分布在三个不同的课程组中，包括生物化学、分子和细胞生物学、生态学、遗传与发育、动物行为、神经生物学、解剖学与生理学、生物多样性、营养学等，此外，学生还要选修统计学方面的一门课程。[①] 可以看出，在当下我们的世界甚至人类自身都已经被科学和技术所改变的时代，哲学不得不将当代科学和技术的发展纳入自己的反思视野。除了专业课程外，国外知名大学如哈佛大学等纷纷开设 S&TS 类的通识课程，杜克大学就将 STS 作为通识课程模块之一，要求学生至少修读两门此类课程。[②] 同样，这类课程在国内知名大学的通识课程体系中也占据重要位置。这些课程对于同学们更好地认识科学、更好地理解科学在当今社会中的地位与作用、更好地审视科学的优势和局限起到了重要作用。

---

① http://sts. cornell. edu/courses/index. cfm.

② http://admin. trinity. duke. edu/curriculum/trinity-curriculum. 需要注意的是，杜克大学的通识课程模块名称虽然也是 STS，但它与 S&TS 并不完全一致，其全称为 Science Technology and Society，即科学技术与社会。从历史发展来看，这两个 STS 是有差别的。科学技术与社会出现比较早，其主要代表是默顿式的科学社会学，这种研究认为科学有独立的知识内涵（认识论），社会无法进入科学的知识内涵之中，它只能影响科学发展的地点、速度、方向等。而科学技术论则出现于 60 年代的英国（特别是爱丁堡大学），最初名为 Science Studies，到 70 年代中期基本成型，80 年代中期这种研究方法开始扩展到技术上，所以科学论就扩展为了科学技术论。与科学技术与社会的研究不同，科学技术论的首要前提就是主张社会因素完全可以进入科学的知识内核，于是，认识论便被改造为了社会学。为了将这两种 STS 相区别，人们一般可以将科学技术与社会缩写为 ST&S，将科学技术论缩写为 S&TS。但从现实来看，很多研究中心、课程等尽管用了 ST&S 的名称，但也并不排斥 S&TS 的学科内容，因此，人们只能通过具体的语境来领会它们在具体情境中的含义。

4. 价值观层面上的思想引领作用

哲学思想的时代性和开放性特征，决定了它不可能超越特定的文化传统。因此，在中国无论是推行哲学专业教育还是哲学通识教育，都不能脱离中国的历史与文化，两者在价值观层面都共同承担着文化传承和思想引领的功能。

第一，哲学专业教育和哲学通识教育都要承担文化传承的功能。哲学教育与科学教育的差别在于，哲学教育往往不太注重答案，一方面是因为哲学问题大多不存在唯一答案，另一方面是因为哲学教育更加注重答案的得出过程，科学教育当然不会忽视答案的得出过程，但他们同样重视答案本身，因为在某一具体时代科学的答案相对而言是确定的。换个角度而言，科学在某些时候是可以超越于文化而存在的（尽管这种观点现在越来越受到质疑），而哲学则不同，它扎根于其所在的文化传统。在此意义上，哲学教育不可能是一种完全中立的教育，它也会服务于它所在的思想传统。《哈佛通识教育红皮书》指出，教育的目标之一便是"竭力使他们（学生）能适应公共生活，也就是说，作为公民和共同文化的继承者，他们应该与他人共享文化传统"[1]。文化传统当然包括很多层面，但哲学无疑是一个民族、一个国家文化传统最核心的部分，在文化继承的过程中，哲学教育起着无可替代的作用。因此，要建立中国特色的哲学教育体系，就必须坚持国际视野与本土特点相结合的原则。

第二，信息爆炸时代价值观教育的重要性与紧迫性在哲学专业教育和哲学通识教育中均有所凸显。网络时代，知识来源的多

---

[1]　［美］哈佛委员会：《哈佛通识教育红皮书》，李曼丽译，北京大学出版社 2010 年版。

样性和多元化,一方面极大扩展了学生们的信息获取渠道;另一方面却又使得学生易在信息的海洋中迷失。这是因为,青年学生的世界观、人生观和价值观正处于形成过程之中,如果在这一过程中,任由他们自己选择信息接收的渠道、方向和范围,那么,他们对世界和人生的基本看法很容易就会跟主流价值观脱节。这就使得强化哲学教育的思想引领作用具有刻不容缓的紧迫性。一方面,哲学教育的目的在于帮助同学们将其所接收的零散信息整理为系统化的知识;另一方面,哲学课堂对主流价值观的教育并非采取简单说教的方式,而是引领同学们重新梳理人类智慧的旅程,引导他们在对现实问题和各种思潮进行理性分析的基础之上认可、接受和坚持主流价值观。这两方面无论是哲学专业教育还是哲学通识教育都应当坚持。这种经过主体的理性反思之后的接受,才是哲学教育最难能可贵之处。

5. 通识教育与专业教育相辅相成

除了教育理念、培养方式、教学内容、思想引领等方面具有共通性外,哲学专业教育与哲学通识教育之间还是一种相辅相成、相互促进的关系。

第一,哲学专业教育在多个层面体现着通识教育的精神。 与其他学科如计算机、软件、建筑等一样,哲学专业教育的目的尽管也是培养专业研究人才,但由于哲学与这些学科本身的差异,也导致它们之间存在很大的差别。最核心的差别就是其他学科的专业教育所培养出来的学生进入社会之后很有可能还要从事与所学专业有直接关系的工作,而哲学专业所培养的学生(这里的讨论范围是本科生)大部分从事的工作与哲学没有直接关系,也就是如前文所说,哲学并不对应于社会上的某种职业。同样,我们应该从哲学专业教育所兼具的哲学教育和专业教育两方面的功能来理解这一点,哲学专业教育既是对"完整的人"的培养,也是对未来哲学工作者的培养。于是,在这些最终走向其他工作岗位的同学身上,哲学专业教育的作用最终转变为哲学的非职业教育的目的或者说达成了通识教育的作用。因此,就他们而言,哲学专业教育与通识教育是统一的。

当然,既然作为专业教育,哲学专业教育的制度性目标还是要培养未来的哲学研究者和哲学教师。就此而言,哲学专业教育在两个方面与哲学通识教育是一致的。一方面,要达成哲学专业教育的目标,哲学系的学生只有经过涵盖了本科、硕士、博士三个阶段的完整培养体系,才能成为一名合格的哲学工作者。要达成这一目标,我们的哲学教育就必须要向着专业化、研究型努力。不过,对于本科阶段的哲学专业教育而言,专业性、研究型除体现为引领学生在哲学世界的知识海洋中遨游之外,至少同等重要的是对同学们进行哲学理念、研究方法、思维方式等方面的训练。从南京大学哲学系研究生培养的经验来看,学生在本科阶段的教育,知识的汲取固然重要,但更重要的是对研究方法和思维方式的培养。哲学专业的研究生教育与本科教育的不同在于,在本科阶段同学们基本还是在哲学大类中进行培养(有的学校也在本科阶段进行了专业划分,但这只是少数情况),而在研究生阶段同学们则是要分布于哲学一级学科下的八个二级方向进行学习,有的学校甚至还自设了其他的研究方向。因此,研究生阶段学生的学习要更为专业化,或者说,他们的研究方向要更加细化。在这种更为专业的学习中,学生们所受的方法论训练相对于单纯知识的记忆要更加重要。或者从另外一个层面看,对于以通过研究生入学考试的方式进入哲学系学习的同学而言,他们的科研能力与入学考试成绩的高低并没有直接相关性,除去研究生阶段学习的努力程度差别之外,更重要的就是本科阶段所接受到的或者所领悟到的哲学学习方法和思维方式的差异。可以看出,本科阶段的哲学专业教育首先必须是哲学教育,其次才是专业教育,这两者之间并不矛盾。就此而言,哲学专业教育同样具有哲学通识教育的功能。另一方面,考虑到哲学专业教育的制度性目标——培养未来的哲学工作者,而这些工作者中的相当一部分很有可能是要承担哲学通识教育职责的,甚至在其硕士或博士阶段就会担任导师或其他教授的助教。在此意义上,学生们在专业学习的过程中除了要学习精深的专业知识之外,更要注重对哲学理念的领悟、哲学思维方式的把握和哲学研究方法与教学方法的体会。这几方面的能力是成为一名优秀的哲学教育者所必备的。同时,哲学专业教育所培养出来的研究型人才在推动哲学不断发展的同时,也深化着人们对哲学及其时代精神的理解,这又进一步提升了通识教育的水平。在此意义上,哲学专业教育与通识教育仍然是统一的,只是这种统一不在当下,而是体现在未来的教育之中。

　　第二,哲学通识教育的普及也可以推动哲学专业教育的发展。一方面,哲学通识教育的核心功能是对非哲学专业学生的哲学思维和哲学精神的训练,这会推动同学们乃至全社会形成尊重哲学、认识哲学、推崇哲学的良好氛围,进而提升公众对哲学教育的接受度。另一方面,大家知道,哲学首先是一个研究领域,其次才是大学中的一个专业。实际上,要成为一名优秀的哲学研究者,如果只接受哲学的专业教育在很多情况下是不够的。大学将人类的知识体系划分为不同的专业,这也只能是随着知识的爆炸而采取的一个无奈之举,但这并不意味着经过划分的知识就是毫无关系的。哲学同样如此,哲学内部的不同二级专业之间、哲学与其他学科领域的知识之间,都是无法分割的。而哲学通识教育的一个可能结果就是,非哲学专业的同学在哲学学习过程中,逐步培养对哲学的兴趣,最后走上了哲学专业研究的道路,他们凭借自己独特的知识背景,反而具有了哲学专业的本科生所不具有的优势。在南京大学哲学系的培养历史上,很多(本科阶段)非哲学出身的学生,不管是来自于文史类专业,还是社会科学类专业,甚至是自然科学、技术工程类专业,都成了哲学领域的知名学者。在此意义上,尽管培养未来可能的哲学研究者并不是哲学通识教育的制度性目标,却成为哲学通识教育的一个令人欣喜的成果。

第二节　哲学专业教育与哲学通识教育的区别

从哲学教育的层面上而言,哲学专业教育与哲学通识教育之间是具有一致性的;但由于两者所面对的对象是有不同的,这也就决定了两种哲学教育仍然带有深层的差异。顾名思义,哲学专业课程的授课对象,当然是哲学专业的学生。因此,其根本的培养目标是将来的哲学工作者,包括哲学方面的科研工作者和教育工作者,当然,在很多人身上这两种身份是合一的;其阶段性的培养目标是帮助学生为下一阶段的研究生教育打下良好的专业基础。而通识教育的教学对象则是非哲学专业的学生。因此,哲学通识教育的培养目标主要是帮助学生确立对一些哲学基本问题的初步认识,引导学生学会用哲学的理论分析某些社会现象,最终帮助学生形成独立的认知、反思世界与自我的能力。培养目标的不同,决定了两者在课程体系、授课内容和教学方式等方面的差异。

1. 课程体系的差异

课程体系的差异,根源于培养目标的不同。专业教育的培养目标决定了哲学专业课程体系的设置必须坚持纵向的培养体系关联性与横向的哲学学科关联性相结合的原则。纵向的培养体系关联性是指把本科阶段的教育划分为不同的阶段,在不同阶段根据相应原则开设相关课程,同时考虑到不同学科之间的关联性,合理控制课程结构;也要把本科阶段的教育放入学生的整体培养体系之中,考虑到本、硕、博培养的连续性,合理设置课程的难度与广度。

哲学专业课程体系横纵向相结合的设置原则体现在如下三个方面:

第一,哲学专业课程强调课程设置在本科教育全学制内的系统性。 从课程设置的时间安排上而言,哲学系在新生中往往会开设哲学导论性课程、基础性课程,而后开设一些高阶课程。就此而言,剑桥大学哲学专业课设置就非常典型。剑桥大学哲学系的哲学课程分为三个部分,分别对应于三年的学习时间。学生在第一年主要学习"哲学研究的导论性课程",内容涉及形而上学、伦理学、政治哲学、逻辑学等,重点在于训练学生的表达能力以及为自己的立场辩护的能力;第二年继续深化学习第一年所学习的那些主题,并开始进一步涉及理解当代哲学所必需的一些概念;第三年所学习的内容则范围更广、难度更深,同时也会涉及一些新的学科领域。[①] 就国内的哲学课程体系而言,一般会在低年级开设中国哲学、外国哲学、马克思主义哲学方面的基础课程,在高年级开设这三个专业方向的高阶课程或原著选读类课程,同时开设其他二级学科方向的课程。

第二,就课程的学科结构而言,哲学专业课程设置都要涵盖哲

---

① [美]哈佛委员会:《哈佛通识教育红皮书》,李曼丽译,北京大学出版社 2010 年版,第 2 页。

学的主要研究方向,也即坚持课程体系设置横向的学科关联性原则。例如,牛津大学哲学课程主要包括哲学史课程(早期近代哲学、古希腊哲学)、哲学专题(康德哲学、维特根斯坦哲学、古希腊哲学、心灵哲学等)、科学哲学(一般科学哲学与特殊学科的哲学如物理学哲学、数学哲学等)、逻辑学、伦理学、宗教学、美学等。[①] 这样的课程设置基本涵盖了哲学的主要研究方向。不过,课程的分类并不代表这些学科方向的教学就是割裂的。因为哲学本来就是一个整体,因而对哲学的学习也应坚持整体性的视角。当然,中西方大学哲学系之间的课程设置还是有很大的差别,这种差别显然是由各个国家的文化和政治传统所决定的。从牛津大学的课程设置而言,主要是欧洲哲学传统的教育,也就是国内一般而言的外国哲学。同样,国内大学哲学系在专业课程设置上则更加体现中国的文化和政治传统,一般而言,中国哲学、外国哲学、马克思主义哲学方面的课程会占主体,伦理学、逻辑学、宗教学、科学技术哲学等方面的课程也会全面开设。当然,不同大学因为自己的学科传统,可能会在课程结构上有所差异。

第三,哲学专业课程的设置需要放在专业学生培养的完整体系之中。一般而言,本科阶段主要是为学生将来从事更为专业的学术研究打下基础。这种基础是两方面的:一是知识的基础,二是研究方法的基础。有的学校尽管没有开设专门的研究方法的课程,但方法论的教学实际上已经贯穿在了课堂教育之中。近些年来,部分学校在本硕贯通课程的设置方面进行了一些有益的探索,以期引导学生充分利用大学最后一年的时间,进而将哲学本科教

[①]　http://www.phil.cam.ac.uk/prosp-students/prosp-ugrad-prospectus#Part_IA.

育与研究生教育更好地衔接起来。

哲学通识课程的设置同样是服务于通识教育的整体培养目标的。一般而言,通识教育的课程设置并不是以院系和专业为基础的,而是以学生能力的培养为导向,分散在不同的培养模块之中。例如哈佛大学通识教育体系被划分为以下几个模块:审美与诠释性理解(34门)、文化与信仰(38门)、经验与数学推理(9门)、伦理推理(20门)、生命系统科学(12门)、物理宇宙的科学(17门)、世界上的各种社会(34门)、世界中的美国(34门)。① 普林斯顿大学规定,学生除了学习习作与外语类通识课程外,还需要学习以下门类的通识课程:攻读文学学士的学生需要学习认识论与认知、伦理思想与道德价值、历史分析、文学与艺术、社会分析、定量推理、科学与技术等模块的课程;攻读科学与工程学士的学生需要学习认识论与认知、伦理思想与道德价值、历史分析、文学与艺术、社会分析等模块的课程。其中,哲学门类的通识课程也是被打破放入相关模块之中的。例如,认识论与认知模块,主要引导学生"对人类知识的本性、来源与范围进行批判性的学习",其中认识论方面的内容便是哲学教育的核心部分之一,而认知方面的课程,如"形而上学与认识论导论"、"物理学哲学"、"古代哲学导论"、"认知哲学导论"、"形而上学"等,同样也与哲学息息相关。再如,伦理思想与道德价值模块的课程,如"解读价值"、"哲学与刑事司法"、"伦理与公共政策"等,主要目的是增强学生对人类行为与生活方式的理解,引导学生能够以一种更富学识和更为深刻的方式表达、评价相关的道德判断,或为某些道德立场进行辩护。其他模块中也分布着少量哲学类的课程,例如国际知名科学哲学家、科学社会学家希

---

① http://www.philosophy.ox.ac.uk/undergraduate/course_descriptions.

拉·贾撒诺夫开设的两门通识课程"技术、环境与社会"、"环境的政治"都被放入"世界中的美国"这一模块下。[①]

从哈佛和普林斯顿两所大学对通识教育课程模块的划分可以看出,通识课程体系具有两方面的特征,即服务于全人教育和方法论的训练。尽管方法论训练带有一定的实用目的,是为了强化学生将来在学术、工作与社会生活各方面的应对能力,但它与通识教育的全人教育内涵和独立主体的培养目标并不矛盾,因为这些技能本身就具有双重属性,就如跨文化理解与应对能力的培养,既是主体内化的人格属性,同时也是学生在面对异性文化时的外化能力。哲学课程作为通识教育体系的一部分,同样具有这双重属性。例如,普林斯顿大学开设的通识课程"伦理与技术:真实世界中的工程",主要目的就在于考察"工程这样一种职业以及它作为一种职业的社会责任"。今天的技术开发与历史上的科学研究是不一样的,历史上那些伟大的科学家往往都是以追寻终极真理为目的的,因此,科学知识也仅仅是人们反思世界本质的一种体现,它的认识论前提是人们首先将自己抽离这个世界,然后观察知识与世界之间的关系。而今天的技术则完全不同,它的目的不能说与认识论没有关系,但人们更关注的是它的现实改造能力,是它给人类社会所带来的影响。在此意义上,当今时代的技术就具有了更为强烈的伦理蕴意,因为它确实会影响到人们的行为和人类社会的结构。这门课程的主要目的就是介绍工程职业伦理与律师、医生、科学家、商人职业伦理的异同,并训练学生采用不同的伦理理论分析具体的技术工程问题的能力。可以看出,这种伦理的教育既是

---

① 张会杰、张树勇:《哈佛大学通识教育课程体系及其特点》,《高教发展与评估》2013年第2期。

哲学教育所要求的对学生的人格教育和社会责任教育的一部分，同时也是学生社会适应能力教育的一部分。

总之，哲学专业教育的目标决定了其课程设置必须服务于这个目标，必须成为完整的哲学人才培养体系的一部分；而哲学通识教育的目标则要求其课程设置必须以学生自身素养、社会和文化适应能力为导向，它只能是作为整个通识教育体系的一部分而存在。

2. 教学内容的差异

两种哲学教育培养目标的差异不仅决定了两者在课程体系上的差异，而且这种差异进一步体现在了两种哲学课程的教学内容上。本科阶段的专业教育主要是打基础的阶段，哲学专业教育同样以为未来的哲学研究者打下坚实的知识和方法论基础为己任，具体而言，就是要将学生的培养放入一个完整的本、硕、博贯通的培养体系之中。因此，哲学专业课程的学习尤其注重对学生知识基础和方法训练的培养。而通识教育的目标并不以就业为导向，因此，哲学课程就会表现出弱专业训练、重素养教育的倾向。我们可以以几门具体课程为例，从以下四点来比较分析哲学专业课程与哲学通识课程在教学内容上的具体差异。

第一，哲学专业课程在内容设置上更为具体，更为注重内容的专业性，而通识课则相对宏观，更加注重内容的启发性。我们选取S&TS领域的两门课程来看一下。以剑桥大学科学史与科学哲学系开设的课程"科学、技术和医学的伦理学与政治学研究"为例，其中四次课是以研讨班的形式进行，主要内容是对两个文本（《TRIPS与公共健康多哈宣言》《印度最高法院对诺华公司的裁决》）进行讨论，目的在于"探讨药物知识产权观的演变、发达国家与发展中国家互动视角下的生物医学研究的政治学以及（不同国家)在推进新药开发和药物的全球获取方面的法律保护之间的冲突"。除了对一手文献的研讨之外,这门课还开设了五个专题,主要采取教师课堂讲授的形式。这五个专题分别是:(一)"科学政治学:历史争论"(四次课),此专题主要用以考察历史上科学哲学家、科学史家和科学社会学家们所提出的用以理解科学发展与社会、政治、教育的时代关注之间关系的不同模型。(二)"科学政治学:价值、福利与政策"(六次课),主要讲授社会科学的价值中立和价值负载模型。如果社会科学是价值负载的,那么,它是否值得信赖、是否客观、是否会渗透进政策之中呢?(三)"科学知识社会学"(六次课),主要讲授科学知识社会学(Sociology of Scientific Knowledge,简称SSK),具体讨论科学家如何观察世界并对解释进行分类、科学家组织其共同体的方式、开展实验的方法、他们的工作场点、科学家彼此之间的联系等,其目的在于对人们在分析历史上的科学时所采取的社会解释模型和历史进路进行哲学的考察。(四)"气候变化"(四次课),气候变化是一个跨学科的研究领域,涉及地质学、气象学、海洋学、气候物理学等学科;同时,它又将科学家、公众与政策制定者牵入争论之中,在此意义上,它不仅是一个科学问题,也是一个社会、政治、经济问题。这一专题主要追踪19世纪60年代以来的几个案例,以理解"地方性研究是如何与全球协议相衔接以及当下的科学是如何由历史情境与未来的规划所同时塑造的"。(五)"生物伦理学"(四次课),主要考察在生物伦理学或医学伦理学领域新出现的一些问题。① 可以看出,这门课程尽管无法对 S&TS 领域的所有主题进行详细讨论,但它的涉

---

① https://courses.my.harvard.edu/psp/courses/EMPLOYEE/EMPL/h/?tab=HU_CLASS_SEARCH.

及范围仍然是比较广的,既考察了 S&TS 的理论立场,也以当前社会关注度比较高的问题为例介绍了进行案例研究的具体方法。这就要求课程在有广度的同时,也保持了专业的深度。

与专业课程相比,S&TS 类的通识课程则更注重对学生分析社会问题能力的培养。以希拉·贾撒诺夫在哈佛大学开设的"环境的政治"通识课程为例,这门课程主要介绍美国环境保护的历史、组织、目标和理念,考察在过去一百年间环境保护从控制污染到可持续发展的历程,同时分析自然的概念理解的变化以及科学在环境政策形成过程中的作用。课程的核心内容是知识、不确定性以及与政治行动之间的复杂关系,课程主要采取理论介绍与案例研究相结合的方式进行。① 可以看出,这门课程在讲授主题上相对明确,与社会生活的关联度更高,目的就在于培养学生对社会问题的独立分析能力和应对能力。当然,不同的通识课程也会具有不同的特点,需要对不同课程进行具体分析。例如哈佛大学"伦理推理"模块有一门通识课程"康德的伦理理论"就与前面讨论的课程不太一样。这门课程的理论性更高,内容更为集中,当然,它仍然是符合通识教育目标的,因为这门课程的目的是引导学生思考康德道德哲学中的一些核心问题,这会为学生们理解当下的诸多理论争论和社会问题奠定基础。

第二,从语言要求上来看,哲学通识课程往往使用该学校所在国家的官方语言,而某些特殊的专业课程则可能要求使用与授课内容相关的特殊语言,或者要求学生要能够阅读某本哲学著作的最初语言文本。例如,哈佛大学通识课程"圣徒、异端、无神论者:宗教哲学历史导论"和专业课程"柏拉图的《会饮篇》"尽管都对哲

---

① http://www.hps.cam.ac.uk/timetable/paper7.html.

学原著做出了阅读要求，前一门课程要求学生阅读柏拉图、奥古斯丁、阿奎那、帕斯卡、斯宾诺莎、休谟、尼采等人的著作，但并未规定需要阅读其最初语言文本，英文翻译版就足够了，而后一门专业课则要求对《会饮篇》的希腊文版进行深入阅读。再如，哈佛大学通识课程"中国古典伦理理论与政治理论"尽管讨论了中国传统哲学中的很多重要问题，但并未要求学生在学习过程中必须阅读中文原文。除了哈佛大学外，世界著名大学多会要求学生能够阅读希腊语或拉丁语原文，例如牛津大学开设的"柏拉图：理想国"、"柏拉图：泰阿泰德篇和智者篇"、"亚里士多德：尼各马可伦理学"、"亚里士多德：物理学"等课程要求学生阅读希腊文原著，而"拉丁哲学"则要求具备拉丁文的阅读能力。

第三，通识课程并非只是专业课程的简化版。有人可能对专业课程和通识课程在授课内容方面的差异存在误解，他们会认为哲学专业课程更加复杂、艰深，而通识课程则是专业课程的通俗版、简化版。如果这种观点是正确的，那么，通识课程无疑就成为科普课程了。实际上，通识课程并非只是简单地对专业课程进行简化，它要么从历史的角度关注哲学与整体的人类文明之间的内在关联，要么从现实的角度强调对社会问题的独特的审视视角。例如，哈佛大学开设的 S&TS 类通识课程"中世纪中东的身体、性别和医学"主要关注中世纪以及近代早期中东地区的医学、宗教、文化和政治话语与实践是如何影响人们对身体和性别的理解的。这门课程中哲学、宗教、政治、科学从身体与性别的视角被糅合为一个整体，从哲学的角度而言，授课教师关注的不仅仅是哲学自身的发展，更关注的是哲学在人类文明进程中的作用。例如，哈佛大学另有一门通识课程"西方的理性与信仰"，这门课程的核心是从历史视角考察西方传统中的一个重要问题——哲学与宗教之间的关系。作为一门通识课程，它的关注点非常开阔，主要讨论了理性、科学、圣经诠释、神圣干预等主题，阅读材料的范围也非常广泛，包括从中世纪到近代的诸多领域的文献，如奥古斯丁、阿奎那、伽利略、笛卡儿、牛顿、达尔文的著作等。① 显然，这门课程并不是简单地勾画西方宗教与哲学的宏大历史，而是基于具体的问题对这一问题进行了深入、细致的考察，主旨在于让学生对西方的智识史有一个宏观而又清晰的了解，以便学生对西方世界的历史与现在有更好的认知。在这种认知的建构中，哲学成了人类思想史的一个有机组成部分。

第四，事实上，即便所要讲授的是同一个主题、问题或社会现象，对专业学生和通识课学生的教授也是不一样的。我们可以以一个现实案例来进行说明。2009 年 4 月 6 日，在经历了半年的不断小震之后，意大利中部拉奎拉地区发生了一次 6.3 级的大地震，地震导致 308 人死亡。在大地震发生之前，科学家曾说"没有理由认为不断发生的小震能预示一场大震"。公众听从了专家的建议，并没有为大地震做太多准备，结果当地震来临时，悲剧就发生了。2012 年 10 月，法庭判定 6 名科学家和一位政府官员 6 年监禁，并向幸存者和当地居民赔偿约 900 万欧元。这次判决引发了社会各界的关注，科学界关注尤甚，因为这与他们的工作直接相关。2014 年 11 月，上诉法庭宣判这 6 位科学家和一位政府官员的过失杀人罪不成立，推翻了前一次的判决。面对这一社会问题，通识课的讲授要更加关注科学与社会之间的互动关系。科学不再是纯粹的知识，它已经成为人们日常生活的指导。而科学家作为专家，则承担

---

① https://courses.my.harvard.edu/psp/courses/EMPLOYEE/EMPL/h/? tab=HU_CLASS_SEARCH.

了这种指导的角色。因此,当科学家们说"没有理由认为不断发生的小震能预示一场大震"时,他们的建议成了公众行动的指南,在此意义上,这种建议已经不再是纯粹的科学问题了,它成了一个社会问题。任何个人是不能随意发布地震预报信息的,因此当科学家的这些信息进入公众领域的时候,它就成了公众行动的指导。进而,对科学家来说,他们要注意区分自己的双重身份:科学工作者和公众行为指引者的角色。因此,当他们发布地震预报信息的时候,应该尽可能将更多的背景知识同时告知公众,而公众也要了解相关的学科背景。科学界目前尚无法做出准确的地震预报,当科学家们说地震不可能发生的时候,也仅仅是在他们所掌握的证据范围内地震发生的概率较低,而且这也仅仅是一种理论可能性。如此,公众就能够以一种更加批判的眼光来看待科学家们的预言(这也是通识课程所要培养的一种能力)。在这种情况下,科学与行动的关系,专家、政府、媒体与公众的关系,就成了一个非常值得讨论的问题。但是在哲学专业课堂上,教师除了要关注这一案例的通识教育内涵之外,更要关注它在专业研究方面的意义。

对专业学生的教学可关注以下几点:(一)从认识论的角度来看,科学从关于这个世界的旁观性知识到介入性行动的转变,要求我们在认识论上必须完成从作为知识的科学向作为实践的科学的转变,这一转变则进一步要求我们对传统科学哲学的本体论、认识论、科学观方面的诸多概念的内涵进行重新界定。(二)从社会学的角度来看,一方面,当代科学家的形象与近代早期的科学家形象有了很大的不同,这种不同需要从科学研究模式的变化(从小科学到大科学)和认识论的变化(从知识到实践)两个层面来理解;另一方面,对科技政策制定、公众理解科学、地方性知识的作用等问题要进行多维审视(如实证主义、建构主义等视角)。可以看出,即便面对同一问题,通识课程的教学设计要更加注重问题分析的启发性维度,而专业课程则更加注重训练学生的专业思维能力。

3. 授课方式的差异

在授课方式方面,专业课程和通识课程具有很大的共性,这一点前文曾经有过讨论,但它们之间的差异也是很明显的。一般而言,哲学系的学生并不是很多,例如普林斯顿大学哲学专业本科生一般有 50 人至 60 人,国内哲学系学生相对多一点,但基本上仍属于一所高校中人数较少的院系之一。学生人数少,使得专业课的教学能够进行得非常深入,而且使得研讨课成为可能。根据课程的内容和性质,哲学课程一般采取教师讲授、研讨课或教师讲授加研讨课的形式。笔者曾经参加过著名科学哲学家、科学社会学家斯蒂夫·富勒教授的课程,他多年来在华威大学社会学系为本科生开设"知识社会学"课程。在授课方式上,这门课程采取了教授授课(lecture) + 研讨课(seminar)的形式。2016 年春季学期,富勒教授每周一上午 10 点至 11 点会进行一个小时的课堂讲授,当然课堂讲授也不排斥师生之间的互动,但因为时间关系,互动并不是很多;在课堂讲授之外,这门课程还安排了两次研讨课时间,学生可以在这两次研讨课中间选择一次,一次研讨班是由富勒教授自己主持,另外一次研讨班由一位助教主持,每次研讨班的参加人数基本在 10 人左右。分研讨班的好处在于,可以与学生针对具体问题进行更为深入的讨论,同时,也可以检查学生的学习效果,因为研讨班并不是学生来参加就行了,学生必须要根据学习的主题进行针对性的预习或自主学习。这种教学形式,既保证了知识的讲授,又确保了学生自主学习和创新意识的培养。此外,南京大学近些年来在本科生中尝试推行高年级研讨课和翻转课堂的建设,在专业教学方面进行了一些有益的探索,也取得了良好的效果。

通识课的情况比较复杂。小班授课的通识课程,完全可以采用授课+研讨或者研讨+教师点评的形式。例如,南京大学在低年级本科生中所开展的新生研讨课,由于上课人数都在 30 人以内,因此,教师完全可以采用研讨式的授课方式。但对于 200 人左右的大课,通识课很难采取研讨课的形式。即便有些课程同样采取教师讲授+研讨课的形式,这些研讨课也往往是由助教主持的,学生很难获得与教师进行深入讨论的时间。因此,教师往往会通过问题引导、课堂互动、学生讨论等方式进行教学。问题引导要求教师在授课过程中不能采用简单的平铺直叙的方式授课,而是要理清授课内容的逻辑关联,在不同内容的承接之处,以提出问题的形式合理编排授课内容。课堂互动则主要有两种方式。一种方式是老师向学生提出问题,而后进行师生互动。显然,由于课程时间的限制,问题引导中教师提出的问题并不可能都要学生回答,很多问题往往都是教师自问自答了,只不过这种自问自答仍然给学生们留出了思考的时间;其他少数问题教师可以引导学生进行思考和回答,然后在互动中给予指导和解答。另一种方式是学生向老师提出问题,然后老师可以引导其他学生尝试回答或由教师本人进行解答。学生讨论也可以有多种方式,包括老师预留问题并要求学生课前讨论然后课堂回答问题、设置争论主题而后采取课堂辩论的方式等。不管采用哪种形式,其目的都在于调动学生学习的主动性和积极性,让他们能够跟随老师的思路,真正融入课堂学习之中。

可以看出,在授课方式上,专业课程更为关注师生之间的微观互动,而通识课则对教师的课堂引导能力提出了更高的要求。

第三章 哲学通识教育与思想政治
教育的关系辨识

哲学通识教育天然具有咨政育人功能,旨在培养"完整的人",这与思想政治教育的理念和功能存在某种关联。2004 年,中共中央、国务院《关于进一步加强和改进大学生思想政治教育的意见》文件指出:"高等学校哲学社会科学课程负有思想政治教育的重要职责。哲学社会科学中的绝大部分学科都具有鲜明的意识形态属性,对于帮助大学生坚定正确的政治方向,正确认识和分析复杂的社会现象,提高思想道德修养和精神境界具有十分重要的作用。"[①]2015 年 1 月,中共中央办公厅和国务院办公厅印发《关于进一步加强和改进新形势下高校宣传思想工作的意见》,要求"要充分发挥高校哲学社会科学育人功能,深化哲学社会科学教育教学改革,充分挖掘哲学社会科学课程的思想政治教育资源,建立健全

---

① 教育部社会科学司组编:《普通高校思想政治理论课文献选编(1949—2006)》,中国人民大学出版社 2006 年版,第 204 页。

符合国情的哲学社会科学人才培养质量标准体系"①。这两个《意见》都明确指出发挥思想政治教育作用是哲学通识教育题中应有之义，且后一个《意见》对前一个《意见》中哲学社会科学的思想政治教育功能做了推进说明。毋庸置疑，这为哲学通识教育发挥咨政育人功能提供了有力的政策支持。但毕竟哲学通识教育和思想政治教育背后有不同学科支援，要想在今后的教学实践中做到有的放矢，有必要澄清两者之间的联系与区别。

第一节　哲学通识教育与思想政治教育
之间的联系与区别

马克思主义认为，事物是普遍联系的，正如列宁所言，"每个事物（现象、过程等等）是和其他的每个事物联系着的"②。但联系着的事物之间又有差别，这种差别正是一事物不同于另一事物的存在之处，它决定事物各自发展的空间。哲学通识教育与思想政治教育的关系正是如此。哲学通识教育以其独特的哲学魅力不仅直接发挥咨政育人功能，而且哲学尤其是马克思主义哲学研究产出的成果被广泛运用于思想政治教育领域。在这层"亲密"关系的面纱之下，两者之间在教育属性、功能和地位等方面存在诸多不同。廓清哲学通识教育与思想政治教育之间的联系与区别是完整准确地理解哲学通识教育的必要条件。

1. 两者之间的联系

我们首先需要说明的是具有马列主义哲学属性的课基本上属

---

① 参见 2015 年 1 月中共中央办公厅、国务院办公厅印发的《关于进一步加强和改进新形势下高校宣传思想工作的意见》。

② 《列宁全集》第 55 卷，人民出版社 1990 年版，第 191 页。

于广义上的高校思想政治理论课程范畴。从发生学角度看,哲学通识教育与思想政治教育之间关系比较复杂。思想政治教育是政治实践的产物,为了达到思想政治教育目的,思想政治教育的内容囊括了经济学、社会学、哲学、心理学、教育学、伦理学等领域的思想理论。就我国而言,与本书中试图阐明的哲学通识教育有别,具有马克思主义哲学属性的课程基本上属于广义的思想政治教育课程范畴,承担着思想政治教育义务。新中国成立之初,为"肃清封建的、买办的、法西斯主义的思想,发展为人民服务的思想"[1],开设"辩证唯物论与历史唯物论"课;20世纪60年代,随着中国跟苏联关系的微妙变化以及建设社会主义的需要,为"培养坚强的革命接班人","反对修正主义,同资产阶级争夺青年一代"[2],设置"哲学"一课;"98方案"中设置了"马克思主义哲学原理"一课;到目前为止,马克思主义哲学仍是高校思想政治理论课的主要内容之一。不可否认,思想政治理论课程范畴中马克思主义哲学教育也具有通识属性,因为它面对的是在校所有大学生,这一特点是缘于马克思主义哲学大众化的政治需要。但由于受到政治意识和传统教科书体系的影响,这种教育效果大多仍停留在对思想政治教育的实践意义上,还不完全属于通识理念意义上的哲学通识教育。

改革开放以后,特别是进入21世纪以后,我国的高等教育不断学习、借鉴国际先进办学理念,探索具有中国特色的人才培养模式,至此真正意义上的包括马克思主义哲学在内的哲学通识教育理念才得以实践。虽然这种哲学通识教育与广义上的思想政治理

---

① 教育部社会科学司组编:《普通高校思想政治理论课文献选编(1949—2008)》,中国人民大学出版社2008年版,第1页。

② 教育部社会科学司组编:《普通高校思想政治理论课文献选编(1949—2008)》,中国人民大学出版社2008年版,第50页。

论课有所不同,但在人才培养方面与思想政治教育仍然存在某种内在关联。这种关联性主要体现在以下三点中:

(1)"完整人":共同的理念旨趣

哲学通识教育和思想政治教育归根到底都是做人的工作。培养什么人、如何培养人,成为它们必须解决的共同根本问题。培养全面发展的人是我国思想政治教育的目标旨趣。全面发展的人是马克思主义哲学的话语方式,是基于人的本质异化认识基础上的人才发展观。马克思在其《1844年经济学哲学手稿》一文中,对人的全面发展进行了阐述。他指出:"为了人并且通过人对人的本质和人的生命、对象性的人和人的产品的感性的占有,不应当仅仅被理解为直接的、片面的享受,不应当仅仅被理解为占有、拥有。人以一种全面的方式,也就是说,作为一个完整的人,占有自己全面的本质。"[①]在马克思看来,对人的本质全面占有就是全面发展,人的本质是指扬弃了私有财产和异化条件下的人的关系和本质。对人的本质的真正占有,不是私有制下的片面的占有,而是向社会人复归。马克思指出:"人的本质不是单个人所固有的抽象物,在其现实性上,它是一切社会关系的总和。"[②]中国共产党人继承和发展了马克思关于人的全面自由发展观,并赋予它时代特征。党的十八届三中全会上公布的《中共中央关于全面深化改革若干重大问题的决定》指出,要"全面贯彻党的教育方针,坚持立德树人,加强社会主义核心价值体系教育,完善中华优秀传统文化教育,形成爱学习、爱劳动、爱祖国活动的长效形式和长效机制,增强学生社

---

① 《马克思恩格斯全集》第42卷,人民出版社1979年版,第122页。
② 《马克思恩格斯选集》第1卷,人民出版社1995年版,第60页。

会责任感、创新精神、实践能力"①。

通识教育旨在调和"学科日益专业化"和"个人全面发展的需要"两者的矛盾，培养适应当代社会的高素质的复合型人才。哲学通识教育是基于哲学学科基础上的一种通识教育，具体指一种以"培养完整的人所需具备的哲学素养"为中心的成人育人教育。哲学素养是指理性地认识人、世界以及人与世界的关系，进而形成通达地驾驭自我和从容处世的能力，真正成长为一名符合时代要求的"完整的人"。所谓"通"是指不同学科之间的融会贯通，旨在调和"学科日益专业化"和"个人全面发展的需要"两者之间的矛盾，以培养全人为理念，因此，又被称为"全人"或"完整人"教育。纵观通识教育发展史，我们不难发现，无论是古希腊时期的"自由教育"，还是近现代西方一流大学的通识教育，打破一种技能的限制或一种专业能力的限制，培养完整的人和自由的公民，是通识教育的理念。

可见，就教学的理念而言，无论是思想政治教育视野中"全面发展的人"，还是哲学通识教育视野中"完整的人"，都是试图消除人片面异化，追求人之所以为人的完整性，关注人的生存意义。只不过，前者是从阶级角度提出教育理念，后者是从专业教育角度提出教育理念。

（2）主流价值观：哲学通识教育必须遵循的政治导向

对大学生进行社会主流价值观培育是思想政治教育的核心任务，这是思想政治教育的政治性或意识形态性本质所决定的，这也是思想政治教育在各行各业必须落实的政治任务。

---

① 《中共中央关于全面深化改革若干重大问题的决定》，《人民日报》2013年11月16日。

　　哲学通识教育总是一定历史条件下的哲学通识教育，总会打上时代价值观的烙印。因此，哲学通识教育与思想政治教育的关系，也体现在哲学通识教育对社会主流价值观的遵循上。这是因为：其一，遵循社会主流价值观是哲学通识教育合法性的存在依据，也是哲学通识教育观照当下问题的逻辑必然。一方面，社会主流价值观蕴含着时代命题，它不是永恒不变的；相反，它是历史与逻辑的辩证统一。与其他哲学社会科学相比，研究历史与逻辑的辩证统一关系是哲学的强项。另一方面，哲学具有形而上性，也具有形而下性，观照时代问题是其社会责任的价值体现，两相契合，哲学通识教育围绕社会主流价值观"上下波动"，就像价格围绕价值上下波动一样。其二，哲学通识教育是成人育人的教育，而要达到成人育人的教育目的，世界观、价值观、人生观教育是根本，是总钥匙。正如习近平同志所说，"要树立正确的世界观、人生观、价值观，掌握了这把总钥匙，再来看看社会万象、人生历程，一切是非、正误、主次，一切真假善恶、美丑，自然就洞若观火、清澈明了，自然就能作出正确判断、作出正确选择"①。可见，坚持政治导向和咨政育人是哲学通识教育不同于其他学科学术研究的、特有的学术伦理。正如列宁所言，"唯物主义本身包含有所谓党性，要求在对事迹作任何评价时都必须直率而公开地站到一定社会集团的立场上"②。马克思主义哲学的党性集中体现在它代表最广大人民群众的根本利益，这一性质决定了哲学通识教育的政治价值导向，即为人民服务、为社会主义事业服务。2013 年 12 月中共中央办公厅印发了《关于培育和践行社会主义核心价值观的意见》，指出，培

---

① 《习近平谈治国理政》，外文出版社 2014 年版，第 172 页。
② 《列宁全集》第 1 卷，人民出版社 1984 年版，第 363 页。

育和践行社会主义核心价值观,是推进中国特色社会主义伟大事业、实现中华民族伟大复兴中国梦的战略任务。西方一流大学的哲学通识教育经验也证实了哲学通识教育必须以主流价值观为政治导向。通过对哈佛大学的细致研究,我们可以发现,不论是1945年的《通识教育的红皮书》,还是2009年新版通识教育计划,其最根本的目标就是将美国的主流价值观渗透到课堂中去,以一种潜移默化的方式引导学生的价值观,将其塑造成美国主流价值观所需要的社会公民。例如,哈佛哲学通识课程的设置便鲜明地体现出"自由、宽容、民主、公平、个人主义"①的价值观引导。可见,哲学通识教育不是一种价值中性的知识教育,而是一种塑造共同信念和价值观的教育,它不仅可以引导大学生树立符合主流的世界观、人生观和价值观,从思想上形成科学的理论指导,还引领和影响着大学生的实践活动,旨在培养公民对本民族文化的认同感和归属感,具有鲜明的价值导向属性。因此,在政治导向方面,哲学通识教育与思想政治教育是相通的,共同担当着培育和践行主流价值观的责任。

当然哲学通识教育对社会主流价值观的遵循,并不意味着哲学通识教育没有自己的独立个性。反思、建设性批判是哲学保持自身清醒和发展的武器,使其遵循但又不完全依附于主流价值观。在这两种关系上,我们有过惨痛的历史教训。在20世纪六七十年代,我们过于强调政治意识形态的灌输,出现了意识形态的"泛化"现象。所谓意识形态的"泛化"指的是在传播、诠释和践行某种意识形态的过程中出现的一种现象、事实或后果,是对某种意识形态做出的泛化或过度化,致使作为政治制度的思想表现的意识形态

---

① 王英:《美国如何建立社会主流价值观》,《学习时报》2012年3月19日。

出现了被夸大、膨胀和绝对化的特征和倾向。意识形态出现"泛化"的现象很多,其危害也非常大,以其对哲学教育而言,最直接的影响就是马克思主义哲学教育过度强调政治性,从而忽略了哲学的启迪、批判作用。随着社会不断进步,人们意识到了意识形态的"泛化"破坏的严重性,开始反思。到了新世纪,意识形态的"非化"论甚嚣尘上。所谓意识形态的"非化"指的是去意识形态化,鼓吹意识形态已经被"超越"、被"终结"了,取而代之的是"技术决定论"和"马克思主义过时论"。受其影响,在哲学教育界,有人主张用价值中立的知识传统来建构哲学通识教育,试图使哲学教育偏离主流价值观方向。然而实践证明,主张去意识形态或泛化意识形态的哲学教育思想和实践都是背离哲学教育规律的。

(3)哲学是思想政治教育的方法论基础和思想资源

思想政治教育具有明确的政治导向、价值诉求和实践旨趣。看法决定做法,思路决定出路,成功的实践、正确的做法是以正确的思想方法为指导的。哲学通识教育除了引领青年人特别是大学生确立正确的世界观和人生观外,还为提升思想政治教育质量甚至为思想政治教育学科发展提供方法论指导。"一切关于'人'的学科,都应该与思想政治教育有关;这些学科的研究成果与研究方法都应该能够为促进思想政治教育学科的发展作出贡献。"[1]马克思主义方法论被广泛运用于思想政治教育领域。马克思主义方法论批判吸收了人类社会认识史上的积极成果,克服了唯心主义和旧唯物主义的历史局限,实现了社会认识论和社会科学方法论的革命性变革。在《德意志意识形态》中,马克思恩格斯指出,这种方

---

① 冯刚:《交叉学科视野下思想政治教育的创新发展》,《思想政治教育导刊》2011年11期。

法论"就在于：从直接生活的物质生产出发阐述现实的生产过程，把同这种生产方式相联系的、它所产生的交往形式即各个不同阶段上的市民社会理解为整个历史的基础，从市民社会作为国家的活动描述市民社会，同时从市民社会出发阐明意识的所有各种不同理论的产物和形式，如宗教、哲学、道德等等，而且追溯它们产生的过程……这种历史观和唯心主义历史观不同，它不是在每个时代中寻找某种范畴，而是始终站在现实历史的基础上，不是从观念出发来解释实践，而是从物质实践出发来解释观念的形成"①。

哲学既是世界观又是方法论，是人们认识世界、改造世界的根本方法。它对思想政治教育的方法论意义主要体现在这几方面：其一，哲学是主体理解思想政治教育内容的方法论基础。思想政治教育的一个重要任务就是思想掌握群众，也就是通过一定教育手段使受教育者理解、认同、践行一定的思想政治价值观念。受教育者能否理解、怎样理解以及理解程度如何，很大程度上取决于主体的哲学素养。其二，哲学是受教育者辨别分析事物的方法论基础。在全球化、网络化、文化快餐化时代，社会思潮多样，价值多元，信息海量，在这种背景下如何甄别信息的真假、如何辨别价值取向对思想政治教育提出了巨大挑战。有什么样的价值观，就有什么样的信息取舍；有什么样的信息取舍，就有什么样的教育效果。而要应对这个挑战，达到牵一发而动全身的功效，就必须依赖于一定哲学素养的培育。其三，哲学通识教育必然对教育者的哲学素养提出更高要求。教育者和受教育者的哲学素养是辩证提高的关系，教学相长，等量齐观，从而形成健康向上的思想政治教育生态。

此外，哲学也是思想政治教育重要的思想资源。从思想政治

---

① 《马克思恩格斯选集》第 1 卷，人民出版社 1995 年版，第 92 页。

教育实践角度看,哲学思想或哲学家故事经常被运用到思想政治教育工作中去,并取得了良好成效。

2. 两者之间的区别

尽管哲学通识教育与思想政治教育存在诸多共通之处,但哲学通识教育的哲学属性规定了它们在教育属性、功能、目标和方法等方面与思想政治教育不同。

(1) 教育属性不同

本质是一事物之所以是一事物并区别于另一事物的根本属性。哲学通识教育与思想政治教育的本质属性不同。

虽然哲学通识教育与哲学专业教育不同,但哲学通识教育依附于哲学,具有哲学教育的属性。所谓哲学,就是"爱智慧"、追求智慧。尽管智慧和思想都显现在对真理的追求当中,但哲学不是真理本身。恩格斯曾说过,"世界不是一成不变的事物的集合体,而是过程的集合体,其中各个似乎稳定的事物以及它们在我们头脑中的思想映象即概念,都处在生成和灭亡的不断变化中"[1],世界处在不断变化的过程中,真理是绝对与相对的统一。哲学就是"爱智慧",通过爱智追求真理,在理解哲学的本质概念基础上,我们可以推导出,哲学通识教育的本质就是启迪智慧,即授人以"渔",帮助人们寻找并掌握追求智慧的方法和道路。"哲学是开智的,它会使你在学习其他专业知识时有一个非常完整的创造性思考结构","是一种内在的精神气质"[2]。哲学的无用之用就在于教育人之为人。哲学通识教育是让受教育者接受系统思维训练的手

---

[1] 《马克思恩格斯选集》第 4 卷,人民出版社 1995 年版,第 240 页。
[2] 张一兵、张琳:《哲学是一种内在的精神个性》,《南京社会科学》2014 年第 5 期。

段,培养他们如何思考,形成自己独立面对他人、社会和世界的能力,而不是引导受教育者做知识的应声虫。

思想政治教育是人类社会历史实践中的一种客观实在,有其特殊的内在矛盾和规定性,是一定阶级、政党、社会团体等对其成员思想观念、政治素养、思想品德的要求与成员实际思想观念、政治素养、思想品德状况之间矛盾的开展过程。思想政治教育的创设主要来自政治实践需要,必然受到政治思想实践需要的制约,主要体现在:其一,思想政治教育的思想具有阶级性。马克思认为:"统治阶级的思想在每一时代都是占统治地位的思想。这就是说,一个阶级是社会上占统治地位的物质力量,同时也是社会上占统治地位的精神力量。"①我国的教育是社会主义教育,不是别的教育,我们培养的大学生是中国特色社会主义事业的建设者和接班人,明确规定了社会主义性质。其二,思想政治教育主体的思维立场具有政治性、意识形态性。"思想政治教育的本质是意识形态政治,这是按照历史与逻辑相统一的原则对人类政治形态考察得出的结论。"②其三,思想政治教育的最终目的是对政治思想的掌握和认同,是情感和价值观的培养。党的思想政治教育的本质"是思想掌握群众,因为思想掌握群众反映了思想政治教育的本质内涵,体现了思想政治教育的根本属性,凸显了思想政治教育同其他社会实践活动的本质区别"③。无论哪一个阶级的思想政治教育,都是运用一定阶级的政治思想来教育、影响、掌握和引导群众的活动。思想掌握群众,既是运用一定阶级的思想掌握本阶级群众的

---

① 《马克思恩格斯文集》第 1 卷,人民出版社 2009 年版,第 550 页。
② 金林南:《论思想政治教育的公共性》,《思想教育研究》2012 年第 8 期(上)。
③ 骆郁廷:《思想政治教育的本质在于思想掌握群众》,《马克思主义研究》2012 年第 9 期。

活动,也是运用一定阶级的思想影响和掌握其他阶级群众的活动,而党的思想政治教育是先进思想掌握群众的活动。思想掌握群众集中而充分地体现了思想政治教育这一特征。

可见,哲学通识教育与思想政治教育的属性不同,集中体现在:前者试图启迪智慧,后者试图使思想掌握群众;前者主要从事的是思维训练,后者主要工作是思想说服。

(2)培养目标的着重点不同

从教学的理念和人才培养目标而言,哲学通识教育和思想政治教育具有共同之处,都以学生的世界观、价值观培养为导向,但两者培养目标的着重点不同。

哲学通识教育的目的在于通过使学生获得合理的知识结构和能力结构,从而丰富学生高雅的情趣,并尽可能克服高等教育专业化带来的片面性和局限性,使学生的一切才能、素质尽可能得到发展,最终成为一个有独立个性的人和合格的公民。它注重塑造学生认识世界、认识自身、认识社会的能力,帮助学生成长为"完整的人"。哲学通识教育所培养的并不只是学生的就业能力,它是一种非功利性的教育。例如,2013 年,斯坦福大学通识教育的必修课包括思维与行为方法、有效思考、写作与修辞、语言等四类,其旨在"培养学生深度阅读、熟练写作、有效交流与批判思维的能力,使学生能够建立不同学科领域之间的联系,并指导学生将来理智地工作与生活"[①]。再如,南京大学开设的"理解马克思"一课是为初学者设置的通识性质的课程,重点在于激发学习者的认知兴趣,进而为他们可能深入了解提供必要的思想史背景、文本研读方法和学

---

① Stanford University. Explore [EB/OL]. https://undergrad. stanford. edu/programs/thinking-matters/explore,2014 - 04 - 21.

术共识。

在我国,思想政治教育在中国革命和社会主义现代化建设中,发挥着"生命线"和"中心环节"的作用,是我们党和社会主义国家的优良传统和政治优势。目前,我国对本科生开设的"马克思主义基本原理概论"、"毛泽东思想和中国特色社会主义理论体系概论"、"思想道德修养和法律基础"和"中国近现代史纲要"四门思想政治教育理论课,其根本目的就在于以马克思主义理论教育大学生,引导他们树立正确的世界观、人生观和价值观,坚定马克思主义信仰和社会主义信念,树立建设中国特色社会主义的共同理想;使之系统掌握马克思主义基本原理和中国化马克思主义理论,并善于运用马克思主义的立场、观点、方法分析问题和解决问题。思想政治教育的本质特征是政治性或意识形态性,它所培养的人是政治人,是具有所属阶级属性并为所属阶级服务的人。思想政治教育是对政治基本知识的掌握,是态度、情感、价值观的培养,因而理解政治、形成判断和评价能力,就不只是接受"政治知识",而是培养判断意识,政治判断力、政治敏锐性。政治教育要培养的公民,不仅是规则的执行者,而且要成为社会核心价值的忠实践行者、保护者和保证人。思想政治教育通过对个体的思想、品德、行为的规范、调节和控制,使之符合思想政治教育的正确要求,排斥和纠正不合思想政治教育要求的思想、品德和行为,目标是使个人发展与社会发展、国家认同相结合。新时期,全面贯彻党的教育方针,坚持立德树人,加强社会主义核心价值体系教育,引导和帮助大学生树立马克思主义的世界观、人生观和价值观,坚定大学生正确的政治方向,提高他们正确认识和分析复杂社会现象的能力,提升他们思想道德修养和精神境界,是党的思想政治教育主要任务。

（3）功能存在差异

功能是指事物或方法所发挥的有利的作用。教育的功能是教育本质的外在体现和集中表露，也是教育得以存在的"合法性"基础以及教育价值得以发挥的前提。哲学通识教育应当同时具备咨政育人及智慧启迪的功能。咨政育人功能，是指通过哲学的知识教育和全方位的能力培养提高人的综合素质，为治国理政提供依据；智慧启迪功能包含人文认知功能和创新功能两方面，其中，人文认知功能是由其"以人为本"的核心教育理念所决定的，是指通过哲学通识教育，引导大学生在个体、社会、世界三者关系格局中确立自我位置，处理好人与人、人与社会以及人与世界的关系；创新功能，是指通过思维训练等方法开发人的潜能。

思想政治教育功能是指思想政治教育内部各要素之间以及思想政治教育在与外部环境之间发生联系和关系时表现出来的特性以及产生的效果。思想政治教育功能从不同的视角可以分为不同的种类。一般来看，思想政治教育功能主要有以下几个：一是导向功能，包括理想信念导向、奋斗目标导向、行为规范导向。导向功能是思想政治教育目的性、意识形态性的体现，是思想政治教育的基本功能，是其他任何教育都无法代替的功能。二是维护功能，主要指维护国家意识形态安全。意识形态安全是国家安全的有机组成部分和灵魂。维护国家意识形态安全，要从根本上确立意识形态安全在国民思想中的指导地位，维护指导思想一元化，并处理好与文化思潮多样发展的关系。三是育人功能，是通过培养、提高大学生的思想政治素质、思想品德来实现的。四是凝聚功能，指通过思想政治教育最大限度地把大学生思想和行动统一到国家重大部署决策上来，凝聚共识服务于中国特色社会主义建设事业。

通过以上分析，不难发现，哲学通识教育与思想政治教育的功能既有重合也有差别。

（4）教育过程不同

哲学通识教育强调过程式学习，思想政治教育则强调目的性学习。哲学通识教育是一种"过程取向"，不急于让学生获得现成结论，而是通过学习过程开发学生的认知潜能。在这方面，吉林大学孙正聿进行了积极探索。他在 1995 年开设了一门全新的"哲学通论"课程，并于 1998 年出版了新中国国内学者撰写的第一部《哲学通论》教材。他认为，激发学生的理论兴趣，拓宽学生的理论视野，撞击学生的理论思维，提升学生的理论境界，是哲学通识教育的主要任务，而不是把教学和教材当成现成的结论和条文，让学生识记。

思想政治教育过程是一种认同性学习，掌握思想政治理论知识只是学习的初级阶段，要把它内化为一种理论认同，上升为理想信念，并进一步转化为道德实践。2010 年 8 月《中共中央宣传部、教育部关于高等学校研究生思想政治理论课课程设置调整的意见》再次强调，"实施研究生思想政治理论课课程新方案是一项政治性、政策性很强的工作"，"要充分发挥马克思主义理论一级学科及六个二级学科对思想政治理论课的支撑作用"[1]。2015 年 1 月，中央印发《关于进一步加强和改进新形势下高校宣传思想工作的意见》，强调指出，"意识形态工作是党和国家一项极端重要的工作"，"要提升马克思主义理论学科的引领作用，实施马克思主义理论学科领航计划"[2]。由于思想政治教育具有意识形态色彩，往往

---

① 参见 2010 年 8 月中共中央宣传部、教育部印发的《中共中央宣传部、教育部关于高等学校研究生思想政治理论课课程设置调整的意见》（教社科〔2010〕2 号）。

② 参见 2015 年 1 月中共中央办公厅、国务院办公厅印发的《关于进一步加强和改进新形势下高校宣传思想工作的意见》。

以政府和政党指令作为思想政治教育的出发点和落脚点,因而具有很强的实践操作性,聚焦实施的有效性和技巧性。

（5）教育方式方法不同

由于教育属性、功能和目的等不同,哲学通识教育与思想政治教育的方式方法也不完全相同。从教育实践来看,研究性、探究式、互动式的教学形式有利于激发大学生的学习主体性,锻炼他们的思维能力,培养他们的批判精神,是一种符合哲学本性的教学组织形式,对话、讲理论、思辨是哲学通识教育的主要方法。

在我国,思想政治教育是运用马克思主义立场、观点和方法专门研究人们思想品德形成、发展和思想政治教育规律,培养人们正确世界观、人生观、价值观的教育实践活动。从教育实践上看,思想政治教育是运用一定阶级的政治思想来教育、影响、掌握和引导群众的活动。思想掌握群众集中而充分地体现了思想政治教育的宗旨。这就决定了思想政治教育方式方法与哲学通识教育方式方法有所不同。思想政治教育方式方法也重视大学生学习的主体性,注重方式方法的与时俱进,但"思想掌握群众"的目的决定了思想政治教育更重视正确思想的外在"灌输"。这是因为,没有革命的理论,就没有革命历史的运动。正如列宁所言,"阶级政治意识只能从外面灌输给工人,即只能从经济斗争外面,从工人同厂主的关系范围外面灌输给工人"[1],"把社会主义思想和政治自觉性灌输到无产阶级群众中去"[2]。列宁的思想"灌输方法论"对新时期的思想政治教育也具有重要意义。青年学生正处在思想理论和价值观形成的关键时期,马克思主义理论和社会主义核心价值观一

---

① 《列宁选集》第 1 卷,人民出版社 1995 年版,第 363 页。
② 《列宁全集》第 4 卷,人民出版社 1984 年版,第 335 页。

定程度上也需要从外部"灌输"给他们。

思想政治教育也注重大学生对思想理论的理解、接受和认同，注重理论联系实际原则。因此，思想政治教育经常通过感化、说服等教育手段来进行，而不是单纯地进行空洞说教。毛泽东在《改造我们的学习》一文中批评一些人学马克思主义的方法直接违反了马克思主义时说："他们违背了马克思、恩格斯、列宁、斯大林所谆谆告诫人们的一条基本原则：理论和实际统一。他们既然违背了这条原则，于是就自己造出了一条相反的原则：理论和实际分离。"①可见，尽管现代教育的发展以及大学生主体思想观念的变化，迫使哲学通识教育和思想政治教育在方式方法上必须放弃以知识灌输为主的传统教学方式，采取以调动学生参与为主的教育方式方法，但是在根本上哲学通识教育与思想政治教育的方式方法还是不尽相同的，集中体现在：前者着重思维训练，后者着重思想说服。

综上所述，哲学通识教育咨政育人功能，与思想政治教育功能之间既有联系共通之处，又不尽然相同。二者之间是相互依赖、相互补充、相互渗透的关系。哲学通识教育不能替代思想政治教育，思想政治教育也不能替代哲学通识教育之责任。

第二节　充分重视哲学通识教育的咨政育人功能

中国科协主席韩启德在谈到学科的交叉融合时指出："当今科学技术发展的关键点就是交叉、融合。近代以来我国在科学技术方面落后于人，很大程度上是因为学科不能交叉，或者交叉得少。

---

① 《毛泽东选集》第3卷，人民出版社1991年版，第798页。

这跟创新人才的培养、基本人才的素质有关系，跟大学、科研机构的组织形式、政策导向等很多因素有关。"①自然学科是这样，哲学社会科学也是这样，这是加强学科交叉的协同作用、寻找学科发展新的生长点和功能发力的时代要求。2015年1月中共中央办公厅和国务院办公厅印发《关于进一步加强和改进新形势下高校宣传思想工作的意见》，呼应时代要求，提出要充分发挥高校哲学社会科学育人功能，充分挖掘哲学社会科学课程的思想政治教育资源。哲学通识教育天然具有咨政育人的功能，发挥咨政育人功能是哲学通识教育义不容辞的社会责任。

1. 充分重视哲学通识教育咨政育人功能的必要性

首先，是扣好青年学生第一粒扣子的需要。马克思指出："一切划时代的体系的真正的内容都是由于产生这些体系的那个时期的需要而形成起来的。"②社会急剧变化给青年学生带来了一定的思想困惑，时尚和消费潮流对他们世界观、人生观和价值观的形成产生了错综复杂的影响。在2014年5月4日与北京大学师生的座谈会上，习近平同志指出："青年的价值取向决定了未来整个社会的价值取向，而青年又处在价值观形成和确立的时期，抓好这一时期的价值观养成十分重要。这就像穿衣服扣扣子一样，如果第一粒扣子扣错了，剩余的扣子都会扣错。人生的扣子从一开始就要扣好。"③所谓扣好人生第一粒扣子，就是养成正确的价值观。扣扣子时，难免会面对信息时代各种思潮的相互激荡，面对纷繁多变、鱼龙混杂、泥沙俱下的社会现象，面对学业、情感、职业选择等

---

① 王学健：《中科协韩启德：科技发展关键在于学科交叉融合》，《科学时报》2009年8月2日。

② 《马克思恩格斯全集》第3卷，人民出版社1960年版，第544页。

③ 《习近平谈治国理政》，外文出版社2014年版，第172页。

多方面的考量,习近平认为:"一时有些疑惑、彷徨、失落,是正常的人生经历。关键是要学会思考、善于分析、正确抉择,做到稳重自持、从容自信、坚定自励。"①要做到这些,依赖于主体的哲学素养。只有具备足够的哲学素养,才能明辨是非,才能做出正确选择。可见,加强哲学通识教育建设,培育青年学子的哲学素养,是青年学人扣好"第一粒扣子"的需要。

其次,是贯彻落实高校哲学社会科学课程发挥咨政育人作用的需要。高等学校哲学社会科学课程负有咨政育人的重要职责。2004年1月《中共中央关于进一步繁荣发展哲学社会科学的意见》指出:"掌握必备的哲学社会科学知识,特别是马克思主义辩证唯物主义和历史唯物主义,对于人们正确认识纷繁复杂的社会现象,提高道德素养和精神境界是十分重要的。"②同年8月,党中央和国务院颁发的《关于进一步加强和改进大学生思想政治教育的意见》在重申思想政治理论课主渠道作用的同时,还特别强调高等学校哲学社会科学课程负有思想政治教育的重要职责。在2013年8月19日全国宣传思想工作会议的讲话中,习近平同志强调,"经济建设是党的中心工作,意识形态工作是党的一项极端重要的工作","宣传思想工作的根本任务就是要巩固马克思主义在意识形态领域的指导地位,巩固全党全国人民团结奋斗的共同思想基础"。③2015年1月,中共中央办公厅、国务院办公厅印发《关于进一步加强和改进新形势下高校宣传思想工作的意见》,对"巩固马克思主义在意识形态领域的指导地位,加强高校意识形态阵地建

---

① 《习近平谈治国理政》,外文出版社2014年版,第172页。

② 教育部社会科学司组编:《普通高校思想政治理论课文献选编(1949—2006)》,中国人民大学出版社2007年版,第198页。

③ 《习近平谈治国理政》,外文出版社2014年版,第153页。

设"做出重要部署,同时也为哲学通识教育进一步的建设和发展指明了方向。

第三,是改进和丰富思想政治教育内容和方式方法的需要。据统计,我国高校现有近2 500万在校学生,2015年的毕业生达到749万人。他们代表着中国的未来,未来中国的前途与命运和他们的世界观、人生观息息相关。作为伴随着中国特色社会主义市场经济成长起来的一代人,他们具有现代意识和世界眼光,规则意识很强,拒斥简单粗暴的填鸭式教育。世界观和人生观教育同样要求因材施教。加强学术规范建设,生产出更多符合现代学术标准的马克思主义理论研究成果,并将这些研究成果内化成思想政治教育的资源,有利于增强思想政治教育对当代大学生的主动性吸引力,有利于更加有效地引导大学生世界观和人生观的养成。

哲学是人类智慧的结晶,既表现在立场、观点上,也表现在方法上。那些具有独特品格的方法很多都来自哲学领域,例如,在现实中,我们经常发现,不少人在观念上、言辞上都以马克思主义的方法为科学指南,但对独具特色的马克思主义方法知之甚少,更不用说在它们的指导下从事思想政治教育了,这使得我们有必要对马克思主义方法论进行阐明。具体地说,应当阐明:其一,与其他人文社会科学相比,马克思主义作为一种方法论,体现了什么样的独特品格;其二,有些是马克思主义特有的方法,应当如何正确理解和应用它们;其三,在研究马克思主义理论时,都有哪些一般性的方法可供选择。通过建构上述研究方法的规范,将能够帮助青年学人正确领会和把握马克思主义方法的内在精髓,有效澄清马克思主义与非马克思主义方法的本质区别。

第四,是思想政治教育学科自身发展的必然要求。对学科基本问题进行哲学化思考,是学科发展的必然要求和表现。其一,从哲学高度来审视学科基本问题和发展，是学科不断获得新的生长点的重要途径之一。其二，对学科基本问题进行哲学化思考，也是促进学科内涵式发展的必由之路。思想政治教育学科要实现自身的不断创新发展，就必须主动追问自身存在的历史与逻辑。不可否认，长期以来，关于思想政治教育学科存在的合法性问题、与其他学科之间的边界问题，以及把思想政治教育学科视为什么都可装的万能框问题，一直存在争论。以哲学视野推进思想政治教育的内涵式发展研究，有助于坚守思想政治教育的学科特质、进一步明确学科意识、丰富学科内涵、增强学科自信。因此，思想政治教育理论研究者和实际工作者应主动适应学科"形而上"的哲学思考，重视哲学层面的研究模式、理念、机制、方法等，学会借鉴运用哲学学科的研究成果和方法，丰富和完善思想政治教育的实践方法，不断提高思想政治教育解决实际问题的能力。

2. 哲学通识教育对思想政治教育的作用

（1）丰富思想政治教育资源

从思想政治教育学的角度重读哲学通识教育内容，就会发现它散发着浓郁的思想政治教育意蕴。马克思曾告诫说："批判不是头脑的激情，它是激情的头脑。"①思想政治教育是理性批判与情感培育的辩证统一。没有理性批判的思想政治教育不过是空洞的没有深度的教说，但是理性批判的武器是理论，理论的彻底与否决定理性批判武器的威力。马克思认为："批判的武器当然不能代替武器的批判，物质力量只能用物质力量来摧毁；但是理论一经掌握群众，也会变成物质力量。理论只要说服人，就能掌握群众；而理论只要彻底，就能说服人。所谓彻底，就是抓住事物的根本。但

---

① 《马克思恩格斯文集》第 1 卷，人民出版社 2009 年版，第 6 页。

是,人的根本就是人本身。"①这就告诉我们,思想政治教育是做人思想的工作,是以理服人的工作,而理论要掌握群众,前提要搞清楚理论的来龙去脉。哲学通识教育以讲理论为己任,不仅讲道理,更要讲理论的逻辑推理和演变过程,它以科学理性的力量医治"头脑的激情",给思想政治教育注入"讲理论"的方法和艺术。可见,挖掘哲学通识教育课程体系中揭示人类进行科学理论教育的特点和规律,对于思想政治教育极为重要。

（2）为思想政治教育学科科学化发展提供新的生长点、概念、范畴等支援

学科建设是加强和改进思想政治理论课的基础,同时,学科建设离不开新的生长点、概念、范畴构建。一般认为,思想政治教育学科是在思想政治教育专业基础上形成的。1983年7月,中共中央批转了《国营企业职工思想政治工作纲要（试行）》,该文件提出要正规化地培养政工干部,要求有条件的高校都要增设政治工作专业。1983年暑假,教育部召开了专业论证会,确定学科名称为"思想政治教育学科",专业名称为"思想政治教育专业",1984年开始招生。2005年2月,《中共中央宣传部、教育部关于进一步加强和改进高等学校思想政治理论课的意见》把思想政治教育调整为马克思主义理论一级学科之下的二级学科。至此以来,思想政治教育学科获得跨越式发展。经过30多年的发展,思想政治教育学科的基本框架和理论体系逐步走向完善,学科特点日趋鲜明,学术研究取得了丰硕成果。但是,这种跨越式发展主要来自外部的行政布局。

内因和外因是事物发展的动力,其中内因起根本作用。思想

---

① 《马克思恩格斯选集》第1卷,人民出版社1995年版,第9页。

政治教育要由实践需要成长为一门学科，需要学科发展的自我确证，且必须构建自己的基本框架和理论体系，用其专业和学科存在的价值性和科学性来征服民众。科学化是改革开放以来思想政治教育发展的重要诉求和趋势，也是新形势下进一步加强和改进思想政治教育的基本思路。思想政治教育的科学化是指思想政治教育要在马克思主义指导下，高扬科学精神，运用科学的理论和规范去揭示、掌握和运用思想政治教育相关规律，以提高思想政治教育工作的实效性。加强和推行哲学通识教育，可以为思想政治教育在人、社会、世界的整体性视野中的建设与发展提供坚实的理论基础和发展空间，也为在思想政治教育整体性的视野内开展大学生思想政治教育有效性问题的研究开辟新的哲思之路，有助于思想政治教育学科从世界观、方法论层面建构学科体系。同时哲学通识教育学术成果可以转化为思想政治教育学科的概念、范畴、方法等，成为思想政治教育学科基本原理体系的构成元素。目前，一些思想政治教育工作者开始自觉地从哲学视角反思、追问思想教育的元理论和科学化问题，有力地推进了思想政治教育学科的内涵式发展。

（3）为思想政治教育主体塑造善思善辩的哲学素养

主体性（Subjectivity）是在西方哲学的人学转向中，由笛卡儿、康德、费希特等近代西方哲学家基于对人性的肯定而确立的一种哲学范式，是主体在对象性活动中，运用自身本质力量，能动地作用于客体的特性，具体指主体的主观性、自主性和创造性。根据主体性理论，思想政治教育受教育者的主观性、自主性和创造性参与思想政治教育过程，决定教育内容的取舍与吸收程度。例如，对大学生进行系统的马克思主义理论教育，培养他们运用马克思主义立场、观点、方法分析问题、解决问题的能力——这是思想政治教育的主旨,包含两个任务:一是理解马克思主义,二是正确运用马克思主义解决实际问题。如何理解、正确运用? 马克思主义是科学真理性和价值合理性的统一,它批判地吸收了人类社会认识史上的积极成果,克服了唯心主义和旧唯物主义的历史局限,构建了历史唯物主义和辩证唯物主义,成为无产阶级解放运动学说。没有一定哲学素养是很难理解、消化马克思主义理论的,更别说在复杂的情况下正确运用了。对于做日常生活思想政治工作而言,情况也是这样。不谋万世者,不足谋一时;不谋全局者,不足谋一域。万世,一时,全局,一域,勾勒出我们日常生活的时空全景,也勾勒出辩证思维的格局与气度。习近平认为:"要学习掌握唯物辩证法的根本方法,不断增强辩证思维能力,提高驾驭复杂局面、处理复杂问题的本领。我们的事业越是向纵深发展,就越要不断增强辩证思维能力。"[1]习近平同志向我们阐述了掌握唯物主义辩证法的重要意义,因为"我们都是借着思想而生活的,所以问题的关键不在于从事哲学与否,而在于接受一种廉价的、没有挑战性的替代品,还是试图进行真正的思考"[2]。冯友兰先生曾提出:"在未来的世界,人类将要以哲学代宗教。这是与中国传统相合的。人不一定应当是宗教的,但是他一定应当是哲学的。但一旦是哲学的,他也就有了正是宗教的洪福。"[3]因为"哲学是对于人生底、有系统底、反思底,思想。每一个人,只要他没有死,他都在人生中,但不

———————

①　习近平:《坚持运用辩证唯物主义世界观方法论提高解决我国改革发展基本问题本领》,《人民日报》2015年1月25日。

②　[美]罗伯特·所罗门:《大问题——简明哲学导论》,张卜天译,广西师范出版社2004年版,第6页。

③　冯友兰:《三松堂全集》(第一卷),河南人民出版社2000年版,第255页。

是每一个人,都对于人生有系统底、反思底、思想"①。哲学通识教育担负着对大学生进行哲学素养培养的责任,普及哲学知识,开启智慧之门,营造学哲学、用哲学的风尚,激发教育对象主体性作用的发挥,将社会的要求与教育对象主体性的发挥有机地结合,从而追求满意的思想政治教育效果,也正是哲学通识教育之于思想政治教育主体塑造的意义所在。

(4)推动思想政治教育教学方式方法的创新

工欲善其事,必先利其器。思想政治教育需要高度的方式方法自觉。没有方式方法意义上的高度自觉,不仅难以达到思想政治教育应有的效果与水平,更会出现方向、价值和目标的偏离。当前,大学生思想政治教育的环境、对象、范围、方式都发生很大变化,多元思想相互冲击,主体意识增强,在这样背景下进行思想政治教育,仅仅依靠某一门学科或单一方法不可能全部予以解释或解决,这就要求思想政治教育研究不能再局限于单向"灌输""说教",而是需要多种方式方法协同攻关。不同的学科在认识、反映、描述社会的方面,都具有各自的功能和优势。只有把哲学、一般科学方法论以及其他科学方法结合起来,将定性分析和定量分析结合起来,综合运用多学科的知识和方法,才能突破原有的思维习惯和实践维度,贯通思路、整合知识、打通方法、创新发展,才能在借鉴共享其他学科研究成果的同时,形成思想政治教育的基本范式。与此同时,借鉴吸收其他学科的知识体系,思想政治教育学科也能因这些学科发展而受到启发与带动,在理论来源、知识体系和实践方法等方面实现新的突破。哲学作为世界观和方法论,可以丰富和拓展思想政治教育的方法和手段,使之实现由过去意识形态说

---

① 冯友兰:《贞元六书》(下),华东师范大学出版社1996年版,第861页。

教到新时期哲学通识教育的转变,从而不断增强思想政治教育的解题能力,积极塑造学生健全的人格,使学生成为一名合格的现代公民。事实上,在实际工作中,思想政治教育工作者也在自觉不自觉中,借鉴了教育学、政治学、社会学、心理学、管理学、传播学、伦理学等相关学科的研究视角、学科框架和研究路径,以这些学科的知识体系和话语体系去审视、解决面临的理论和实践问题,并且也取得了很好的成效。就哲学通识教育而言,它的思辨、对话教育方式方法有助于对应当前大学生多样化的需要。

（5）有助于提升思想政治教育工作者的学科自信

思想政治教育队伍的学科意识和学科自信是事关思想政治教育学科创新发展的一个关键性问题。思想政治教育不是一种冷冰冰的思想理论"灌输",而是融合教师本人的理想信念、思想理论、情怀情操和教养为一体的教育,教师本人的思想理论境界是影响教育效果取得的要素之一。2005年,中宣部、教育部在下发的《关于进一步加强和改进高等学校思想政治理论课的意见》中强调指出:"提高高等学校思想政治理论课教育教学质量和水平,关键在教师。高等学校思想政治理论课教师是马克思主义理论和党的路线、方针、政策的宣讲者,社会主义意识形态和精神文明的传播者,要不断提高马克思主义理论素养,提高科研能力和教学水平,做坚定的马克思主义者,做教书育人的表率,做大学生健康成长的指导者和引路人。要坚持正确的政治方向,加强思想道德修养,增强社会责任感,不断完善知识结构,提高教育教学能力。"[1]加强哲学通识教育,将倒逼思想政治教育工作者自觉地学习哲学、用哲学。伴

---

① 教育部社会科学司组编:《普通高校思想政治理论课文献选编(1949—2006)》,中国人民大学出版社2007年版,第216页。

随哲学素养的提升,思想政治教育工作者的视野将得到扩大,境界将得到提升,从而能以更宽阔的视野、更高的境界理解思想政治教育学科的存在意义。

第四章 美国哲学通识教育的
历史与实践研究

通识教育是调和"学科日益专业化"和"个人全面发展的需要"两者矛盾、造就适应当代社会的高素质人才的有效手段。"通识教育将人文、科学知识与 21 世纪的世界联系起来,向学生介绍各类知识与技能。不仅帮助学生了解当代视野下不同的知识门类以及面临的现实社会问题,还可以提供不同的思维方式,为今后的专业学术研究或就业创业提供卓有成效的准备。"[1]但如何实施通识教育,哲学[2]课程在通识教育中应该占有什么样的地位,在当前中国的高等教育中仍然是需要不断探索的问题。一个多世纪以来,美国各所顶尖大学在通识教育方面进行了许多有益的改革与探索,是现代高等教育尤其是通识教育的先行者和成功者。美国的经验对其他国家大学的通识教育开展具有重要的参考价值,也成为各

---

[1] http://generaleducation. fas. harvard. edu/.
[2] 这里所说的哲学包括了其下的伦理学、宗教学、逻辑学、科技哲学等各个二级学科。

国学习和仿效的对象。本章将讨论美国的哲学通识教育，简述其历史流变，并对其现状进行宏观和微观角度的分析。

第一节　哲学与美国通识教育

美国的高等教育由欧洲的自由教育演变而来，其产生和发展都与哲学有着千丝万缕的联系。到了 20 世纪，在美国各知名大学开展通识教育改革的过程中，哲学也成为通识教育体系中最重要的组成部分之一。

1. 从自由教育演变而来的美国高等教育

北美高等教育建立之初，基本上承袭了欧洲古老的"自由教育"(liberal education)①的传统。古典自由教育起源于古希腊，它的提出和推广和当时以柏拉图、亚里士多德等人为代表的哲学家有着千丝万缕的联系。古典自由教育是在古希腊自由民—奴隶二分社会的背景下产生的，是帮助自由民享受闲暇的教育。在古希腊哲学家看来，针对奴隶的教育仅仅是为了使他们能够从事一种工作，有损于心智和善德的发展；而"自由教育"重视理智、德行和审美修养，鄙视知识的实用价值；根本目的也不是进行职业准备，而是促进"自由人"的身体、道德、理性和智慧和谐、充分地发展，从而使人从愚昧和偏狭中解放出来。因此，古典自由教育以人的理性追求或心灵的自由为宗旨，对学科内容的选择重在其对人的理

---

① 国内对 liberal education 的译名并不统一，有的翻译成"自由教育"，有的翻译成"博雅教育"。而近年来也有学者提出应将其翻译成"心智教育"。参见宋晓平、梅红：《Liberal Education、General Education 以及素质教育——当今美国大学的教育理念与教育创新研究》，《中国高教研究》2010 年第 1 期。

性发展是否具有终极价值而不是功利价值。① 古典自由教育十分注重对个体自由七艺（Artes Liberales）的培养，主要包括智者派建立的三个学科，即文法、修辞和辩证法；以及柏拉图所称的四个"高级科目"，即算术、几何、音乐与天文。这涵盖了现代人文学科的基础。而前三个学科（"三艺"）的重要性要高于后四个学科（"四艺"）。中世纪的自由教育科目被用来为神学教育服务；而文艺复兴时期的人文主义教育家则赋予自由教育新的含义，强调的是个人身心的全面自由发展和才能的提高。

可以看出，古希腊直到中世纪的自由教育，甚至教育的全部，其产生与开展都与哲学密不可分："教育学与哲学有天然的联系，教育学是从哲学的母腹中诞生的，所以教育学无论何时都不应该抛开哲学这位博大精深的母亲，它应该不断地求教于哲学，从哲学中吸取营养。"②最早提出和践行包括自由教育在内教育理念的是哲学家；提供给自由人的课程中，哲学也占有重要的地位，甚至可以称得上是自由教育的灵魂。

英属北美殖民地时代的著名高校中，"自由教育"一直是无可置疑的指导思想。美国建国后，为了适应科学技术的日益发展和现实中的需要，一些大学开始突破"自由教育"的课程模式，开设了诸多更具实用性的新兴科目。同时，学者们对传统的"自由教育"的功用和价值产生了怀疑。为了反击攻击和质疑，耶鲁大学1828年发表了著名的《耶鲁报告》，维护自由教育的传统。报告指出大学教育的目的一是开发智力，二是传授知识，而前者比后者更重

---

① 参见马凤岐：《"自由教育"含义的演变》，《北京大学教育评论》2004年第2期；于汝霜：《自由教育向通识教育的演变》，汕头大学硕士论文，2010年，第7页。

② 马凤岐：《教育价值的理论问题》，《北京师范大学学报》1994年第6期。

要。因此,培养和训练学生的思维方式、趣味爱好、判断力和想象力,即"提供心灵的训练和教养"是高等教育的首要任务。而职业的专门科目则根本不应该在大学中存在。《耶鲁报告》认为,通识教育对学生从事任何工作都是必要的。而在南北战争之后,随着"教学自由"和"学习自由"的理念在美国大学中的流行和美国的重建与西部开放对工商业和技术型人才需求的迅速增加,"自由教育"的理念受到了更大的挑战,实用主义的学风成为大学教育的指导思想。[①] 保持着"自由教育"传统的学校此时也不得不顺应形势,进行改革。1869 年就任哈佛大学校长的艾略特(Charles W. Eliot)推动了大学中的自由选修制度,并很快推广到美国其他的名牌大学。艾略特主张高等学校的课程必须反映时代的特点和要求,兼收并蓄,把古典课程和现代科学课程统一起来。1874—1875学年,除修辞学、哲学、历史和政治学以外,二、三、四年级其他课程全部实行选修。到了 1883—1884 学年,一年级也实行了选修制。[②] 1909 年洛厄尔(Abbott L. Lowell)接任哈佛校长后,对于自由选修制度带来的学生知识面狭窄、缺乏系统等弊端进行了改革,推行"集中与分配"制,建立了主修和分类必修课程,并对学生提出了具体的要求。这种制度后来被美国各大学广泛采用。洛厄尔指出,本科学院的目标是培养全面发展的人,每个人得以尽可能地完善自己的体质、思想和灵魂。[③]

尽管自由教育的理念在新的历史环境中受到了冲击,但美国

---

① 项锷:《美国大学通才教育的历史演进》,《深圳大学学报》2004 年第 1 期。

② 徐志强:《哈佛大学通识教育课程改革研究》,中国社会科学出版社 2015 年版,第 57 页。

③ 徐志强:《哈佛大学通识教育课程改革研究》,中国社会科学出版社 2015 年版,第 81 页。

的教育者在此基础上进行改革而开展的通识教育可以说是早期自由教育的发展与延伸。《哈佛通识教育红皮书》指出："如果从自由教育的根本含义即'适于或有助于造就自由人'这一意义上讲，通识教育和自由教育的目标是相同的。自由教育可以看作通识教育的早期阶段，它们本质相同但程度有所差别。"[①]对于自由教育及其内涵的流变、美国通识教育与传统的自由教育之间的渊源与异同，学术界已经有了较多研究。于汝霜曾总结如下：

> 　　自由教育的核心是心智的解放，理智的自由。其目的是培养人发展自身的素质……自由教育认为理智的培育自身即为目的，将人的内在禀赋的卓越作为可欲的目标。自由教育培养的是完整的人。通识教育目标也是培养完整的人（又称全人），即具备远大眼光、通融识见、博雅精神和优美情感的人，而不仅仅是某一专业领域的专精型人才。在通识教育模式下，学生需要综合、全面地了解人类知识的总体状况（包括主要知识领域的基本观点、思维方式和历史发展趋势），在拥有基本知识和教育经验的基础上，理性地选择或形成自己的专业方向。学生通过融会贯通的学习方式，形成较宽厚、扎实的专业基础以及合理的知识和能力结构，同时认识和了解当代社会的重要课题，发展全面的人格素质与广阔的知识视野。通识教育模式下培养出来的学生不仅学有专长，术有专攻，而且在智力、身心和品格各方面能协调而全面地发展；不

---

　　① ［美］哈佛委员会：《哈佛通识教育红皮书》，李曼丽译，北京大学出版社 2010 年版，第 40 页。

仅具有高尚的道德情操、独立思考以及善于探究和解决问题的能力，而且能够主动、有效地参与社会事务，成为具有社会责任感的公民。通识教育产生于西方发达国家（特别是美国）高等教育大众化阶段，服务更多的是来自不同社会阶层的子弟，其目的是培养既有较宽厚的专业基础又全面发展的人。……比较而言，自由教育的整合点更多地在"人"，通识教育的整合点更多地在"识"……通识教育与自由教育虽然有所区别，但通识教育是对自由教育的继承和超越，对自由教育有所舍弃和发展。通识教育继承了自由教育以个人身心自由发展为目标的理想，舍弃了只为少数有闲阶级服务的贵族教育色彩，成为为大多数公民提供的、密切联系当前社会问题、与专业教育有机结合的教育。通识教育是对自由教育的现代化改造，是自由教育与民主化社会思潮相结合的产物。[1]

美国的高等教育脱胎于古代的自由教育，对于其灵魂——"哲学"，也继承了下来。哈佛学院最初给四个年级的学生一共只提供12门课程：逻辑、希腊文、希伯来文、修辞、历史、教义问答、植物学、伦理与政治、阿拉伯文、数学、天文、叙利亚文，全部由校长邓斯特（Henry Dunster）一人讲授，后来又以形而上学替换了植物学，并强调大一学生更多地学习拉丁文。殖民地其他学院和哈佛基本上一样，都强调传统语言文学学科和哲学。[2] 这体现出明显的自

---

[1] 于汝霜：《自由教育向通识教育的演变》，汕头大学硕士论文，2010年，第15—16页。

[2] 徐志强：《哈佛大学通识教育课程改革研究》，中国社会科学出版社2015年版，第48—49页。

由教育的色彩。在这些课程中,逻辑、教义问答和形而上学都属于哲学的范畴;而学习希腊文、拉丁文、希伯来文、阿拉伯文和叙利亚文等在日常生活中不太有机会用到的语言文字(甚至是已经"死亡"的语言),其主要目的也是阅读古典的哲学、宗教以及其他人文方面的作品。而在美国高等教育之后不断的变革与发展中,哲学始终具有不可替代的地位。就哈佛大学而言,即使是艾略特显得有些极端的自由选修制推行之初,哲学也是被保留下来的仅有的几门必修课程之一。而洛厄尔的改革目标也强调了完善学生的"思想和灵魂"。20 世纪 40 年代以后的几次改革,仍然保留着自由教育的基本元素。正如徐志强指出的:"通识教育的强大生命力就在于,它把西方人文教育传统中的博雅(自由)教育扩展到全体社会公民,把培养民主社会中的优秀公民作为教育的基本目的,抓住了现代教育以人为本的核心,使博雅(自由)教育在由科学主义主导的时代重新焕发了勃勃生机。"[1]而无论是"培养民主社会中的优秀公民",还是"以人为本",其核心都是哲学。

2. 芝加哥大学与哈佛大学的通识教育改革对哲学的重视

20 世纪上半叶,功利主义和实用主义思想成为美国各大学的主导思想,而这引发了高等教育的种种问题,如造成了现代与传统的割裂,忽视了古典教育所重视的人的理性、道德和人格的提升与完善,忽视了基础学科的价值,以及忽视了人文知识的价值等。[2]认识到这一现象危害的教育家试图对此进行改变。1929 年就任芝加哥大学校长的赫钦斯(Robert M. Hutchins)所推动的"芝加

---

① 　徐志强:《哈佛大学通识教育课程改革研究》,中国社会科学出版社 2015 年版,第 124 页。

② 　李志玲:《赫钦斯的通识教育思想及实践对我国大学本科教育改革的启示研究》,中南大学硕士论文,2010 年,第 10 页。

哥计划"和20世纪40年代哈佛大学推动的通识教育改革对之后美国大学的通识教育发展产生了深远的影响。而在这两场改革中,哲学都受到了很大的重视,在新的教育体系中也发挥了重要的作用。

赫钦斯认为,系科制度将课程分门别类,虽然有利于专业的研究与学习,但是将人类的知识分割和孤立,而且会助长大学的实用和职业的倾向,这与大学教育的根本目的是背道而驰的。[1] 在他看来,并非只有科学知识才是有价值的,此外真正没有过时的知识是哲学、神学、艺术、文学等人文知识。[2] 赫钦斯所持的永恒主义思想,是一种形而上学与神学思想的反映,因为形而上学和神学都旨在追求有关存在的终极与统一的观念。在赫钦斯看来,这当然应该是教育的目的。赫钦斯还将智慧与形而上学结合起来论述说:"高等教育的目标是智慧。智慧意味着了解事物的原则和起因。形而上学探究的是事物的最高原则和起因。因此,形而上学是最高层次的智慧,以至亚里士多德觉得有必要指出这种知识一定只属于上帝。"[3] 赫钦斯的永恒思想在教育上的表现就是永恒学习,而对传统经典名著的重视、对人文知识的重视就是一种永恒学习。[4] 另一方面,综合概论性课程给予了学生各种各样的纲目,却缺乏实质性的内容,不能作为通才教育的基本方式。因此,他设计了一套经典名著必修课程,作为共同的核心科目。这是一个整体性的方案,包括14门课程:三年的社会科学课程,三年的人文课程和三年的自然科学课程,此外还有英语、数学和外语(选修),第四

---

[1] 项锷:《美国大学通才教育的历史演进》,《深圳大学学报》2004年第1期。

[2] 李志玲:《赫钦斯的通识教育思想及实践》,中南大学硕士论文,2010年,第11页。

[3] [美]赫钦斯:《美国高等教育》,汪利兵译,浙江教育出版社2001年版,第57页。

[4] 李志玲:《赫钦斯的通识教育思想及实践》,中南大学硕士论文,2010年,第16页。

年的历史(西方文明史)和"观察、解释、整合"(哲学)两门课程。[①]

　　其中,人文科学第一学年的阅读材料包括了《圣经》;第二学年的内容为"史学、修辞学、戏剧、小说、哲学",包括了柏拉图和亚里士多德的著作。社会科学第二学年的课名为"自我、文化与社会",除了社会学与人类学之外,也包括了弗洛伊德和马克思的著作;第三学年的课名为"自由与秩序",阅读材料包括柏拉图、霍布斯、洛克、密尔等哲学家的著作。这两类阅读材料,连同自然科学类的经典作品,包括了文学、医学、天文学、物理学、数学、历史、政治、宗教、哲学、社会学、经济学等各个领域,涵盖了从古希腊到现代的整个西方文明史,堪称西方历史上最伟大著作的荟萃。此外,第四年的两门"通史"和"综合"性质的课程,旨在将前三年所学整合起来,使学生能够融会贯通,对整个西方文明有全局性的认识,并学会阐释、理解和分析问题。关于"观察、解释、整合"课,内容是科学的组织、科学的方法以及科学的原则,但是参考书目大多是哲学著作,因此被称为哲学课。[②]

　　第二次世界大战前后,社会的深刻变迁和知识结构的变化发展对美国的高等教育提出了新的要求,包括上述"永恒主义"在内的各种教育思潮都对美国教育产生了不同程度的影响。在这一背景下,1943 年哈佛大学校长科南特(James B. Conant)任命了一个由来自文理学院和教育学院的 12 位专家教授组成的委员会。1945 年该委员会发表了名为《自由社会中的通识教育》的报告,又称《哈佛通识教育红皮书》。这是美国高等教育史上里程碑式的著

---

①　李志玲:《赫钦斯的通识教育思想及实践》,中南大学硕士论文,2010 年,第 20 页。

②　关于芝加哥大学的经典名著必修课程的详细介绍,参见李志玲:《赫钦斯的通识教育思想及实践》,中南大学硕士论文,2010 年,第 21—23 页。

作,被称为美国通识教育的"圣经",对美国大学今后的发展方向产生了深远的影响。它"反映了哈佛大学实施通识教育计划的指导思想和总体构想,揭开了哈佛大学全面实施通识教育的序幕,使得通识教育从几所高校的尝试变成全国性的运动,使人文教育再次成为高等教育的重要组成部分,成为通识教育在美国大学走向制度化的象征,也使美国本科教育得到了完善和发展……现代意义上的通识教育就是从1945年哈佛大学提出《哈佛通识教育红皮书》的报告后蓬勃发展起来的"①。其后,哈佛大学推行的通识教育制度规定:本科一、二年级的学生,要从自己所在的院系中选修6门专业课,再从人文、社会、自然三大类别的通识教育课中各选一门,共3门课;另外还需从其他系的课程中至少选3门。对高年级本科生和硕士、博士研究生选修通识教育课程,也做了相关规定。②

在这份历史性的《红皮书》中,委员会对设置通识教育课程提出了建议,其中用了专门的篇幅论述了哲学在通识教育中的地位和作用,并讨论了如何开设哲学通识课程的问题:

> 哲学在通识教育中的地位一直是最近几年持续争论的主题,这种争论一直没有形成比较明确的一致意见。其中的一个障碍是哲学角色的不确定。哲学有时候被认为提供了一个包括所有知识的普遍的综合。两个世纪以前,这种说法大致正确。但从那以后,自然科学和大部分

---

① 李曼丽:"译者序言",[美]哈佛委员会:《哈佛通识教育红皮书》,李曼丽译,北京大学出版社2010年版,第2—3页。

② 徐志强:《哈佛大学通识教育课程改革研究》,中国社会科学出版社2015年版,第111页。

社会科学从其母体中分离出来,成为极端复杂和专业化的学科,在许多有关哲学处境的讨论中经常遇到的另一个困难是这么一种极端的说法:只有在哲学中或是借助哲学才能够获得处理人生主要问题的真正合理的方法,这对一些人来说似乎是真实的,但对其他人来说这是不符合事实的,因为对后者而言,那些哲学方法看起来是抽象的和不真实的。

尽管提出了这些忠告,但仍然有相当多的大学生能够在哲学中发现最有活力的学术经验,前提是教师借助了与这些学生的背景和需要相匹配的途径或方法来教授哲学。我们认为,要求每个学生都学习一门哲学课程并不会带来好的结果。这样的规定会导致开设一些无趣的课程,既不适于哲学的启蒙,也不适于满足对哲学的强烈求知欲,更不适于成为哲学领域的行家里手。虽然我们认为不可能要求学生都学习哲学这门课程,但我们认为满足通识教育要求的那一系列课程中,至少应该有两门有关哲学的课程。我们并不是想暗示最多就只能有两门。我们只是在建议,应该有一门哲学课程提供给那些想要在大学一二年级学习哲学方面通识教育课程的学生,而另外一门课程将会安排给那些希望在大四或大三来学习哲学课程的学生。我们观察到,很多学生推迟了学习哲学课程的时间,而等到他们的知识和观点更加成熟时再学,这时他们发现哲学是非常有价值的。但也有学生在大一或大二时,就能体会到哲学的价值。因此,在关于学生学习哲学的时间方面,并没有通则可用。我们相信,认识到以下这些是很重要的:有些学生只要相对晚一点学习哲学,就能够从中受益;同时,为那些已经对其他学问领域有所掌握,但在哲学方面还是初学者的学生开一门哲学课程是恰当的,而且这门课程应该是专门为他们而设的。

对我们来说,去规定这些哲学课程的结构和内容都是很不明智的。我们可以更加明确这些课程的目标。这些课程一方面应当以培养学生自我批评的习惯——详细审察自己的基本思想——为目标,另一方面,还应向学生传授从历时的、宏阔的视野高瞻远瞩地把握真理的观点与能力。这些课程本质上还应当关注大哲学家们提出的那些问题,这些问题曾困扰了无数热爱沉思的人们——年轻人或老人。为了使哲学方面的课程能够与通识教育的目标相适应,这里有多种方法来组织哲学课程中所学的内容,而由不同的老师授课有可能会产生更加多样化的学习方法。分析六七位伟大哲学家的主要著作是哲学A课程一直沿用的方法,它与本章后面将要讨论的社会科学方面的名著课程以及导论性课程存在着有趣的类似之处。我们认为,这种学习方法并不是学习那些伟大哲学家们的哲学思想的唯一方法。另一种学习的方法是研究如下一些问题:因果关系、变化、自由意志和真理。第三种学习方法是研究哲学的类型,诸如唯心主义、实用主义、自然主义和唯实论。从效果上看,这三种学习方法——有关大哲学家、哲学论题以及理论体系的研究——是不可分割的,因为任何一种方法的运用都要涉及其余的两种方法。与刚才提及的那些方法完全不同的是,鉴于将来有关通识教育的哲学课程还会有所发展,我们还应当建议另外一种方法。在哈佛学院,已经试验过这种学习方法,并且在初学哲学的学生中有了比较明显的效果。这门课程的目标是研究我们文化中的哲学遗产。西方文化可以被比作一个由希腊文化、基督教文化、科学和民主的细流汇集而成的大湖泊。以这些细流为基础的哲学课程能够提供一种绝对有价值的方法,去考察理性生活的诸多观念,井然有序的、可知的世界的原理,信仰、位格神以及人类个体的绝对价值,观察和试验的方法,经验性法则的概念,以及有关人类平等与友爱的学说。①

　　美国20世纪所广泛推行的通识教育,固然是应工业社会的新形势而设计的,各校的通识教育方案比之先前的自由教育,也增加了相当多的当代自然科学的成分。但从以上的总结和原始文献可以看出,推行通识教育最具影响力的两所大学,即哈佛大学和芝加哥大学,仍然把哲学放在相当重要的地位。赫钦斯的知识观,即以形而上学为基础和核心,他的通识课程设置方案中,哲学也被放在重要的地位。而哈佛大学更是全面论述了哲学在通识教育中的作用,以及通识教育应如何有效地教授哲学。

　　除了以哈佛大学和芝加哥大学等名校为代表的"核心课程型"(core curriculum)通识教育方案外,美国另有一些研究型大学采用"分类必修型"(distribution requirements)方案,如斯坦福大学和杜克大学;也有一些采用"自由选修型"(free elective)方案,如布朗大学和加州大学伯克利分校。这些方案的缺点比较明显,被

---

　　① 〔美〕哈佛委员会:《哈佛通识教育红皮书》,李曼丽译,北京大学出版社2010年版,第164—166页。

接受的程度也有限。① 而在这两类方案中,哲学类课程也都有重要的地位。限于篇幅,本书中不再展开讨论。

第二节　对哈佛大学现行哲学通识课程设置的考察

作为美国的顶尖大学,哈佛大学推行通识教育不遗余力。从前述 1945 年《红皮书》的发表,到 20 世纪 70 年代"核心课程"的设置、90 年代对通识教育培养目标的报告,②直至 2009 年启动新一轮通识教育课程计划,哈佛大学一直引领美国大学通识教育风气之先,也成为各国高等教育学习借鉴的对象。无论在理论上还是实践中,哲学在哈佛通识教育体系中一向占有相当重要的地位。我们接下来就以哈佛大学现行的 2009 年版通识教育计划为例,总结、分析和思考其哲学通识教育的做法和经验,为我国哲学通识教育的开展提供思路。

1. 哲学通识课程的数量与比重

哈佛大学 2009 年版通识教育课程计划包含:"美学的与阐释的理解(Aesthetic & Interpretive Understanding)"、"文化与信仰(Culture & Belief)"、"实证推理(Empirical & Mathematical Reasoning)"、"伦理推理(Ethical Reasoning)"、"生命系统科学(Science of Living Systems)"、"物质世界科学(Science of the

---

① 分类选修制的优点是易于实施,但学生所修习的知识可能比较杂乱,且教学质量难以保证。自由选修制则是"风险最大的一种形式,它需要学生有较强的自控能力和责任意识,对于一个没有自由传统而又旨在推行通识教育的院校来说,一般不容轻易尝试"。有关几种形式的具体介绍和评述,详见孔令帅:《当前美国研究型大学通识教育课程研究》,西南大学硕士论文,2006 年,第 22～31 页。

② 关于 20 世纪哈佛大学通识教育的发展过程总结,参见李曼丽:《哈佛核心课程述评》,《比较教育研究》1998 年第 2 期。

Physical Universe)"、"世界各国(Societies of the World)"、"世界中的美国(United States in the World)"八类课程。哈佛大学在其官网公布每一类的入围课程名称及简介,并及时更新。粗略区分,"伦理推理"、"文化与信仰"可算为人文科学领域,"世界各国"、"世界中的美国"和"实证推理"可归于社会科学领域,"美学的与阐释的理解"可算作艺术学领域,而"生命系统科学"和"物质世界科学"则属于自然科学领域。经过一段时间的磨合,该版通识课程计划已经比较成熟,并得到广泛的认可。我们在此以这一计划实施后第五年(2013—2014 学年)的情况,分析哲学通识教育在哈佛2009 年版计划中的地位和作用。

人文领域的通识课程中,哲学课程是最重要的组成部分,甚至可以说构成了两类课程的主体。"伦理推理"(ER)类通识课程共有 19 门,另有 12 门课被承认为本类通识学分。[①] 本类课程与哲学的二级学科伦理学有密切的关系,旨在"教会学生依据一定的道德准则,就道德和政治信仰与实践进行推理,并且对自己关于伦理问题的推断进行探讨和评价,考察自由、公正、平等、民主、权利、义务、美好生活等诸如此类的对抗性观念和理论,阐明它们如何对应于学生们可能在工农生活、职业生活和个人生活中遇到的具体的伦理两难情况"[②]。

本类课程中,既有探讨基本理论的"伦理学的问题"(E&R

---

① 即由各个院系并非专门作为通识课程开设,但学分可算作"伦理推理"通识学分的课程。本文所列课程均依据哈佛官网公布的 2013—2014 学年目录。

② 八类课程的说明文字,见 Faculty of Arts and Sciences, Harvard University, Report of the Task Force on General Education, The President and Fellows of Harvard College, 2007, pp. 13 - 14. 此处和下文的部分中文译名和译文,参考了徐志强:《哈佛大学通识教育课程改革研究》,中国社会科学出版社 2015 年版,第 148—153 页。

14①），也有讨论具体哲学家有关思想的"康德伦理思想"（Philosophy 168），还有关于伦理道德在当代影响的"当代政治中的伦理问题"（Government 1072），等等。除此之外，诸如"自我、自由与存在"（E&R 13）、"政治哲学基础"（Government 10）等课程，超越了伦理学的范畴，涉及哲学其他的二级学科。经过对课程名称和简介的考察，可以发现本类所有独立开设和被承认通识学分的 31 门课程都属于哲学类。

"文化与信仰"（C&B）类通识课程共有 39 门，其中有 22 门课程属于哲学类课程，占一半以上。由于这类课程立足于文化、信仰领域的问题，因此对宗教及其影响的介绍和对各大宗教信仰的讨论构成了本类课程的重点。如同这类课程的说明所言："这一课程领域应该包括一些以宗教信仰和宗教实践为主题的课程……带领学生从社会、政治、宗教、经济以及（或者）跨文化的角度来分析不同的思想、艺术及信仰，以帮助学生形成对人类社会传统文化和信仰的理解与鉴赏的能力，认识不同的思想、艺术和宗教观念；强调考察不同文化和人种背景下文化传统和信仰对个人认同和群体认同的形成的作用方式，还要与学生自己在实际生活中可能产生的文化方面的问题相联系。"②在这类课程中，"圣徒、异端与无神论者：宗教哲学历史导论"（C&B 31）通过阅读从奥古斯丁到尼采等哲学家的著作，讨论哲学和宗教学的一些基本问题。而"从《希伯来圣经》到犹太教，从《旧约》到基督教"（C&B 23）、"理解伊斯兰教与当代穆斯林社会"（C&B 19）、"东亚宗教研究导论"（C&B 33）、"印度教的文化与艺术世界"（C&B 28）等课程则从起源、经典、教

---

① 课程编号，下同。
② Report of the Task Force on General Education, pp. 11 - 12.

义、影响等角度向学生介绍世界各大文明的宗教信仰。在另外 30
门可被承认为本类通识学分的课程中,也有 11 门以上属于哲
学类。

　　社会科学领域和艺术领域的通识课程中,哲学类课程也占有
一定比例。"世界各国"(SW)类通识课程共有 31 门,按照网站的
介绍,本类课程一般以某个国家或地区为对象进行讨论,帮助学生
了解"不同的信仰、行为和社会组织形式是如何出现的",因此尽管
只有"中国:传统与变革"(SW 12)、"中世纪的欧洲"(SW 41)等 4
门课程在简介中明确提到了哲学、思想、宗教信仰等字眼,但介绍
其他国家或地区社会的课程很有可能也会涉及这些方面的内容。
"世界中的美国"(US/W)类通识课程共有 22 门,[①]在国际背景下
介绍美国的方方面面。由于宗教在美国历史与现当代社会中具有
重要影响,本类课程中也有数门与宗教有关,属于哲学类课程,如
"多元文化的美国中的世界宗教:宗教多元主义之个案研究"(US/
W 32)、"宗教与社会变迁"(US/W 33)、"美国公众文化中的科学
与宗教"(History 1445)以及"宗教、法律与美国政治"(Religion
50)等。"实证推理"(EMR)类通识课程目前共有 10 门,[②]其中"演
绎逻辑"(EMR 17)属于哲学的逻辑学领域,而"产生意义:语言、
逻辑与交流"(EMR 11)的 3 位任课老师中有一位来自哲学系,课
程简介中表明将讨论语言对哲学的影响。"美学的与阐释的理解"
(A&I)类通识课程目前共有 35 门,[③]包括了艺术哲学;而其中"佛
教与日本文化"(A&I 36)、"人文艺术中的圣经导论"(A&I 37)等 4

---

① 除此之外还有 12 门其他课程可被承认为本类通识学分。
② 除此之外还有 52 门其他课程可被承认为本类通识学分。
③ 除此之外还有 22 门其他课程可被承认为本类通识学分。

门与宗教密切相关的课也属于哲学类课程。

即使在自然科学领域，也可以看到哲学类课程的存在。"生命系统科学"（SLS）和"物质世界科学"（SPU）这两类通识课程目前分别包括 11 门①和 17 门②课。它们也涉及不少重要的哲学问题与讨论。比如从前一类中"发展心理学：知识的起源"（SLS 15）的简介可以看出哲学上的认识论是这门课的重要组成部分，又如后一类的"爱因斯坦革命"（SPU 17）与科技哲学有密切的关系。此外，当"生命科学成为人类广泛关注的最具争议的公共问题之一"时，"生命系统科学"类说明中提及的"自然选择生物进化理论、胚胎干细胞研究的合法性以及人类克隆的伦理性"等问题③从本质上说，也都是哲学问题。

综上所述，从 2009 年版通识教育计划实施后第五年的情况看，哲学类课程遍布哈佛大学该版的八大类通识课程之中，是人文领域课程的主体，占课程总数近 2/3；在社会科学和艺术领域也占到课程总数的 10%以上。需要指出的是，以上的分析仅是针对在课程名称或课程简介中明确提到与哲学各领域密切相关的课程所做的，如果考虑到有些哲学内容没有反映在网络简介中，通识课程的哲学比重恐怕还会更高。由于哈佛大学规定学生在每类通识课程中都要修习学分，而"伦理推理"类全部是哲学课程，因此学生毕业时必然选修过哲学通识课。从哲学课程在其他类别所占的比重来看，大多数学生所选的哲学通识课程可能并不止一门。由此可见哲学通识课程在哈佛通识教育体系中所具有的重要地位。

① 除此之外还有 12 门其他课程可被承认为"生命科学"类通识学分。
② 除此之外还有 23 门其他课程可被承认为"物质科学"类通识学分。
③ Report of the Task Force on General Education，p. 14.

2. 哈佛大学哲学通识课程的整体规划与设置特点

尽管哲学通识课程的数量很大,但哈佛大学在遴选通识课程时具有严格的标准,哲学通识课并不是简单地把哲学专业课搬到全校的平台上讲授。事实上,半个世纪以来,尽管哈佛通识教育方案进行过一些调整,但基本原则并没有很大的变化,即一方面扩大学生的知识面,"促使学生全面发展,避免使他们陷入专业的局限性,成为完全专业化的、片面发展的人"①,另一方面提高能力,教给学生"学习和掌握知识的方法……摆脱把学生看作'知识容器'的传统观点,重视培养学生的理性,培养具有深刻思维力和明智判断力的人"②。因此,在哈佛林林总总的哲学通识课程中,我们并没有看到通常被大学的哲学系(宗教学系)列为专业必修课的"哲学概论"、"欧洲哲学史"、"宗教学导论"、"伦理学导论"之类的课程,而是与其他通识课程一道进行了整体规划。一方面重视跨学科研究,将哲学与其他学科结合。例如"伦理学与国际关系"(E&R 27)结合了哲学与国际政治、国际关系学科的有关知识;而"生物伦理学"(E&R 24)甚至结合了哲学与生理学、医学领域进行研讨。另一方面通过将理论与实际的结合,提高学生的能力。如"社会抗议的道德推理"(E&R 21)对20世纪社会抗议事件的背景进行伦理学的分析,课上既阅读和评述柏拉图、霍布斯、罗尔斯、马克思等人的有关著作和言论,又结合具体的社会抗议事例进行研讨,以培养学生运用哲学理论分析判断问题和解决问题的能力。无论跨学科还是结合现实,课程的设计都尽可能唤起学生的兴趣,把哲学原典资料析读和实际案例分析、教师的讲授与学生的课后阅读与课

---

① 李曼丽:《哈佛核心课程述评》,《比较教育研究》1998年第2期。
② 李曼丽:《哈佛核心课程述评》,《比较教育研究》1998年第2期。

外有机安排到教学内容中。

在遵循通识教育的普遍原则来设置和设计课程的同时,哈佛大学的哲学通识课程还体现出两个特点:

(1) 对社会主流价值观的重视

由于社会制度和文化背景等原因,美国的大学一般不会设置全校必修的政治课程,向学生强行灌输某种世界观、价值观,但这并不等于美国的高等教育不关心学生的思想、道德、心灵和政治观念。哈佛哲学通识课程的设置便鲜明体现出对"自由、宽容、民主、公平、个人主义"①等美国社会主流价值观的重视。它们在哲学通识课中都是经常出现的字眼。

"自由"出现在"伦理推理"大类课程介绍中。在"自我、自由与存在"(E&R 13)一课的简介中,教师结合康德、萨特等人的理论探讨"自由行动"的准确含义,讨论"自欺与不诚实"、"自由的本质与自主性"、"主观性及与他人关系"、"理性与非理性"等哲学问题;新增的"自由"(Liberty)(E&R 34)通识课则从对西方传统中对自由的看法出发,对当代世界一系列与自由价值有关的事务和辩论(包括征税、私有财产、公共演讲以及政府管理和规定个人行为与道德的尝试等)进行审视。"民主"是政治哲学讨论的重要话题,在与此相关的哲学通识课中都是讨论的重点之一。此外还有一门课名为"哲学家与暴君"(E&R 31),将"特别探讨对智慧的追求与对权力的追求之间关系的事例",回答如何掌握自由与秩序、自我实现与自我约束之间的平衡等问题。"公平/正义"(Justice)也出现在"伦理推理"大类课程介绍中,"政治正义与政治审判"(E&R 12)、"正义"(E&R 22)、"公平的世界"(The Just World)(E&R 30)以及"种

---

① 王英:《美国如何建立社会主流价值观》,《学习时报》2012年3月19日。

族与社会公平"(Philosophy 179)都对此进行了专门的讨论。"上帝、正义与《约伯记》"(C&B 48)则对宗教中的正义概念及其提出的哲学问题展开研讨。而"个人主义"集中表现在对人权的重视,上述讨论自由、公平/正义的课程简介中多次出现"人权"一词,而"伦理推理"的第一门课便是"人权:一种哲学性的介绍"(E&R 11)。至于"宽容",在下文分析的第二个特点也得到了充分的体现。

除此之外,宗教在美国社会中仍然占有重要地位,"深深地影响着美国人的信念、态度和行为,支配着美国人的政治、文化以及家庭生活"[①]。《哈佛通识教育报告》指出,哈佛94%的新生报告说他们"经常"或"偶尔"讨论宗教,71%表示他们参加宗教仪式。[②]

而基督宗教则是美国社会的主流宗教信仰。据统计,2012年美国基督徒约占总人口的73%。[③] 哈佛哲学通识课程对于基督宗教(包括犹太—基督文化)给予了较大的重视,在课名或简介中明确表示与之有关的哲学通识课程至少有12门。其中,既包括对宗教原典的介绍,如"《希伯来圣经》"(C&B 39)、"圣经之辩:圣与俗之舞"(C&B 13)和"上帝、正义与《约伯记》"(C&B 48);也包括对基督教思想的讨论,如"肉身与欲望:基督教导论"(Religion 40)、"早期基督教的预言、狂喜与梦"(Religion 1315)等;还包括基督教发展历程的回顾如"从《希伯来圣经》到犹太教,从《旧约》到基督教"(C&B 23)和"从乔纳森·爱德华兹到杰瑞·法威尔的美国福音主

---

① 王英:《美国如何建立社会主流价值观》,《学习时报》2012年3月19日。

② Faculty of Arts and Sciences, Harvard University, Report of the Task Force on General Education, The President and Fellows of Harvard College, 2007, p. 11, note 6.

③ "Nones" on the Rise: One-in-Five Adults Have No Religious Affiliation, Report of Pew Research Center's Forum on Religion & Public Life (Washington, D. C.: Pew Research Center, 2012), p. 13.

义传统"（C&B 52）等。尽管授课教师来自于宗教学、近东研究或神学等不同学科，也许具有不同的信仰背景，但课程内容则多以介绍有关学术研究成果为主，引导学生在直接阅读一手材料的基础上了解两千年来人们争论的问题，并做出自己的判断。这一点接下来会结合具体事例详细介绍。

（2）对世界各种思想文化的关注

尽管在美国社会中基督宗教具有重要地位，但宽容同样是美国引以为自豪的主流价值观之一。哈佛的哲学通识教育在介绍基督宗教的同时并没有排斥其他宗教和文化。恰恰相反，为了因应日益发展的现代化、全球化的浪潮，哈佛大学 2009 年版通识教育新增设了"世界各社会"和"世界中的美国"这两个前所未有的课程大类，对世界各种文明和社会予以关注。比如近几十年来亚洲尤其是中国迅速崛起，引起世界的广泛兴趣。哈佛有近 10 门哲学通识课程与此有关。这其中既有"东亚宗教研究导论"（C&B 33）、"佛教与日本文化"（A&I 36）、"横跨时空的佛教研究"（C&B 25）、"中国：传统与变革"（SW 12）等以介绍相关文明的传统思想资源为主的课程；也有"亚洲和世界中的日本"（SW 13）、"南亚的宗教民族主义与种族冲突"（South Asian Studies 190）等主要关注这些地区现当代思想与现实的课程，如"中国的两次社会革命"（SW 21）讨论的对象便是毛泽东和邓小平的理论和实践。

"911 事件"以后，美国和西方世界对于伊斯兰文明的兴趣也与日俱增。在哈佛 2009 年版哲学通识课程中，与伊斯兰教有关的也有 5 门以上，如"理解伊斯兰教与当代穆斯林社会"（C&B 19）、"音乐、论辩与伊斯兰教"（C&B 46）、"性别、伊斯兰教与中东与北非国家"（C&B 41）和"为了真主与他先知的爱：穆斯林文化中的宗教、文学与艺术"（A&I 54）等。通过这类课程，学生对伊斯兰文明将会有更加全面和深入的认识，并很可能在某个角度产生独到的见解。

哈佛的哲学通识课程不但包括基督教外的其他宗教思想，还包括对无神论的介绍和讨论，如"无神论的伦理学：马克思、尼采和弗洛伊德"（E&R 26）和"达尔文革命"（C&B 47）等。有兴趣的学生同样可以从这些课程中了解更多的无神论思想和无神论与有神论的论争。

3. 哈佛大学哲学通识课程对中国的启示

哲学课程是哈佛2009年版通识教育体系重要的组成部分，也构成了人文领域通识教育的主体和基础。大学提供的规划合理、数量丰富、种类多样的哲学通识课程可以在很大程度上满足学生的需要。根据以上的考察，可以尝试总结哈佛大学哲学通识教育的特点，并为我国哲学通识教育的开展提供启发。

第一，哈佛的哲学通识课程重视社会主流价值观的教育，试图培养符合社会道德、品格标准所要求的人，即让学生"学会做人"。这是各个时代、各个社会的教育都应当追求的目标，而哲学教育则是这一目标的主要承担者。但另一方面，高等教育中社会主流价值观的教育必须达到几个要求才能保证效果：首先，它必须具有足够的学术性、研讨性，在引导学生阅读有关一手、二手材料的基础上，以学术的态度和方法介绍和评价人物、事件和思想观点，而不能不加论证（或忽略论证过程）便向学生强制性灌输某种思想观点，引起学生的反感。其次，它必须具有形式上的灵活性、多样性，不但有教师讲授，还有同学提问、分组讨论、课后阅读和课外活动（如参观博物馆、纪念馆）等教学和考核环节，以学生喜闻乐见的方式传授知识、开发能力，激发学生的学习兴趣，而不能采取教师在课堂上满堂灌的枯燥方式，降低学生的学习热情。哈佛哲学通识课程的简介既体现了较强的学术性、研讨性,也时常提到采用各种灵活的教学手段。这就使得社会主流价值观能够以一种自然的方式被身为同龄人翘楚的哈佛学生所接受,并潜移默化地影响他们今后的人生。

第二,现代社会,全球化浪潮滚滚而来,世界日益成为一个整体。一个国家或一种文明的经济发展和科技实力等是它呈现给世界的表面元素,而它的哲学思想、宗教信仰和文化传统则是精神实质和前进的动力。哈佛哲学通识课程对美国和基督教文明以外的关注便集中于后者。通过这类课程,引导学生对某种(或几种)异域文明进行有一定深度的了解,真正"认识世界"。当然,介绍各种文明的课程同样是学术性的,也会尽量遵循客观公正的原则,不做先入为主的价值判断。美国目前仍是世界上最发达的国家,但以哈佛大学为代表的美国高等教育并没有以天朝上国的姿态睥睨一切,而是虚心学习和研究世界其他国家或地区和文明的历史、现状乃至深层思想,取长补短,以塑造具有美国精神的毕业生,并在将来更好地与世界沟通。从这个角度看,作为发展中国家的中国更有必要在高等教育中加强对世界先进文明成果(包括物质成果和精神财富)的学习研究,以全人类的优秀思想资源充实学生的心灵。事实上,有统计数据表明,中国的大学生对于西方的哲学、宗教也有着浓厚的兴趣,我们的高等教育也应尽力为他们提供足够的学习机会和资源,满足他们的学习要求。

第三,哈佛大学能够开设如此丰富的哲学通识课程,很大程度上归功于该校具备雄厚的哲学、宗教学师资力量。哲学通识课的任课教师大多既在科研上有所建树,又拥有高超的教学技巧,以科研推动教学,以教学促进科研。但另一方面,哲学通识课程和哲学专业课程不同,更重视跨学科研究背景和与现实的结合。哈佛哲学通识课的教师往往具有多学科的背景：来自哲学、宗教学、神学等专业的教师有不少具有其他学科的受教育经历，而也有很多哲学通识课程是由来自历史学、社会学、政治学、近东研究、东亚研究等学科的教师主讲或与哲学等专业教师合上的。无论是哪一种情况，都需要教师对课程具有高超的驾驭能力。根据国内目前的师资力量，可以参考国际高水平大学的做法，在已经陆续开展的通识教育中加强哲学的比重，邀请学识渊博、教学经验丰富的各科教师参加哲学通识课程的讲授，逐步设计和安排更多受欢迎的哲学通识课程，帮助学生更好地认识世界，学会做人，通过摸索建设适合中国国情的哲学通识教育体系。

第三节　对哈佛大学哲学通识课程教学的考察
——以 CB39 课程为例

对于美国各高校所实施的通识教育方案，国内已经有了丰富的研究。然而，以往成果的研究主体绝大多数出自教育学领域，重点往往放在历史考察、理论探讨与效果评估，而缺乏作为国内通识教育的具体实施者——任课教师对于美国通识课程，尤其是哲学通识课程的直接观察与思考。

笔者 2014 年至 2015 年在哈佛大学访学，其间全程旁听了数门与自身研究领域相关的通识课程与院系专业课程。接下来就以一门哲学通识课程为例，从一名哲学系专业教师的角度对其课程内容与设置、教学要求、教学方法和教学效果等方面进行近距离、全方位的考察，尝试总结和分析其先进经验。

1. 课程内容

笔者选择的课程是哈佛大学古代近东研究系主任沙耶・科恩

(Shaye J. D. Cohen)教授所讲授的"文化和信仰"类通识课之CB39："希伯来圣经(The Hebrew Bible)"。其课程介绍写道：

> 本课程是对《希伯来圣经》(一般也被称作《旧约》)的主要书卷、文体风格、制度与观念所进行的考察。课程也将讨论《圣经》产生的历史处境，以及《圣经》作为犹太教和基督宗教经典的角色。

这门课程就设置而言符合通识教育的初衷。"文化与信仰"领域的说明指出："宗教在全世界都是一种形成认同和行为的力量，历史上如此，现在和未来也一样。哈佛大学是一所世俗大学，但宗教是学生们生活中重要的一部分。学生们有不同的信仰和实践，他们要经常对比思考同学的信仰与自己的信仰之间的关系以及宗教信仰与完全世俗的学院之间的关系。而且对学生们来说，有机会了解宗教信仰和宗教实践对世界以及他们自己的影响也很重要。"[1]该领域课程讨论的话题包括："翻译的问题、作者的概念(及其对剽窃或版权声明的重要性)、审查制度、对宗教和其他文本互相冲突的解释、获得美学体验的媒介(美术馆、音乐工业、教堂)、正典的形成、现代性与保守思想之间的张力、暴力及其表现。"[2]就课程内容来说，CB39围绕犹太教和基督宗教的基本经典展开的讨论有助于学生全面和深入地了解自己和周围之人的信仰以及与之

---

[1]　Faculty of Arts and Sciences, Harvard University, Report of the Task Force on General Education, The President and Fellows of Harvard College, 2007, pp. 11 - 12.

[2]　Faculty of Arts and Sciences, Harvard University, Report of the Task Force on General Education, The President and Fellows of Harvard College, 2007, p. 12.

相关的问题,而"文化与信仰"领域鼓励讨论的问题在这门课几乎都有所涉及。

从 CB39 的名称和简介看,还有两点值得注意的地方。

第一,课程采用的是"希伯来圣经"而非"旧约"(the Old Testament)。在课程简介之后,还有一条说明:

> 在本大纲中,"圣经"一词指代的是基督教所称的"旧约"、犹太人所称的"塔纳赫"、具有普世心态和开明人士所称的"希伯来经典"或"希伯来圣经"包含的书卷集合,而并不指基督徒称为"新约"的书卷集合。

事实上,在不同宗教中如何称呼经典,是一个复杂的问题。尽管基督宗教在美国一直具有主导地位,而它长期以来习惯用"旧约"一词,暗含着这些从犹太人继承的书卷已经被基督宗教所独有的新约所取代的意味;但 CB39 作为世俗大学的通识课程,避免了使用基督教色彩浓厚的称呼,同时也没有采用犹太教的叫法"塔纳赫",而是使用相对客观和学术的"希伯来圣经"这一称呼,从这里可以看出课程设置方面追求价值中立的努力。

第二,从简介看,课程相对来说比较通俗,适用于对该领域知识几乎没有了解的学生。在此与笔者在哈佛访学期间曾全程旁听的古代近东研究系开设的另外一门课程"未经审查的《圣经》——希伯来圣经黑暗与大胆的经文之旅"(ANE142)相比较,便更为明显。根据 ANE142 的课程大纲,它也被设计为"对于希伯来圣经/旧约的介绍",但重点关注其中"奇怪的,令人震惊的,原始的,甚至是粗俗的文字",以"揭示希伯来圣经和其身后的古代以色列世界所包含的多样性和刺激性"。这自然被归于了专业课程而非通识课程的类型。而 CB39 按照《圣经》书卷顺序和主题所进行的按部就班的介绍相对来说更为常规和平稳，也适合选修该课的零基础学生。

CB39 的任课教师科恩教授早已蜚声国际学术界。他自 1975 年取得哥伦比亚大学古代历史博士学位之后，在美国多所知名大学任教，并于 2001 年应邀受聘哈佛大学，出任近东研究系的希伯来文学与哲学"利陶"（Littauer）教授①。他此时已有 66 岁，但在这一学年和之前、之后的学年，每年仍坚持为本科生讲授两门通识课程。事实上，在哈佛大学到这样的年纪仍然亲自全程教授本科通识课程的著名教授并不在少数。

然而，关于授课教师的背景，也有两点值得注意的地方：一是科恩本人是一名虔诚的犹太教正统派信徒，早年曾在犹太经学院学习多年，全家平时笃守教规；二是科恩的学术专长在于第二圣殿后期到密西拿时代（公元前 4 世纪至公元 200 年）的犹太教及其经典，出版和发表的成果也聚焦希伯来圣经成书之后的时期；而对希伯来圣经本身虽然也非常了解和熟悉，但对这方面的研究并非他最拿手的领域。不过，由他讲授 CB39 课程并无不妥之处。尽管科恩信仰犹太教，但他比较彻底地将个人信仰与教学科研区分开来。在课堂上，针对几乎所有存在争议的问题，他都会告诉学生，关于这一点犹太教是如何看待的，基督宗教是如何看待的，现代学术界又是如何看待的。他并不留下任何结论，从没有将自己的看法强加给学生，甚至避免表达他本人具有明显倾向性的观点，而是将判断和选择的自由交给了学生自己。这也是哈佛大学等美国名校对教师的要求。尽管很多教师本人具有各种宗教信仰，但他们

---

① "利陶"教授是美国犹太学界最古老和负有盛名的教席之一。

不应在世俗大学的课堂上向学生进行宗教宣传。就学术专长而言,哈佛大学研究希伯来圣经的专家大有人在,也承担了该领域大部分的本科和研究生专业课程。而科恩本人这学期除了 CB39 这门通识课外,同时讲授的两门研究生课程也是关于他所专研的另一部犹太经典《密西拿》的相关问题的。由此可以看出,通识课与专业课(尤其是硕博研究生专业课)不同,并不要求教师对这门课相关问题的认识和研究达到世界顶尖的水平,而是把重点放在对基础知识的普及和能力的培养上。

2. 教学要求

学期之初,CB39 课程的要求就发到每一名选课学生手中,并放在课程网站供他们随时查阅。主要包括:

(1)参与每周两次的课堂讲座与每周一次的助教导修课,无故缺席不得超过两次。若因课程安排等原因无法出席助教讨论课,则需与助教进行一周不少于 5 分钟的一对一交流。这一项占到了课程成绩的 20%。

(2)课外阅读。每周指定的阅读材料一般包括一部分原典译文和教科书中的相关章节,要求学生课前或课后阅读。课程大纲特地提醒学生要"慢—慢—阅读"(read s-l-o-w-l-y)原典。

(3)期中考试,占总成绩的 20%。

(4)两篇指定范围的小论文(5 页),分别在上半学期和下半学期提交,共占总成绩的 30%。

(5)期末考试,占总成绩的 30%。

这些要求体现出两个特点:

第一,虽然并非专业课程,但这门课的要求与大多数专业课同样严格。每周除了参加两次讲座课和一次讨论课,学生课后平均需要阅读 10 章左右的原典文字以及 50 页以上的教科书内容。而在此基础上，在短短三个半月的学期内，每人还要完成两篇小论文和两场闭卷考试。尽管小论文并不要求很专业，期中和期末考试也提前预告了大致范围，但因为以开放性问题为主，如果没有平时扎实的阅读和积极的思考，是很难达到较高水准的。

第二，作为通识课程，CB39 并不试图将所有的专业知识全部灌输给学生。相反，它更重视知识面的覆盖与能力的培养。无论是阅读材料还是考试题目都体现出了这一特点。要求学生阅读的原典，采用的版本是 2005 年版的 *The Jewish Study Bible*，该版本除了英译文外还附有一些面向初学者的注释。而教科书采用的是库格尔（James Kugel）所著的《怎样阅读圣经》（*How to Read the Bible：A Guide to Scripture Then and Now*），此书深入浅出，基本覆盖了希伯来圣经各书卷的内容，既利于学习，也便于查找。除此之外，课程偶尔布置给学生阅读的论文数量并不多。而在两篇小论文的要求中，教师也明确说明这并非"研究"论文，而是让学生通过对材料的考察，结合自己的思考对经典进行分析和回应。相比之下，古代近东研究系开设的专业课 ANE142 的课后阅读材料则是以各种研究文献中的相关论述为主，课程论文也要求符合学术研究的规范。

3. 教学方法

CB39 通识课的教学方法，体现出两个鲜明的特点。

一是注重互动。尽管哈佛大学的各类课程普遍重视师生互动，但对于 CB39 这门有 200 名来自不同院系的学生选修的大课，组织有效师生互动的难度要大得多。科恩教授非常敬业，每次上课都会提前半小时左右进入教室，与先后到场的学生进行个人交流，听取他们对课程内容和课程本身的想法；课堂上一般也会留一点时间公开解答学生的问题。开学一个月后，他已经能叫出教室里每个学生的名字。在课后,前往课程网站提问的学生很多,科恩教授也尽量抽空回答,并选取其中有代表性的问题在课堂上讲解。除此之外,他的邮箱和办公室答疑时间开学时就公布出来,平时个别向他请教的学生也不在少数。当然,以一人之力独自指导 200名学生几乎是难以完成的任务,10 名研究生组成的助教团队为这门课程的运行提供了坚实的保障。考虑到选课学生人数众多,而不同学生的时间安排有别,每名助教给出了不同的讨论课时间段供学生选择。如果仍然难以参加,那么也可以和相应的助教单独约时间进行一对一交流。两篇小论文也被要求提交给助教,后者提出意见后返回给学生,学生经过两周左右的修改再提交定稿给助教。学生最终会得到定稿的评审意见。任课教师负责的态度和得力的助教团队的配置使得学生可以在课堂内外方便地与教学团队互动,提出自己的看法并得到有效的回应。

　　二是启发思考。在教学大纲中,每一课的阅读任务之后,都留下了一些思考题;而在期中和期末的试卷中,大部分的题目也是开放式的。比如期末试卷中的一个论题:

　　　　希伯来圣经中上帝的形象是什么? 他(是"他"吗?)是否可以被人类理解? 像人类一样还是完全不一样? 慈爱而友善还是苛刻而好斗? 公平而守信还是任性而善变? 是普世的还是地区性的?

　　应当说,这道题目中涉及的所有问题都是学术界长期以来争论不休而没有定论的,因此也并不存在所谓的"标准答案"。而开放式的题目正是鼓励学生思考的一条重要途径。当然,"启发思考"是包括通识课程和其他课程在内的教育体系共同的任务,专业课同样要督促学生独立思考。但 CB39 这里选取的问题显然经过精心的考虑,每个形容词都可以在原典中找到对应的经文作为证据,结合教科书的介绍便可以进行思考,展开讨论。这样的讨论并不需要特别多的背景材料和专业知识。与此形成鲜明对比的是,专业课 ANE142 也讨论了"上帝形象"的问题,并将其作为第一篇小论文的范围。但课堂讲授注重对学术史的回顾,小论文也指定了一段具体的经文作为学生讨论的对象,并且要求学生围绕一篇相关的专业学术论文进行评论和分析。显然,如果没有足够的专业背景很难完成这样的任务。而作为通识课的 CB39 面对的是来自各院系的学生,显然不会提这样的要求。

4. 教学效果

应当承认,CB39 课程对于基础知识的要求相当重视,在期中和期末考试中都有类似名词解释的题目。但在此基础上,课程更看重的是对学生综合能力的培养。

《哈佛通识教育红皮书》曾经指出,通识教育的实施目标,着重于培养学生如下几方面的能力:有效的思考能力,交流思想的能力,做出恰当判断的能力,辨别价值的能力。[①] 而 CB39 课程在这几方面都进行了富有创造性的努力。

(1)有效的思考能力

按照《红皮书》的看法,有效的思考包括三个阶段:逻辑的、关联性的和想象的。[②] 这三类思考在几乎每次课程讲座和研讨中都有所体现。而期末考试中的一道综合论述题则将它们全部涵盖:

---

① [美]哈佛委员会:《哈佛通识教育红皮书》,李曼丽译,北京大学出版社 2010 年版,第 50 页。

② [美]哈佛委员会:《哈佛通识教育红皮书》,李曼丽译,北京大学出版社 2010 年版,第 50—52 页。

希伯来圣经是否是统一的整体？也就是说，它是否具有一个论点、一个论题；还是只是一个混乱的碎片集合，各部分之间相互没什么关系？请你具体回答，并解释你作答的标准，同时注意到相反的看法。

这个题目同样是一道开放式问题，也是学术界争论多年的话题。放在期末考试中，可以说是对整个学期的学习进行的一项总结。学生无论认同哪一种看法，都需要尝试从个案中抽取一般规律，"对相关的因素具有敏锐的洞察力，同时也会积极地排除所有无关的因素，并根据各自的权重对相关因素进行排列"①。比如，原典的文字和成书背景都属于"相关的因素"，但如何选取、如何排除、如何排列，则可以看出学生的水平。在此基础上，还需要进行关联性的思考，即"情境思维"（thinking in a context），"达成对历史材料和社会材料以及人类关系的理解"②，如历史背景是如何影响文本的形成的。此外，回答这样的问题也需要足够的想象力，以重构几千年前的文字可能的形成过程。总之，要答好这样的题目，必须具有足够的思考能力。

（2）交流思想的能力

"交流能力是表达自己并被他人理解的能力……为了正确地表达思想，人们也需要一些交流的技能。"③事实上，前文提到的师

---

① ［美］哈佛委员会：《哈佛通识教育红皮书》，李曼丽译，北京大学出版社 2010 年版，第 51 页。

② ［美］哈佛委员会：《哈佛通识教育红皮书》，李曼丽译，北京大学出版社 2010 年版，第 51 页。

③ ［美］哈佛委员会：《哈佛通识教育红皮书》，李曼丽译，北京大学出版社 2010 年版，第 52 页。

生互动,包括课堂与课后的提问以及助教主持的讨论课和一对一交流,都在无形中提升了学生表达自己思想的能力。在这方面,CB39课程还曾组织了一场课堂辩论,题为"挪亚方舟的故事出自同一作者的手笔还是不同作者的手笔",在报名的学生中选取了两人,经过准备后上台激辩。在场学生则有机会向两人提问并进行评论。尽管这场辩论的学术水平和专业的学者不可同日而语,但就运用现有资料的能力、逻辑思维和表达思想的技巧这几方面而言,丝毫未有逊色。在场观众也通过聆听和提问增加了经验。这也是这门通识课程培养学生交流能力的典型例子。

(3)恰当判断的能力

按照《红皮书》的看法,"教育的目的之一,就是要打破当下强加于人的心智之上的束缚",教师"可以见缝插针地将理论内容与学生的生活联系起来,他还可以有意识地在课堂上模仿现实生活情形……坚持将学生的注意力从表象符号引向它们所象征的事物"[1]。作为一门讨论古代宗教经典的课程,CB39的内容与当代生活存在一定的距离。但鉴于美国的很多学生具有圣经宗教的信仰背景,宗教团体的某些解释可能已经先入为主,被他们接受。而科恩在不将自己观点强加给学生的同时,总是尽可能全面地向学生介绍,对于某个问题,不同的宗教团体各是怎样理解的,当代学术界的主流观点又是如何理解的,各自的优缺点在哪里,解释的背后存在什么深层背景或原因。在此基础上,学生能够重新客观而谨慎地审视自己先前掌握的信息和所处的立场,进行更为恰当的判断。

---

① [美]哈佛委员会:《哈佛通识教育红皮书》,李曼丽译,北京大学出版社2010年版,第54—55页。

（4）辨别价值的能力

《红皮书》指出："价值有很多种。有关于品格的明显价值，如公平竞争、勇气、自我控制、慈善、任性；还有一些智识方面的价值，如对真理的热爱、对各种学术成就的尊重；还有审美的价值，如高雅的品位和对美的鉴赏力……教育的目的不只是传授有关价值的知识，而且还要致力于价值本身，将理想内化于行为、感情和思想与从知识层面掌握理想同样重要。"[①]教师"应该进一步把人类过去的历史和人类的制度、习俗既作为一种事实，也作为不同阶段对美好生活的追求呈现给自己的学生"[②]。在 CB39 课程中，尽管是以客观介绍古代的宗教经典为主，也将其中一些符合"道德黄金律"的价值观传递给学生，但教师无法也没有回避其中宣扬的某些按今天的价值观看来属于负面的内容，如对暴力的渲染、对异族和异教徒的迫害甚至屠杀、对女性的歧视等。这些在古代可能被视为"正确"和"美好"的东西在当代无疑是难以接受的。而课程在讨论了相关文字的成书背景后，一般都会介绍后世的诠释者，对其中价值观所给予的深刻批判，潜移默化地帮助学生树立符合当代要求的价值观。

第四节　美国高校通识教育的管理

在讨论美国高校哲学通识课程的设置和具体内容之后，有必要对其有关制度，包括通识教育课程的规划、遴选和管理进行梳

---

①　［美］哈佛委员会：《哈佛通识教育红皮书》，李曼丽译，北京大学出版社 2010 年版，第 55—56 页。

②　［美］哈佛委员会：《哈佛通识教育红皮书》，李曼丽译，北京大学出版社 2010 年版，第 57 页。

理。这是能够有效开展通识教育的必要保证,也是中国高校开展通识教育时需要考虑的问题和值得借鉴的对象。

1. 顶层设计

美国研究型大学在实施通识教育课程中的共同举措是,"先成立通识教育中心,在通识教育中心之上再设立全校性的通识教育委员会……负责审查由通识教育中心主任提交的各项课程计划和改革方案,详细讨论各门课程的修订、新增或停开,还进一步监督和审查已获通过的计划方案实施的情况和结果"①。

从美国高水平大学的经验看,成立通识教育的专门机构对于推动和开展通识教育无疑具有重要的作用。在此之前,它们往往先对本校的通识教育进行整体的科学规划。换句话说,首先通过顶层设计从宏观的层面指导全校通识教育的开展,成立独立的、专门的委员会,聘请资深专家学者进行设计和规划。

顶层设计的重要性是显而易见的。主要在于:

第一,把握基本方向。只有确定了基础的指导思想、培养目标和改革方针,才能在正确的方向上推动通识教育的发展。本章第一节已经提到,哈佛大学 1945 年发布了由哈佛委员会资深教授编写的《自由社会中的通识教育》(《哈佛通识教育红皮书》),它"反映了哈佛大学实施通识教育计划的指导思想和总体构想……成为美国数百所大学新的课程改革浪潮的主要推动力"②。2007 年哈佛又发布了由 9 位知名教授撰写的《通识教育专责小组报告》

---

① 汪霞:《大学生眼中的文化素质教育课程:基于对六所大学的调查》,《复旦教育论坛》2013 年第 2 期。

② 李曼丽:"译者序言",〔美〕哈佛委员会:《哈佛通识教育红皮书》,李曼丽译,北京大学出版社 2010 年版,第 2 页。该书用专门的篇幅论及通识教育委员会的管理角色,参见第 158—159 页。

（*Report of the Task Force on General Education*），成为 2009 年版通识教育计划的指导思想。在这一基础上，大学的机构和教师对于开展通识教育的目的和基本思路能够有明确的认识，这是设置和准备通识课程的基础。

第二，**着眼长期规划**。通过独立、专门的委员会制订长期的宏观发展目标，并为实现目标而建立执行机构，以规章制度的形式进行保证，保障通识教育在学校受到足够的重视和有效的开展。事实上，"相对于外在的课程体系的优化、协调与完善，内在的、严格的课程要求和保障机制的建立则更为关键"①。进行科学规划的机构承担起建立这一机制的任务，可以避免在不断摸索合适的通识教育形式的过程中，由于对通识课程的基本要求不甚明确，导致课程设置和修读政策缺乏稳定性、挫伤任课教师和修课学生积极性的情况。因此，执行机构是有效推进通识教育的必要保障。

2. 遴选、考核与支持

哈佛大学在完成了通识教育的科学规划和顶层设计、明确了一个阶段的通识教育目标和方向后，有专门的通识教育执行机构贯彻落实其要求和规章制度，处理具体的问题，包括课程的遴选、学分的详细要求以及对通识教育某个方面的专题研究等。

哈佛大学本科生培养主要由文理学院（Faculty of Arts and Sciences）及其所属的哈佛学院（Harvard College）负责。该校根据 2007 年通过的通识教育文件，成立了通识教育常务委员会（Standing Committee on General Education），负责审阅通识教育的大类设定和通识教育计划的其他必要方面。常委会委员由文

---

①　吕林海、汪霞：《我国研究型大学通识课程实施的学生满意度调研》，《江苏高教》2012 年第 3 期。

理学院院长指定,由通识教育计划主任领导。通识教育计划主任由资深教师担任,委员则由来自各系和教学单位的教师和学生代表组成。

常委会的职责包括:

(1) 吸纳教师参与发展新的通识教育课程;

(2) 与相关系主任商议,决定哪些课程被纳入通识学分;

(3) 制订与通识教育有关的政策草案供教师讨论;

(4) 向课程负责人、系和学院院长以及其他相关负责人建议如何更好更合理地运用资源为通识教育课程服务。①

2014 年春天,哈佛学院又成立了由来自文理学院、工程学院和应用科学学院各专业的教师组成的通识教育审查委员会(General Education Review Committee,GERC)。委员会于2015 年 2 月提交了一份中期报告,描述了通识教育计划目前的执行情况及得失,为计划的进一步开展提供意见和建议。这样的机制可以很好地保证通识教育的开展在正确的方向上前进。②

与哈佛同样实行核心课程制的芝加哥大学除了学院管理委员会(The Governing Committees)负责通识教育和学习之外,也另外专门设立了核心课程委员会(Committee of Core Curriculum),负责规划芝加哥大学的通识教育核心课程的发展。③ 而实行自由选修

---

① "Final Legislation Establishing the Program in General Education", http://www. generaleducation. fas. harvard. edu/icb/icb. do? keyword＝k37826&tabgroupid＝icb. tabgroup116510.

② General Education Review Committee, "General Education Review Committee Interim Report", Feb. 2015 http://harvardmagazine. com/sites/default/files/GenEd. pdf.

③ 苏志勇:《芝加哥大学通识教育课程设置及管理研究》,湖南师范大学硕士论文,2011 年,第 56 页。

制的布朗大学,其通识教育主要由大学课程委员会(College Curriculum Council)管理。委员会由教职工、学生和管理员等18位成员组成,共同负责监管与反馈大学课程的质量,为保障通识教育课程的教学质量发挥了重要作用。除此之外,1987年由大学学院前任院长哈莉特·谢里丹(Harriet W. Sheridan)创办的教学中心,旨在建立一个跨学科论坛,对课程教学的改进提出建议,促进教学工作的改进与完善,并为师生提供丰富的教学资源和免费、保密的咨询服务。[1]

美国知名高校开展通识教育的机构设置值得国内高校参考。我们也可以成立类似的机构,遴选拥有较为丰富的通识教育经验,且对通识教育有足够的热忱和兴趣的教师作为负责人和成员,并适当吸收学生代表参与,集思广益,及时听取各方面意见和建议,推动和改进通识教育。

3. 日常管理

美国著名高校对于通识教育的顶层设计与执行遴选都有很多值得我们学习和参考的经验;而在通识课程的日常管理方面,却并没有太多专门的措施。这很大程度上是因为它们对于所有的课程都有比较严格的规章制度,能够进行有效的管理。

（1）出勤率和课堂参与

相对于基本由本院系较为熟悉的教师讲授的专业课程来说,包括通识课在内的全校选修课基本都是由来自于一个院系的一位(或几位)教师向全校各院系的陌生学生讲授的。课程规模往往较大,学生对教师也存在天然的距离感,教师往往难以经常占用宝贵的课堂时间——点名。内容特别有吸引力或讲授者名气较大的通

---

[1]　付小艳:《布朗大学通识教育研究》,河北大学硕士论文,2015年,第59页。

识课或选修课固然会得到一部分学生的欢迎甚至追捧。但总的来说,要维护通识课的课堂纪律,难度比专业课要大得多。

对于这个问题,除了学生自己加强自觉性以外,作为课程的供给方,学校也有必要采取有效的措施。点名、签到之类的传统方式尽管曾被一些师生质疑,但仍是美国大学常见的考勤措施,而吸引学生参与课程更加积极的方式是上课和课后的提问和互动。一方面,安排人数较少的(如班级过大则可以分组)讨论课是一种有效的手段;另一方面,今天全世界的网络课程发展迅速,教育发达的美国更充分利用了丰富的在线教学资源。而当教师在课堂上针对学生当场或课后所提问题进行专门的解答与讨论时,能够充分引起学生的兴趣和归属感,体现出传统面对面教学方式的优势。

(2)平时课后的学习投入

美国的著名高校对于专业课和通识课的教学要求并无二致。一般来说,通识课无论从课时量、课外阅读量还是考核要求来看,并不比专业课轻松。教师在课前会将完整的课程要求及教学周历发放给学生,除了对于到课学习的要求外,对每次课的阅读材料、思考问题以及平时和期末的作业、测验、报告、考试、论文等进行详细的说明,并公布课后与教师或助教交流的途径,如教师办公室答疑时间、电话、邮箱及课程网络平台等,便于学生在课后学习中遇到疑问时反馈和讨论。课堂教学只是为学生的阅读和研究提供一个框架和前提,教师在上课时提纲挈领地将重要的知识点串联起来,而不去纠缠细枝末节。只有认真按要求进行了课外阅读和准备的学生才能在课上获得有效的收获;若上完课便对课程不闻不问,不仅难以跟上讲课和课堂讨论的节奏,平时的测验或报告更是难以完成的。因此,通识课并不是降低了难度的专业课程,而对修课学生有同样严格的要求。

（3）对成绩的严格要求

在美国的著名高校，学生不但有修习通识课程的学分数量要求，通识课程成绩的重要性也不亚于专业课程。无论在申请本科生的项目、奖学金还是毕业后的深造机会或实习、工作岗位时，通识课程的成绩和专业课程一样具有重要的参考价值，而不同的深造专业和工作岗位对于与之相关的通识课程成绩往往还更加看重。此外，和其他课程一样，在错过开学初的试听阶段之后，如果退课，学生将无法在成绩单中将通识课程当作未曾修习处理，获得不理想的成绩也无法注销。

而对于成绩的重视也使得通识课程的教师在评分时更为认真和谨慎。成绩的构成、评分的标准（rubrics）会提前告知学生，学生如对自己的分数有疑问也可以提出质疑。以芝加哥大学为例，课程成绩一般包括期中和期末考试或期末论文的分数、家庭作业和平时课堂及小组讨论时的参与程度等三个方面，对学生学业评价是多角度、多层面的，既有定量考核，也有学生参与课堂及其主观能动性发挥的定性考核；既有课内的考核，也有课外考核。芝加哥大学考核分为字母型和及格型两种：字母型即 A、B、C、D 这样的等第制，每个成绩对应不同的学分绩点（GPA）；另一种方式就是以及格/不及格（pass/fail）进行评价。教师可以根据课程的性质自己决定采取两种记分方式中的一种，也可以将选择权交给学生。以及格与否进行评价，可以更充分地调动学生主动学习的积极性，避免学生将注意力过多地放在得高分上。而为了避免有的学生为图轻松选择这种方式过多，学校对此也进行了数量上限的规定，以保证学生修课的质量。①

（4）对评估的重视

在教育领域中，评估可用来确定在教和学经过一段时间的相互作用后是否能达到预期的效果，也是当今大学教育经常采用的提高教学质量的方法。而学生对课程的评价具有最直接的参考价值。

美国知名大学普遍采用课程评估的方式，让学生对包括通识课程在内的各门课程进行评价。如芝加哥大学把通识教育课程评价分为短期评价、中期评价和长期评价三种形式。

① 短期评价。短期评价是每年针对学校通识教育课程设置结构、内容等采用网络问答的形式，征求学生、教师的看法，结合学生选课的情形，对通识教育课程科目编排或选修方式等做小范围的调整，淘汰一些教师和学生不满意的课程，增加一些教师和学生认为必要的课程，用优质的课程设置内容作为保证教学质量的前提。

② 中期评价。5 年至 10 年进行中期评价，主要了解通识教育课程的内容是否合理、是否需要增加或减少某些课程等，根据调查的结果对通识教育课程内容进行大范围的调整。

③ 长期评价。对本校已毕业 15 年以上的学生进行跟踪调查，了解通识教育对他们产生的影响，根据毕业生的意见进行调整，将通识教育课程与学生今后的人生紧密联系起来。②

这种短期和长期结合的评价系统对于全面准确地评估通识课

---

① 苏志勇：《芝加哥大学通识教育课程设置及管理研究》，湖南师范大学硕士论文，2011 年，第 46—47 页。

② 苏志勇：《芝加哥大学通识教育课程设置及管理研究》，湖南师范大学硕士论文，2011 年，第 46 页。

程有着重要的意义。而修课学生对教师的评估结果也是教师工作业绩的重要组成部分,美国高校中因为学生评价过低而失去教职的教师大有人在。

尽管从行政手续角度而言,对通识课程的基本要求与其他课程并没有太大差别;但由于通识课程自身具有的特点,美国的大学对有需要的教师,特别是未曾讲授过通识课程的教师,也会有针对性地准备指导材料。在哈佛大学通识教育网站上,有专门的"教学须知"栏目,其中包括了通识课程的行政与后勤支持(如津贴、课程经费、课程网站等)、教育与资源支持(如助教)、课程计划与准备、开学注意事项、期中注意事项、期末注意事项、作业与评分以及如何帮助学生等内容,还罗列了有关的政策文件与教师手册。[①] 可以发现,该栏目的很多链接都会引导到哈佛文理学院一般的课程要求,这对于新开通识课程的教师来说,可以很方便地上手。

总之,从美国著名大学实施通识教育的经验看,制度建设在通识教育的开展过程中有着至关重要的作用。推行通识教育,必须要有高屋建瓴的科学规划,富有成效的遴选、考核与支持以及谨慎严格的日常管理,而这三个步骤都需要相应的人员和团队进行具有针对性的努力,以建立良好的、可延续和推广的制度,成为推进通识教育的必要保证。

---

① http://generaleducation.fas.harvard.edu/teaching-gen-ed.

第五章 欧洲哲学通识教育的
历史与实践研究

欧洲高等教育是人类高等教育的源头，从古典自由教育或博雅教育到近现代通识教育的发展史包含着丰富的哲学通识教育内涵，也标志着人类高等教育不断迈向新的水平。

第一节 欧洲哲学通识教育理念和机制的历史顺承

当代西方的高等教育渊源往往可以追溯到古希腊时期，甚至可以说，希腊古典时期的文化和教育对于欧洲的文明史有着基础性作用。所谓希腊古典时代，是从公元前500年至公元前330年左右。这一时期不仅涌现出苏格拉底、柏拉图、亚里士多德等哲学家，还是希腊高等教育和通识教育诞生的起点。

1. 古希腊和中世纪时期的哲学通识教育

古希腊时期的哲学通识教育主要依据当时整个教育体制，分为基础教育、高等教育两个主要部分。① 基础教育主要包括音乐、体育、文法等。高等教育则包括哲学、修辞学、军事等。那些高等教育通常只有上流社会才可以接触，因而，一般民众没有办法直接参与到课程之中。尽管如此，他们仍然可以从基础教育中接触到一些哲学、政治学思想。亚里士多德认为，教育应当分成两种职责。一种是要保障民众获得最为基础的知识，使他们能够拥有一种正常的社会性生活。另一种是要让其中的一部分人掌握更加高等的技术，保证他们能够拥有高尚的价值和思想行为。前者由于生活在社会基层，因而他们往往应当接受实用性的技艺，但是另一部分人还需要接受一些自身需求的培养。只不过亚里士多德认为，不论是哪一种教育，都应当在社会实践中得到运用。

亚里士多德出生于公元前 384 年，并于公元前 335 年效仿柏拉图创办了名为"吕克昂"的学校，亦即为后世所知的"逍遥学派"。吕克昂在当时是一所正规的私人学校，亚里士多德精心制定了这所学校独特的规则。就通识教育来看，亚里士多德的贡献主要是提出了"博雅学艺"的概念。

亚里士多德将教育的内容分为读写、体育、音乐和绘画四种，这构成了通识课程的主要部分。"读写和绘画知识在生活中有许多用途，体育锻炼有助于培养人的勇敢，关于音乐则有些疑问。今天大多数人修习音乐都是为了娱乐，但是最初设置音乐的目的则在于教育，我们多次说过，人的本性谋求的不仅是能够胜任劳作，而且是能够安然享有闲暇。"②此处强调"闲暇"，凸显了亚里士多

① 关于早期通识课程设置的相关论述参见于淑秀等主编：《大学通识教育研究》，九州出版社 2014 年版，第 6—8 页。

② ［古希腊］亚里士多德：《政治学》，颜一等译，中国人民大学出版社 2003 年版，第 269 页。

德对于"自由"在通识教育中的重视。他认为,"闲暇"是人生的"唯一本原",而教育则需要与这一本原相匹配。但亚里士多德清楚,这一本原,包括教育,是无法为社会上的人所共有的。以"闲暇"为前提的通识教育应当是给人们带来幸福的重要保障。"当然,对于快乐,根据每个人的不同品格,各人自有各人的主张,最善良的人的快乐最为纯粹,源自最高尚的事物。因而显然应该有一些着眼于消遣中的闲暇的教育课程,这些教育和学习只为了自身范围的事物,而那些必需的有关劳务方面的教育则以自身之外的其他事物为目的。"①在所有教育课程中,音乐是最能够代表"消遣"特征的学科。用亚里士多德的话来说,音乐并不能够帮助人们理财、求知、从事政治活动,也不能使人们强壮。但是,从荷马到奥德修斯,都认为音乐是一门崇高的学问。因此,亚里士多德认为:"应当有一种教育,彼此教育公民的子女,既不立足于实用也不立足于必需,而是为了自由而高尚的情操。"②

博雅教育的前提是要避免向青少年灌输某种单一的技能,以致使他们形成单一的价值观,进而由于无法形成全面的思维能力而丧失与外民族的竞争力。亚里士多德在《政治学》中对音乐学描述的篇幅最多,因为在所有科目中,音乐学是最为复杂的,更重要的是,它是最能体现出博雅教育"自由"和"闲暇"特征的科目。

亚里士多德对古希腊和后来通识教育起到重大影响的不仅仅包括他的"自由人"的科学,同样还包括由此引申而来的"自由人学科"。具体来看,他把人的整个教育过程分为三个主要阶段。第一

---

① [古希腊]亚里士多德:《政治学》,颜一等译,中国人民大学出版社2003年版,第270页。
② [古希腊]亚里士多德:《政治学》,颜一等译,中国人民大学出版社2003年版,第271页。

阶段是儿童时期，主要开设的是读写、体育、绘画和音乐。这些课程相对基础，对儿童之后的成长起到启蒙和开放的作用。他还指出，针对儿童的教育应当适度。比如，体育课设置时要考虑到儿童身体的承受能力，不能妨碍他们的正常成长，更不能强迫他们进行劳动。第二阶段是14—17岁期间，这一阶段学生的智力水平发展到了一个新阶段，已经拥有一定的思考能力，因而可以学习战术、理财术、演讲术、伦理学、立法学等通识性课程。接下来是17—21岁阶段。这一阶段学生会受到最为严格、系统的教育，主要包括音乐、理论科学和军事训练。这里的音乐和儿童时期所学的音乐是不同的，它此时已经被赋予学理性特征。它既能成为人们闲暇时候的一种享受过程，同样，也能成为陶冶人的灵魂、使人感到喜悦和幸福的方式。"如果许多人共同议事，人人贡献一分意见和一分思虑；集合于一个会场的群众就好像一个具有许多手足、许多耳目的异人一样，他还具有许多性格、许多聪明。群众（多数）对于音乐和诗人的作品的批评，常常较少数专家更为正确，情况就是这样：有些人欣赏着这一节，另一些人则被另一节所感动，全体会合起来，就完全领略了整篇的得失。品德高尚的好人所以异于众人中的任何个人，就在于他一身集合了许多人的素质；美人的所以异于平常的容貌，艺术作品的所以异于俗制的事情，原因也是这样——在人的相貌上或作品上，一样一样原来是分散的众美，集合成了一个整体。"①由此，亚里士多德的通识教育思想的内在意蕴便显现出来：希望能够唤起整个社会的共同思维能力的提高，而不是某一方面或者某一部分人群的提升。

---

① ［古希腊］亚里士多德：《政治学》，吴寿彭译，商务印书馆1997年版，第156—157页。

另外,亚里士多德认为,在 21 岁以后,人的教育已经完全转变为理性教育。"在他看来,政治学是研究至善的学科,是一切学科中最高、最权威的主导学科,是其他学科的目的。而那些研究战术、理财书、演讲术、伦理学、立法学等都隶属于政治学。亚里士多德认为,人天生就要过城邦生活。人参加各种层次的共同体,目的都是为了实现自己对至善生活的追求。自由人教育的目的不仅仅是使公民更好地参与政治,而且是为了让公民过上良善的生活,教育和德行本身是良善生活的组成部分。亚里士多德认为,理想的自由公民应该是受过全面教育的人,而不是在某个题材上受过特殊教育的人。"①应该说,亚里士多德的教育理念已经构成了现今哲学通识教育课程的基本雏形。不过,随着中世纪的来临,这种自由化的理念被中断了数个世纪。

2. 文艺复兴时期博雅教育的回归

随着基督教在欧洲兴起,宗教化的教育模式也得到了快速发展。最初,基督教教育是由古希腊、古罗马、犹太人和基督教思想混合而成,主要内容包括罗马的等级制度以及修道院的生活方式。这成为当时通识教育的核心部分。同时,罗马时期的学校在宗教高压政策之下,却慢慢孕育出一些新气象:由于对宗教化的课程不满,因而在这些学校内部逐渐衍生出一些注重生活实践的课程以及奖惩有序的教学制度。随着罗马帝国的覆灭,境内的学校遭受到毁灭性冲击,这些课程和制度也不复存在。但是,这一时期的文化仍旧得到了传承。在大学没有出现之前,欧洲的主要教育地点还是在修道院。随着这种修道院性质的学校的发展,一些新颖的课程陆续得到开发,包括语法、修辞、逻辑、数学、几何、天文和音

---

① 于淑秀等编:《大学通识教育研究》,九州出版社 2014 年版,第 7 页。

乐,合称"七艺"。在漫长的中世纪中,"七艺"构成了欧洲通识教育的主要内容。同时,一些关于知识的讨论以及哲学也得到了更为广泛的传播。

随着教育水平的不断发展以及社会需求的出现,12世纪后期,欧洲一些地方出现了更高等级的学校组织,牧师在其中可以获得更大的教学自主权。大学就在这种情况下逐渐产生了。而在课程设置上,"七艺"进一步取代神学,成为学校的主要教学内容。[①]"本科生入学,首先学习基本的七艺知识,待掌握后,进一步学习四门高深知识领域,即博雅教育、神学、法学和医学,博雅教育是神学、法学和医学的知识基础。在校生只有完成博雅教育并以优异成绩毕业,才能接着学习神学、法学和医学专业。"[②]另外,大学中的教师也只有自己完成"七艺"的学习,并取得优异的成绩,才能获得教职。由此,"七艺"在课程设置中的比例越来越重,甚至超过了教义。"高等教育,学生是主体,教师是关键。在中世纪欧洲,博雅教育不仅是高等教育的基础,而且是大学教师为人师表的前提,两者从源头上保障了高等教育学脉的薪火相传,防止了高等教育质量的摇摆与滑坡。"[③]

"七艺"的设置为文艺复兴运动奠定了重要的民众智力基础,同时,也起着延续古希腊"自由"文化传统的重要作用。"复兴的本质情形不是要'再生'远古时期的思想和实践模式,而是要掀起一场运动,反对中世纪精神的狭隘,和为了更加丰富、充实的个人生

---

①　Denis Lawton and Peter Gordon, *A History of Western Educational Ideas*, Woburn Press, 2002, p. 49.

②　陈界:《中世纪博雅教育初探》,《贵州社会科学》2012年第10期。

③　陈界:《中世纪博雅教育初探》,《贵州社会科学》2012年第10期。

活而持有的模糊却依然存在的那些欲望。"①换句话说,就是要为人类寻求新的灵魂,走向未来。这一时代的建筑师、哲学家和科学家通过亚里士多德哲学获得自我的解放。在中世纪,人们将他们自己只是看作城民,但是他们实际需要的是个性的张扬。"一个是对历史的复兴;另一个,是营造未来。这两方面的工作实际上是一种内涵,但是后果却是不一样的。不在于这两种方式看起来是决然对立的。一方面,再现一个更好的过去是为了呼唤一个更好的未来,这些人的目的是希望真正建立起属于他们自己的世界,享受过去的成就;另一方面,那些拥有强烈创造冲动的人需要通过对历史的挖掘,以获得新的美好事物。"②博雅课程超脱于传统教义课程的品质,与文艺复兴的时代精神异曲同工。

但是,教育组织和内容的新发展不可避免会带来分歧。"理论上来看会出现两种可能。要么是学校和大学破坏中世纪的传统,推广博雅、哲学和科学课程,这些都是文艺复兴的潮流;要么是延续其他运动的课程,这些会重回过去,并获得古希腊和古罗马时期的教材。"③就当时情况来看,似乎第二种方式才是可取的。因为文艺复兴运动所倡导的各种新型学科尚未完全成熟,比起古希腊和古罗马的文化尚未完全建立起优势。但是,人对自由和科学的向往已成为趋势,推动了博雅课程面向未来。

① William Boyd, *The History of Western Education*, Adam & Charles Black, 1947, p. 159.

② William Boyd, *The History of Western Education*, Adam & Charles Black, 1947, p. 160.

③ William Boyd, *The History of Western Education*, Adam & Charles Black, 1947, p. 161.

3. 从博雅教育到哲学通识教育的渐变

虽然博雅教育这一形式在西方已经存在数千年,但是,真正以"liberal education"被提出,则是到了近代。博雅教育在英语世界的传播和发展经历了一个较为复杂的过程,在这其中涌现出了众多杰出的教育家,为博雅教育真正成为普遍化高等教育课程起到了重要的推动作用,同时也在真正意义上形成了现代西方哲学通识教育的模型。

从博雅理念到通识教育成为高校的统一教育体制并且被广泛实施,期间经历了漫长的渐变过程。哲学通识教育的正式建立,是以工业革命给欧洲社会带来翻天覆地的变革为契机的。传统的宗教在社会中的作用岌岌可危,新兴科技对社会的影响力日益凸显,对高校本身的教育产生了重大影响。如何依据实际情况和需求重新设置哲学通识教育,就成为大多数高校面临的一个问题。"17世纪的欧洲科学革命虽没有对传统大学产生根本性的影响,却在一定程度上促使欧洲产生了各类新型的高校教育机构,专门学院、技术学院不断涌现,同时有关近代科学的部分内容也开始进入传统大学的课程。随着欧洲第二次工业革命浪潮的到来,科学教育逐渐与古典人文教育并驾齐驱,而后迅速超越古典人文教育居主导地位。另一方面,始于18世纪末的法国大革命和美国革命唤醒了欧洲包括英国社会各阶层的政治思考,传统的宗教一统天下的局面受到严峻挑战。"①

1742年,英语世界中第一部以博雅教育为题的著作《论博雅教育》面世。从那时起,英语世界所提到的博雅教育更多偏重于"高雅":"这与17、18世纪所谓'礼仪社会'的出现相吻合。在礼仪

---

① 孙华:《通识教育的欧洲模式》,《江苏高教》2015 年第 2 期。

社会当中,教育的宗旨是塑造善于交际、风度翩翩、举止文雅、谈吐高雅的绅士,一言以蔽之,教育的标志是'雅'(文雅、高雅、高贵)。"①之后,以约瑟夫·普莱斯特里为代表的教育家推动博雅课程在现实课堂中得到了实现。"历史(尤其是英国史、自然史、道德史,也包括古代史)、法律(尤其是英国法)、政府理论(政府的花费、税收的使用、国债、礼貌文雅在国家中的影响,等等)、商业(商业对土地价值的影响、贸易平衡、法律对贸易的干预、殖民地对商业国家的好处、爱尔兰问题、纸币,等等)、年代学、一般性的哲学知识、政治史与政治理论(早期流行专制制度的原因、专制制度的利弊、民主制度的好处、自由和科学的联系、共和政府的支持者、专制制度和民主制度的区别)、代数、集合、古典语言,等等。"②

　　具体来看,英国的通识教育发展在当时是由牛津、剑桥两所大学引领的。受亚里士多德理念的影响,英国高校的通识教育仍旧是与古希腊时期相类似的设置方法,不过科目有所调整,范围有所扩大。随着人类自然科学和人文科学的发展,英国当时的通识教育主要包括医学、航海术、军事艺术、绘画、雕刻、建筑,等等。因此,通识教育的范围要远远大于人文学科。"人文主要指的是文法学科,一般包括文法、诗歌、历史、雄辩术、道德哲学。数学学科(天文学、几何学等)、医学、自然科学、形而上学等属于博雅学科的知识门类并不被视为人文学。18世纪起,提高审美意识,用美的艺术教化人成为欧洲普遍的共识。舞蹈和击剑成为绅士教育的重要

---

　　① 沈文钦:《从博雅到自由——博雅教育概念的历史语义学分析》,《清华大学教育研究》2013年第1期。
　　② 沈文钦:《近代英国博雅教育及其古典渊源——概念史的视角》,北京大学博士学位论文,2008年,第124页。

组成部分。"①对于牛津和剑桥,两者当时的通识教育模式也有一定的差别。牛津大学重在传统,注重培养学生的辩论和演说能力,培养绅士,同时引进自然科学的内容。而剑桥大学则重点引进自然科学,塑造自然科学工作者。这种区别对两者的影响十分深远,甚至延续到现在。

18 世纪后期的欧洲大陆陆续发生了一些重大事件,比如法国大革命爆发、拿破仑建立帝国体系等。这些事件加速了欧洲政治、文化进程,促进了教育制度的更新。在法国大革命之前,欧洲各国基本保持一套相似的教育体制。但是,自 19 世纪开始,这种格局就逐渐产生了变化。各国的教育机制开始不断发生变化,在这之中,德国通过较为激进的创新,成为当时欧洲教育的领跑者。

哲学通识教育在 19 世纪的德国同样经历了一次深刻的丰富过程。最为重要的就是当时原本高度专业化的哲学学习被加入了历史课程,实现了主修、辅修相结合的模式,并且与英国高校一样,注重科学研究、教学相统一。

在当时的欧洲,"自由、平等和博爱"成为欧美的共同价值所在。② 当时德国着重对教育进行了科学化改造,实现了真正的国民化普及。在教育实践方面,福禄培尔的最大贡献在于将教育过程分成了两个阶段,分别是童年阶段、少年阶段。童年阶段的课程主要包括对周围环境的认知和接触,其目标是实现儿童对外在环境的认知,实现"内外统一";少年阶段的课程会更加多样性,主要包括宗教、自然科学、语言和艺术。

---

① 于淑秀等:《大学通识教育研究》,九州出版社 2014 年版,第 20 页。

② Willism Boyd, *The History of Western Education*, Adam & Charles Black, 1947, pp. 330 - 331.

除了确立科学研究在实际课程设置中的地位外,这些高等教育机构还将培养全面的人作为他们的教育目标。洪堡提出的培养"完人"的理念,在通识课程的设置中得到了有效的体现。在当时的柏林大学,教师有充分的自由进行科研、教学,而学生也会被赋予充分的学习自由,从课程、教师的选择,到与他人的讨论,等等。因此,教学和学习的方式被多元化,而程序化的色彩被抹去。随后,这种模式相继被其他大学效仿,为德国高校教育的发展打开了新气象。

法国虽然在大革命之后曾经和德国类似,共同将原本服务于贵族的教育体制推广到大众,并进一步倡导"自由"理念,但随着拿破仑的执政,法国走上了一条相反的道路——一切教育都被附以独裁者的意志。拿破仑当时在教育法令中规定,教育的内容主要应包括基督教和一系列忠于皇帝的政治课程。由此,教育在当时的统治者看来是一种服务于军队政治的工具。"事实上,大学的组织形式就像是一个纵队。它拥有严厉的规则,使得教师和学者都不得不屈从于它。当一个教师触犯了规则并招致责难,那么他就会被捕。大学中的所有成员其实都穿着那种黑袍配着蓝色棕榈叶的制服。大学就是军队的微缩版。每一部门都会被当作包含军士长和下士的公司。每一件事情的完成都伴随着军鼓的催促声。从中塑造而成的并非真正意义上的人,而是士兵。"[1]在此情况下,大学究竟能否真正为教师和学生提供一个自由的学术场所,或者说,当时法国的高等教育能否实现自由教育的职能,不禁令人产生深深的疑问。除了严厉的法规令当时的法国高等教育面临空前的束

---

① Willism Boyd, *The History of Western Education*, Adam & Charles Black, 1947, p. 360.

缚,执政者对于高等教育地位的认识也直接使高校的职能产生混淆。这一点可以从当时高校获得的资助普遍较低体现出来。

事实上,法国高校虽然经历了拿破仑时期的行政化控制,但并没有失去大革命以来的革新态势。虽然法国的高等教育在大革命之后面临着一个巨大的转折:之前,执政者所扮演的是一个长期推动的角色,大学能够得到平稳、有序的发展。但是,大革命改变了这一切。在激进时期,高校被给予了革命期望,人们将之看作改变社会的重要力量。这一热潮即使到了拿破仑时期也并没有改变,并且还涌现出众多激进的教育学家。大革命和拿破仑帝国两个时代的强烈对比,使以斯达尔夫人、康庞夫人、雷慕莎夫人为代表的教育家们更加认清了大学教育在社会变迁中的重要性,同时也将一系列时代精神注入其教育抱负之中。

第二节　当代欧洲哲学通识教育的三种代表模式

欧洲哲学通识教育到了当下已经成熟,并且随着人类学科发展,逐渐细化、专业化,各个国家、高校都在哲学通识教育的实施过程中形成了特有的模式。其中,作为欧洲的核心国家,英国、德国、法国在哲学通识教育的开展中具有突出代表性。

1. 英国哲学通识教育

在"二战"以前,包括哲学通识课程在内的英国教育一向拥有精英化的教育传统。战后,随着英国社会发生全方位的深刻变化,英国的高等教育也不得不随之而改变。其中,政府及其相关部门对于课程发展有着巨大的引导作用。主要包括为相应课程提供资助以及参与到课程的具体设计当中去。对于学生来说,他们会根据今后发展的需要选择不同模式的哲学通识课程,特别是那些需要继续攻读研究型硕士的学生,就需要在通识课程中训练学术技巧。

与之类似,一些高校也设置了大量的跨学科课程,以拓宽学生的知识领域。比如肯特大学,在设立了人文、社会科学和自然科学学部之后,"所有学部把课程分为两个阶段,第一阶段有四个学期,第二阶段有五个学期。在第一阶段通常学习 2—3 门相互联系的学科,找到它们之间的契合点,为第二阶段高深的专业学习奠定基础。如人文学部所有学生在第一阶段必须学习 1 门'当代社会及其背景'的公共课程,旨在把科学方法、历史、文学、哲学、逻辑、伦理和政治融为一体……这些课程需要从文学、历史和哲学的角度进行研究,由不同的教师讲授和辅导"①。在课程考核方面,高校一般要求学生完成多篇论文,并对论文进行考核,以此作为课程的成绩。这种模式在英国已被广泛采用,并在现实中充分体现出合理性。

苏塞克斯大学专门在各自专业之外设置了"学科群"这么一个特殊的跨学科机制。这一学科囊括了生物科学等自然学科,同时也包含了哲学、政治学、社会人类学、社会心理学、历史学等课程。而将哲学等课程相互结合,也成为苏塞克斯大学办学过程中的一个重要特色。"为了解决课程设置中主课与副课、广度课程与深度课程、核心课程与基础课程之间的关系,苏塞克斯大学实行不同学群之间的综合,推行大文科和大理科制度,同时把文科与理科课程结合起来开设。如文科专业开设美国研究(包括历史、文学、社会学)、古典主义和中世纪研究、发展心理学、经济史、经济学、英语、

---

① 易红郡:《英国大学通识教育的理念及路径》,《华东师范大学学报》(教育科学版)2012 第 4 期。

法语等课程。苏塞克斯大学还设立了一个著名的'文理渗透项目'，该项目由许多讲座和课程组成。"①苏塞克斯大学的教学理念主要体现在，当今文理科之间的关系越来越紧密，许多问题已经不能单纯依靠其中一方解决。

当前，大部分英国高等教育机构纷纷通过扩大招生吸引学生前去就读，这也给哲学通识课以及之后的哲学学科人才培养提出了新的要求。在历史上，英国高等教育就特别强调研究与教育相结合。现今，英国高校教育的体系化色彩依旧十分浓厚，哲学、艺术、科学等学科都已经建立了成熟的教育机制。在教学上，哲学通识课已经成为一个重要的课程，并体现出以学年为单位的周期性。作为一门基础性学科，哲学通识教育在英国仍然受到比较高的重视，特别体现在其周期长且层次性突出的特点。在一些大学，哲学通识课程被重点安排在学生学习的第一年，其中，学生会被分成若干小组，接受多位教师的专题性授课，还需要通过提交论文的方式获得学分。

在牛津大学，哲学通识课程主要包括早期现代哲学，知识与现实，伦理学，精神哲学，科学和社会科学哲学，宗教哲学，逻辑和语言哲学，美学，中世纪阿奎那哲学，中世纪司各脱和奥卡姆哲学，康德哲学，后康德哲学，政治理论，柏拉图的《理想国》，亚里士多德的《尼各马可伦理学》，弗雷格、罗素和维特根斯坦哲学，形式逻辑，数理哲学，科技哲学，认知科技哲学，环境哲学和环境经济，逻辑哲学，亚里士多德的《物理学》，拉丁哲学，法理学，等等。就授课人员来看，教授和博士占绝大多数，且人数众多。这就是说，每一位授

---

① 易红郡：《英国大学通识教育的理念及路径》，《华东师范大学学报》（教育科学版）2012第4期。

课人会依据各自的研究方向,教授一门或者几门自己熟悉的领域,而不是单纯由少数几位教师负责。这在一定意义上,保证了教学内容的专业性。

哲学通识课程在剑桥大学同样受到重视。学校将哲学定义为讨论最为终极问题的学科,比如存在的本质、人类存在的意义、人类知识的基础等,同时引导学生对哲学本身的研究方法展开探讨。与牛津大学不同,剑桥大学哲学通识课程涉及的哲学理论和哲学家并不多,主要集中在罗素、摩尔、维特根斯坦等少数理论家。剑桥大学在设置哲学通识课程时,主要是依据学校自身在哲学发展史中的特殊地位,开设一些具有特色和优势的课程。课程的主要目的是要让学生接触到当代哲学的发展前沿,让他们学习的知识在世界各地都可以运用。对于课程的教育质量,剑桥大学也是严格把关的。关于课程教授的具体形式,剑桥大学主要采取的是鼓励学生相互讨论,以促进学生理论基础和技能的培养。同时,授课人还会采取主题演讲等方式,充分赋予学生自由,令学生的学习重点不仅仅局限在课堂,同时还可以就他们感兴趣的话题进行充分研究和讨论。

更为重要的是,为了实现哲学的真正通识化,剑桥大学鼓励所有在校学生都积极参与到哲学课程中去。他们认为,这有助于打破学科之间的界限,并且也可以丰富哲学学科的教研领域。为了实现这一目标,剑桥大学特别采取了一系列措施。比如,学校设置了众多哲学讨论学习小组,这些小组专门吸收本科一、二年级的新同学参与其中,为不同专业之间的学生交流提供一个包容的平台。在这一平台上,教师更多地会采用论坛,而不是讲授的方式。同时,也会吸纳一部分研究生共同参与。与此同时,为保证教学质量,学校会为每一位参与课程的学生配一名教师,给他们的学习提供建议。一般负责讲授哲学课程的教师都会具体指导单个学生。对于学生来说,他们大致能够在每周见一次导师,获得一对一的指导。到课程每一阶段的末尾,学生需要完成一篇作业,并由老师进行批改。另外,学生还需要参加考试,在三个小时的时间中,从四条题目中选择三条进行论述。

在苏格兰,哲学在各个高校都得到了体制化开设。在圣·安德鲁斯大学,哲学通识课程已经成为学生十分热衷的一门课程。在大学学习的前两年,学校会为学生提供十分广泛的哲学教育,并且会依据各个专业的特征,制定相应的教学内容,以作为各个专业下相对独立的学科。与牛津、剑桥一样,由众多教师共同负责这一课程。由于教师各自的学术背景不同,也使得圣·安德鲁斯大学的哲学通识课程呈现出多元化的特色。圣·安德鲁斯大学的哲学研究中心是英国最大的哲学教研机构之一。具体来看,学生每周都需要按照规定参加课程学习,一般是一周三到四次,20 个学分。除此以外,还需要参加一定数量的讨论课。课程的主要内容包括精神哲学、知识论哲学语言和价值哲学。如果学生感兴趣,还可以进一步选择扩展课程,他们称为“荣誉课程”。之所以称作“荣誉课程”,一方面,是参加这一课程的学生需要经过筛选,只有排名前50 名的才有资格参加;另一方面,相比于普通课程,“荣誉课程”的要求更高,它涵盖更为丰富的哲学主题,包括形而上学、电影哲学、政治哲学、希腊史、艺术史、宗教研究等,并且要经过更加严格的考试才能达标。

另一所苏格兰的著名大学格拉斯哥大学同样拥有完善的哲学通识课程。主要包括三个方面:第一,要向学生介绍道德哲学、政治哲学、精神哲学和认知性哲学中的一些关键概念。在道德哲学学习中,需要学生了解道德的客观性以及将伦理和实践相结合的复杂性。在政治哲学中,将教会学生认清政府存在的合法性,明确公民之于政府的责任。另外,需要了解精神与客观实在之间的联系。第二,学生可以开始学习语言哲学、逻辑学和艺术学。第三,学生可以与教授共同进行研究性学习。

2. 德国哲学通识教育

20 世纪前期,德国大学成了纳粹上台后的政治牺牲品,其中一个重要问题就在于,当时的高校价值已经不再是"自由",而是其对立面:一种高度统一的、非批判性的意识形态和民族主义灌输。盲目的民族情绪充斥着校园,研究精神荡然无存,哲学传统和精神出现了歪曲。

这一状况伴随着"二战"的结束、纳粹政府的垮台而终止。纳粹的兴起,使人们意识到当时的大众教育模式必须改变。因此,德国高校在"二战"之后引进了英美的通识教育模式。"在英美战胜国看来,'二战'结束后德国最重要的任务是建立一个民主社会,因此调查委员会的核心任务是在调查的基础上,提出使德国大学推动德国民主发展的政策建议。大学要推动民主社会的发展,有两条路径可供选择:通过教学过程来传递民主的理念;对大学的行政和治理进行改革,使大学自身成为民主的典范机构。……调查委员会认识到,通识教育的理念必须通过制度化的规定来加以落实。为此,委员会提出高中的最后一年和大学的一年级应该致力于通识教育。在第三、第四学期,学生仍然需要加修自己在院系之外的课程。"[①]尽管德国高校战后的通识教育整体借鉴了英美,但是,这并不意味着就没有自身的特色。由于特殊的历史背景,德国高等

---

① 沈文钦:《通识教育的观念与模式在"二战"后的全球扩散》,《高教发展与评估》2013 年第 3 期。

教育需要更加独特的认知和思考。他们认为,纳粹之所以存在,就是因为之前德国过于注重专业技能的培养,这是让社会丧失思考的内在原因。"德国人认为,同时存在两种危险,一种危险是过度专业化,另一种危险是浅薄的涉猎者。其中浅薄涉猎意味着学生仅仅接受了信息,不具备反思能力和批判意识,因此对纳粹的宣传失去了抵抗能力。为了使大学在复兴道德中履行恰当的使命,必须引入人文主义的原则,这意味着承认人作为个体的尊严和价值,因此必须抛弃之前的超人和类人的概念。"[①]以此来看,相比于英美等国,当代德国通识教育建立的契机突出表现在社会责任方面,因此,社会道德、社会政治等纷纷被加入大学的专业课中,以求为学生提供广阔的人文化视野。在当时德国的高校中掀起的一场"综合学校运动(Studium Generale Movement)",就是旨在加强学科之间的联系,构建一个多层次、大范围的学科结构。但是,这一努力并没有能够取得预期的成就。

当今的德国高等教育中,哲学通识课程在所有课程中所占据的地位越来越重要。在教学方面,自由理念重新占据了科研和教学,并且已经成为教师们共同遵守的一种准则。当教师们将科研结果运用到实际教学上去时,传统的自由教研理念得到了更好的体现。这一模式在当今的德国已经体制化,成为每一个高等院校学生都必须接受的重要培训,并且成为德国学生申请英、美大学更高学位时需要被考察的一个重点项目。即使在德国高校内部,哲学通识课程也成为学生继续深造的一个重要考核点。不仅仅在考核方面,德国高等教育为学生提供了一整套哲学通识教育体系,包

---

① 沈文钦:《通识教育的观念与模式在"二战"后的全球扩散》,《高教发展与评估》2013年第3期。

括在本科学习之后,还继续为硕士、博士提供更高层次的哲学通识课程。

在德国高校,哲学学科并没有被严格局限在学术研究中,它同样也在不同专业课程之中被广泛设置,比如医学、法学、建筑学等,目的在于使哲学通识课程发挥基础性作用,为学生的研究型或学术型学习提供重要的方法论支撑。"在商学、法学或药学研究生中并没有什么区别。大学设置这些专业既要推进研究生们参与到研究中,也要帮助他们获得专业资格证书,这些都是他们之后社会实践和求知时必需的。物理学学生要通过国家性的考试才能获得在中学执教的资格,否则会在工业时代下求职的时候处处碰壁。"①这一现象与当今英美社会十分相似。

德国高校通识教育也面临一些巨大挑战,其中一个问题是由于学生人数的增加,教育资源供给愈发紧张。随着相关资金投入逐渐无法满足要求,哲学通识课面临越来越严重的师资短缺问题。另一个问题是目前德国高校教育普遍面临着的学科发展困境,即他们原先的社会功能正在被一些其他社会机构,特别是民间的非营利机构所替代。面对这一情况,高校所采取的措施,是利用自身科研、教学相互促进的模式,推动哲学通识教育在理论和实践上的共同发展。"在联邦共和国高校之中,研究和教学是相互融合的。但是它们之间的问题也暴露得非常明显。一方面,绝大多数正在申请第一个学位的学生或多或少都会对课程疲于应付。他们通常在和教授沟通以及参与研究的过程之中会有一系列困难。学生们

---

① Burton R. Clark (ed.), *The Research Foundations of Graduate Education Germany*, *Britain*, *France*, *United States*, *Japan*, University of California Press, 1993, p. 20.

在决定课程学习方向的时候也会有一些困惑,因为这些课程往往得不到比较好的组织。他们只是延续着洪堡自由教育、教学的理念进行学习。"①这直接导致了德国学生不能够真正找到通向理论研究的道路。"另一个限制研究与教学融合的不利因素,是参与研究事业的学生过少。具体人数很难统计,但所有获得第一学位的学生中不足百分之十的人有这个机会。在'普通'学生与这些希望继续发展独特的研究兴趣的学生之间是不存在制度上的区别的。只不过后者基本是凭借最后的测试获得相应评价。最近,随着需求量的不断增加,相应课程的周期也不断缩短,同时还对这些希望从事研究的学生增加了训练考核要求,并提供学术职位。"②一些大学纷纷设立了专门的学术委员会以解决这些问题。

　　总的来说,德国哲学通识课程的设置和进行是理论研究和教学实践两方面相结合所构成的。时至今日,它依旧继承着洪堡大学的自由办学理念,并为当代德国哲学的发展提供了重要的思想传承。近代,在法国大革命长久而深远的影响之下,德国亦希望在高校教育中培养出能够开创社会理性的新型哲学人才,教师和学生被赋予了高度的学术自由。教师们希望在自由理念的指引下,能够将自己的研究结论呈现到课堂上,而学生也希望和教授拥有平等的地位,共同研究、学习。这一理想化场面已经在当代的德国高校得到一定程度的实现。哲学通识教育在此情况之下,也越来

①　Burton R. Clark (ed.), *The Research Foundations of Graduate Education Germany*, *Britain*, *France*, *United States*, *Japan*, University of California Press, 1993, p. 33.

②　Burton R. Clark (ed.), *The Research Foundations of Graduate Education Germany*, *Britain*, *France*, *United States*, *Japan*, University of California Press, 1993, p. 34.

越成为高校研究的一个重要着力点。虽然培养职业技术显然是德国高校的一项主要任务,但是,英美高校的教研统一化原则对德国高校无疑产生了深层影响。对人格和学术的双重培养依旧是哲学通识教育的目标。只是,哲学通识教育在持续为不同学位学生提供教育上表现出一些无力。特别是在哲学博士课程中,教授和其他教职人员还无法完全对通识课程这一形式进行充分的发掘,博士生也仅仅限于研讨会和讲座中的理论训练,往往没有办法参与到课程之中进行深入讨论。

以洪堡大学为例。该大学主要偏向于技术性研究,而哲学理论研究和教育在其中仅仅属于边缘学科。教授人数、学生人数非常少,仅仅由一些研究小组进行相关实践。负责这一教学项目的工作人员大多数都是哲学博士,他们通常会以兼职研究员的身份参与,同时也负责相关教学。洪堡大学的哲学通识教育资助来源大部分是学校,还有一部分来自于校外的基金会。就具体科目来看,洪堡大学要求本科生普遍学习古希腊哲学、哲学与伦理学课程。古希腊哲学包括 120 个学分,其中必修 80 个学分,主要为原理与方法、博雅课程、语言训练等,其他共 40 个学分,主要涉及学科能力的培养。哲学和伦理学课程总学分为 113 个,时长为 6 个学期,核心课程共 77 个学分,主要包括哲学概论、逻辑学概论、哲学写作与哲学辩论技巧、哲学理论学习、实践性哲学,等等,还包括一系列专题。同时,会设置一些辅修课程,共占 36 个学分,主要形式是对一些具体问题的深化,包括理论哲学、实践哲学、历史哲学、伦理与行为哲学、政治哲学、社会哲学以及人类学等。如果将哲学课程作为非必修课程的话,则学分会缩减至 67 个,但主要内容几乎没有变化。

在其他德国高校,哲学通识教育往往并不像洪堡大学设置得如此细致,但也各有特点。比如,柏林自由大学的哲学通识课程通常会被纳入其他专业的课程之中,而不是作为一个核心课程供学生进行选择,其学分也比洪堡大学少很多,基本在 60 个或 30 个学分左右。在课程基本内容上,柏林自由大学特别注重发展学生的解释分析能力、书面表达能力和辩论能力等,使他们能够运用哲学思维解决实际工作和生活中的问题。柏林工业大学、雷根斯堡大学等高校的哲学通识课程也采取了类似的模式。

3. 法国哲学通识教育

除了英国和德国,欧洲另一重要国家法国的通识教育显得更加注重内在培养。法国教育在不同阶段广泛开设了哲学文法、修辞、逻辑、数学等学科,并更加讲究通识教育相对于其他专业的学科基础性和公共性。

众所周知,法国哲学通识教育有一个突出特点,就是强调对中小学学生的哲学素养培养。在小学,哲学课程并不是一门独立课程,但会在其他课程的教学内容中得到体现,培养学生的哲学意识。到了中学,哲学已经被明确成为一门单独的学科,不仅内容丰富,而且教学手段也注重多元化,除了教师在课堂讲授,还注重学生互相讨论,鼓励学生哲学思维的培养。同时,哲学考试也是法国毕业会考的一项科目,试题会分成文科、社会经济科、理科、商科等,对不同方向的考生进行针对性考核。

在法国高等教育体系中,哲学课程似乎并没有像中小学那样得到专门强调,但是在不同层次的高等教育机构有着不同的分工。比如,一些顶尖大学偏向精英化教育,即努力塑造能够引领社会的政治精英,这与洪堡的自由化理念有所不同。而其他大学或者相关教育组织则培养相对优秀的人才,使他们成为社会的中坚力量。对于这些机构,就可以将洪堡的哲学与大革命流传下来的革命化哲学理念相结合,形成独特的教学模式。

尽管如此,法国高校体制的复杂性,也使得哲学通识课程在高校的开展较其他国家显得更加多元化。在法国,高等教育机构主要分为学校(écoles)、大学以及短课程高等教育(short-course higher education)。从另一方面,法国高等教育按照学制,可分为"持续性学习"(duration of study course)和"接受政策"(access policy)两种模块。前一种是指学生可以在高校接受固定期限的课程训练,而后一种则指有较高自主性和弹性的学习模式,这通常被运用在第二学位的攻读上。

巴黎第十大学是法国最为著名的公立大学之一,是一所以人文社会科学为主的综合性高校,优势学科包括哲学、管理学、经济学、法学、政治学、语言学等。相较于其他大学,巴黎第十大学的哲学通识课程呈现出更加完善、细化的特征。另外,作为欧盟的核心国家之一,其课程非常注重把欧盟同哲学相结合,以形成独特的"欧盟哲学"体系。在第一学期,主要讲授欧洲哲学的渊源和概况,具体包括远古哲学、当代哲学、历史研究、语法研究等。从第二学期开始,课程全面围绕欧盟而展开,包括欧盟的要义、欧盟的人文体系、欧盟的特殊发展路径、欧盟的现实生命力。到了第三学期,课程包括欧盟的基本教义和发展、欧盟的语言哲学、欧盟的卓越性等。第三学期以后各个阶段的学习是在原有基础上的进一步拓展,主要包括伦理学和道德哲学、科学的历史与哲学、古代、中世纪哲学、现代和当代哲学、古代和古典时期的形而上学、现当代形而上学、希腊或拉丁语等古代语言、当代哲学研究、企业理论、方法学研究、艺术哲学、性别理念、古代神话、古希腊语和拉丁语拓展训练、科学史与科技哲学、社会和政治哲学、环境伦理学和环境哲学、逻辑学、心理学与哲学、修辞学等。

除了巴黎第十大学,巴黎第七大学同样把哲学的基础性作用充分体现了出来。在这所学校一共开设三大专业领域,分别是:艺术、文学、语言学领域,人文、社会科学领域,科学、技术领域。其中,艺术、文学、语言学领域中设立了批判理论专业,而人文、社会科学领域中设立了哲学专业。从具体课程来看,这些专业都设立了一些相近的课程,比如哲学概论、哲学史、科技哲学等。另一所公立综合性大学洛林大学也把哲学作为本科生的一项重要课程,尤其注重科学哲学的教育。在洛林大学的知识、语言、交往和社会研究领域,还专门设置了"科学、哲学史联合研究院"以及"庞加莱档案馆",专门研究历史学、美学、历史哲学、形而上学、认识论等,并充分注重将研究成果运用到教学中,形成良好的教研推动机制。

总体来说,法国的哲学通识教育相较英、德更加注重哲学的基础性作用,这种基础性既体现在与其他学科,特别是与科学技术的结合上,也体现在对学生的早期培养上。从之前的分析可以看出,法国高校的哲学通识教育不论是门类还是占学分的比重,都与英、德有很大区别。这并不意味着法国对哲学教育的重视程度不如英、德,相反,正是因为在学生学习初期,法国就已经开始对学生进行系统的哲学教育,甚至将之作为高等学校录取的重要依据,使得高校对本科生的教育模式从知识传授转变成为理论应用,更加彻底地实现了哲学解释现实、指导现实的功能。

第三节　欧洲哲学通识教育的特征与启示

欧洲哲学通识教育拥有悠久的历史,并且凭借传统的哲学根基,成为当今世界哲学通识教育系统最为完善的教学体系之一。经过几千年的发展,欧洲哲学和哲学通识教育始终与时代同步,在此过程中既有古希腊和近现代的光明时期,同样也有中世纪的停滞时期。这一漫长而曲折的阶段为我们探讨哲学通识教育课程发展机制留下了足够的反思空间。

1. 欧洲哲学通识教育的特征

欧洲哲学通识教育发展至今,可以说已成为世界哲学通识教育的重要参照,引得其他国家和地区争相借鉴、效仿。但不论如何将这一课程同质化,欧洲哲学通识教育始终存在着一些特质,得以在世界范围中长期产生重要影响。第一,欧洲哲学通识教育有着深厚的理念渊源,具有优越的办学优势。古希腊哲学成为欧洲乃至世界哲学通识教育的主要理论根源之一。古希腊哲学不仅仅为人类留下了无尽的理论宝藏,也为后世的教育体制进行了科学而基础性的设想,并进行了有益尝试。尽管现今人文、科学技术已经有了翻天覆地的变化,欧洲哲学教育体制也经历了一次又一次的重建、改善,但其不论从理论上还是从体制上始终与古希腊哲学保持着千丝万缕的联系。

第二,在具有相同历史渊源的同时,欧洲哲学通识教育模式呈现出多样化特征。就欧洲哲学通识教育的发展道路来看,当亚里士多德的"博雅学艺"、"自由人学科"理念在希腊得到了初步实现时,通识教育的源头就此在欧洲形成。随着欧洲各国发展道路的多元化,欧洲教育也呈现出明显的分化。特别是工业革命的到来,使得欧洲各个国家的发展呈现出不同的形态和水平。由此,通识教育体制也随之差异化,到了19世纪时,这种差异化伴随着各国政治体制的大相径庭而达到顶峰。尽管第二次世界大战后,在一体化背景之下,欧洲各主要国家的制度越来越相似,但是,欧洲高校的治学理念的差异成为教育多元化的最主要因素。由此,可以预见的是,欧洲哲学通识教育的多元化发展将越来越取决于各个高校文化的影响,而不是社会的整体性文化的影响。

第三,教学内涵发展始终保持与当代社会发展同步。事实上,近现代欧洲哲学通识教育的多样化发展正是以"自由"精神为目标的高校追逐自身价值、自由选择发展理念的结果。社会发展的日新月异,使高校获得了将社会现实与各自不同的治校理念进行特色化结合的契机。每一次工业革命的出现,不仅仅会给社会生产和生活带来深远影响,同样,也会给高校带来巨大的学科推动作用。充分与社会互动,吸收社会最新发展成果,已经成为高校和通识教育机制遵守的一项重要原则。同时,不同学科之间的交叉,特别是人文科学与自然科学的结合,成为高校学科创新依据的一项重要原则和方法。因此,哲学通识教育必将随着社会的发展展现出更加丰富的形态和方式。

2. 欧洲哲学通识教育的启示

欧洲哲学通识教育拥有丰厚的思想理论积淀,成熟的课程设置体系,先进的开设理念。可以说,欧洲哲学通识教育已经成为世界教育体制中一项重要的参考标准,它对于世界其他地方的相关课程建设具有重要的借鉴意义。对于当下中国哲学通识教育来说,也正经历着一场深刻的教学变革,这种改革为哲学通识教育的发展提供了优越的制度空间和实践平台,使得我们可以放开手脚、大胆改革,并在实践中检验理论、深化认识,从而在我们究竟应当提供什么样的哲学通识教育这个问题上,形成了一些更加符合人才培养模式创新需要的具体认识。那么,正在经历重要变革的中国哲学通识教育,可以从欧洲体系中获取哪些启示呢?

第一,我们应当充分发掘本国的优秀传统文化,形成具有中国特色、中国气派的哲学通识教育体系。中国与古希腊同样拥有悠久的历史,也创造出了灿烂、丰富的文明。在古代中国,历代先贤们提出的富有深意和创新的教育思想无疑是当今我国哲学通识教育界亟待重视的宝库。尽管这些思想中有些已经在现有的教育机制中得到了充分重视和应用,但更多的理念尚以文字的形式停留在经典之中,等着我们去发掘。事实上,中国古代一些教育思想与西方高度共通,比如孔子以"文、行、忠、信"四字对教育内容的概括,"礼、乐、射、御、书、数"的"六艺",孟子强调教育的社会作用是"行仁政、得民心"的德行思想,荀子的教育应当起到"化性起伪"的功用等,与欧洲前期哲学通识教育思想不谋而合。由此,中国哲学通识教育同样具有丰富的理论渊源支撑,完全能够依靠丰富完备的历史理论资源自成一体。

第二,要充分尊重哲学通识教育的多元化需求。中国历史不乏思想多元的发展时期,就是这些时期,为中国文化和教育的发展提供了巨大的动力和契机,进而推动整个民族共同创造了辉煌的成果,并产生了重大的地区和世界性影响。在当代中国,随着社会市场的不断发展,学生的多元化教育需求已经愈加明显。中国教育已不再局限于培养统一化的人才,这对哲学通识教育提出了更高要求。纵观当今欧洲通识教育,不同地区、不同高校开设方式均不同。这既体现了对文化多元性的尊重,同样也是发挥各自办学优势、推动教学目标得到更好落实的需要。因此,哲学通识教育的开设要依据不同高校的特色,有针对性地计划、开展,以使哲学通识教育的价值得到更好实现。

第三,要不断吸收新的理论成果,与当代中国的社会发展现实相对接。与时代同步,是高校不与社会脱节的重要保证,也是培养面向未来的高等人才的基本要求。当前中国发展日新月异,社会形态不断更新,哲学和中国特色社会主义的理论内涵不断丰富,对高校教师和学生提出了更高要求。我们应当从哲学通识教育的基本作用出发,利用这一课程的专业特点,让教育政策和理念形成"制定、设想—实施—回馈、完善"的良性循环,将中国哲学通识教育课程的设置初衷做实,并使之成为推动中国高等教育、科研质量不断发展的基础性力量,在培育有思想、有时代感的学生过程中发挥更大作用。

第六章　日本、香港、台湾哲学通识教育的历史与实践研究

综观东亚现代大学的通识教育推行现状,日本、香港、台湾的通识教育在其中占据着重要位置,无论在实行通识教育的历史方面,还是在通识教育的实践方面都具有它们独有的特点。由于这三地与我国都有着特殊且复杂的历史渊源、文化背景,更加增添了它们对我国通识教育的可借鉴性。因此,从它们的哲学通识教育历史出发,对其所推行的哲学通识教育的异同点进行分析,并通过对具体的高校详析,研究它们的现状与特点,可以为我国哲学通识教育探寻可行的新路径。

第一节　日本高校哲学通识教育概览

日本的近现代高等教育在亚洲一直处于领先地位,其通识教育(在日本被普遍称为“教养教育”或“一般教育”)的理念与实践更是经历了数轮变革。而哲学通识教育作为通识教育中人文科学领域的重要组成部分,在日本通识教育的发展进程中占据着重要地

位。日本与我国同处于东亚地区，在历史上有着密切的文化交流，其文化、思想、社会生活等与我国较为接近，且日本大学在成立之初也与我国大学较为相似，均以国立大学为主，实行中央集权的行政教育管理方式。此外，日本战后的社会发展历程与我国也较为一致，同样经历过经济高速发展时期，高校也面临过办学自主权的不断下放过程。同时，不管是日本还是我国，通识教育都是"舶来品"，同样需要进行"本土化"的探索与实践。因此，日本经过战后60余年的通识教育探索所总结出的与哲学通识教育发展相关的理论与实践经验，对于有着众多相似之处的中国来说，应当可资借鉴与学习。

1. 日本高校哲学通识教育历史概况

日本有很长的通识教育历史，最初的日本教养教育可以追溯至明治维新之前的幕府末期，当时有很多开明的藩主在领地内兴办藩校、私塾等，既讲授西洋知识和兵法，也传授汉文经典，主要包括汉文经史子集等。这是哲学通识教育最初的体现。明治维新期间，日本政府一方面为了尽快完成国家现代化的转变，普遍推行实用性的职业教育，为国家培养大量的军事、科技人才；另一方面为平衡西方思想和文化对日本社会的过度冲击，避免日本君主政体受到反噬，推"德育"，学生从小开始，不论学习人文或是理工，都必须进行"修身"学习，即学习哲学、伦理、历史、文化等人文课程。虽然这是一种以服务政治为主旨的旧式日本通识教育，但至此不论是西方哲学思想或是中国哲学思想都在日本教养教育中凸显其重要性。

在第二次世界大战战败后，日本的高等教育体系在美国教育使节团的指导下进行了彻底改造，日本高等教育全面照搬美国式的"一般教育"。当时的日本知识精英想依照"哈佛红皮书"所倡导的"民主社会的一般教育"来重塑国民精神,试图经由美国的自由教育理念和做法来推进日本教育的现代化并在此基础上重建现代化国家。但是这种体系没有对日本的政治和文化特点进行分析,也没有对已有的教养教育的成就加以重视,再加上战后日本产业的飞速发展,迫使高校几乎都优先安排对学生就业有直接帮助的课程,这在客观上使得学生在大学期间没有足够的时间来学习专业课程之外的教养教育内容。这种现象直至 1991 年,日本政府颁布了"大学设置基准大纲"(史称"大纲化")后才有所好转。"大纲化"的主要内容是废除通识教育和专业教育之间的区分,打破通识课程内部各学科间的划分,各大学可以根据自身实际情况合理调整所开设的课程。以此为契机,日本众多大学都开始进行教学课程、教学方法等方面的改革,十年中几乎所有大学都建立了一个校级统筹机构专门负责通识教育的管理,以此全力发展通识教育。当然在此期间,哲学通识教育的发展也不例外。美国教育使节团的顾问们曾特别强调人文主义课程观对大学教育的意义。"人文科学是指哲学、宗教、文学、美术等,它们是对展现人类对真、善、美认识进行研究的科学……伟大的伦理、宗教的教义和优秀的艺术作品都是能够超越任何时代的不变的东西……人文科学对过去的研究是最为根本和重要的。"①大纲化后的几十年,日本高等教育界也从未停止过对通识教育的反思与改革。从 2006 年 12 月日本第 165 届国会(临时会议)通过的新《教育基本法》中关于教育目的和理念的描述便可看出"教育必须以完整人格为目标,要培养热爱真理和正义、尊重个人价值、注重勤劳和责任、充满自主精神以及

---

① [日]Thomas H. Mc Grail:"新制大学と一般教育",《大学基準協会報》,1947 (2)。

身心健康的国民，使之成为和平国家及社会的缔造者"①。

2. 日本高校哲学通识教育个案分析

（1）东京大学

东京大学始建于 1877 年，是日本近代高等教育的起点，最初设有文学、理学、法学三个学院，经过近 140 年的发展，现已成为全世界学科门类最为齐全的一流综合性大学之一。

东京大学本科教育最具特色的是学生在高考填报志愿时不必急于填报具体的院系和专业，入学后统一在教养学院（部）进行两年的前期通识教育学习，后期再根据学生的意向和成绩分流到各个院系，进行完备的专业教育培养。这样的"升学分科"理念是"具有纠正现代性偏误的性质，也同样体现出了教育选拔的古典智慧。首先现代大学的各种专业虽然理论上地位平等，但其毕业生的社会地位、社会影响力等实际差别很大。以东大来说，文科的法学院被誉为'国家官僚的摇篮'，经济学院毕业生的收入也相对文学院、教育学院的高一些。从统计学上看，这些将来更有地位、更多地掌握社会资源的专业自然更热门、竞争更激烈。假设这场竞争发生在考大学的时候，其选拔的依据是以智育和知识为主的语文、数学、外语等各科高考成绩，而这次竞争发生在大学二年级的'升学分科'的话，其选拔就变成了在一定高智力水平的前提下，以教养教育的成绩为主要依据。两者相较，因为选拔的是将来可能更有地位、更多地掌握社会资源的阶层，依据教养课程学习水平就显得更符合教育理念。当然前提是教养教育确实做到了不停留在知识的教授，而能养成志向、人格、智慧、见识等这些精英教育的

---

① 东北师范大学国际与比较教育研究所张德伟教授根据日本《教职研修》杂志 2007 年第 2 期刊登的法律文本翻译而成。

目标"①。东京大学的教养学院自 1949 年设立以来,经历了多次的教学改革,但是新生入学的前两年所接受的通识教育培养模式始终未曾改变过。2013 年 7 月,东京大学校长滨田纯一发布了"为了回应学生和社会的期待,在国际竞争计划中保有世界一流的存在感"的"本科教育综合改革计划"②,进一步改革教养(通识)教育的目的是为了培养"在任何情况下都能独立自主、主动思考,且坚持不懈地付诸行动,具有国际视野、社会责任感、宏观判断力,在不断变化的 20 世纪保有强劲竞争力的平民精英"③。

前期课程阶段教养学院会通过"基础科目"、"扩展科目"和"综合科目"三部分为每年新入学的两千余名本科生构建起一套丰富的通识课程体系。其中,"基础科目"为专业基础课程以及外语、计算机和体育等一般通修课程;"扩展科目"为互动研讨型课程;"综合科目"为通识课程主体,每学期一般会开出 500 门左右的 2 分课程,共包括"思想与艺术、国际与地域、社会与制度、人类与环境、物质与生命、数理与信息"六个门类。这两类科目是前期课程阶段的主要内容,由教养学部的教师担任教学,而扩展课程的开放式研讨课程则由全校各学院、研究所的教授专家进行授课。学生在教养学院所必需修得的前期课程学分约占学士学位总学分的 50%。东京大学的通识教育不仅限于课题授课,形式多样、内容丰富的社团、读书会、文化活动等第二课堂都使得在校学生能够更好地融入

---

① 陆一:《教养与文明》,生活・读书・新知三联书店出版社 2012 年版,第 251—252 页。

② [日]濱田純一:総長メッセージ「総合的な教育改革」の重要な段階を迎えて,東京:東京大学,2013:pp. 1—15。

③ [日]東京大学:学部教育の総合的について——ワールドクラスの大学教育の実現のために,東京:東京大学,2013 - 6 - 13。

到通识教育的学习中。

东京大学所涵盖的哲学通识教育主要包括：在基础科目中，针对文科生开设了哲学和伦理学两大类课程；在综合科目中，涉及了思想与艺术、人类与环境两个课程群方面，针对全校开设了科学哲学、当代思想、数理逻辑等多类别的哲学课程组，其中因为文理科的性质不同，将数理逻辑课程进行了文科生和理科生的细分。在扩展科目中，通过小班研讨的形式，增加教师与学生之间的积极互动，共同探讨研究哲学思想（详见表6-1）。

表6-1　东京大学教养学院前期课程教学计划
中涉及哲学通识教育的课程

通识教育核心课程群	课程类别	课程组名称
基础科目	人文科学（文科生）	哲学Ⅰ
		哲学Ⅱ
		伦理学Ⅰ
		伦理学Ⅱ
扩展科目	人文科学研讨课	哲学史
综合科目——思想与艺术（A）	现代哲学	现代科学哲学
		现代思想
		数理逻辑学Ⅰ（文科生）
		数理逻辑学Ⅰ（理科生）
		数理逻辑学Ⅱ
		精神分析学
综合科目——人类与环境（D）	科学技术与逻辑	现代伦理

数据来源：东京大学教养学部开设科目一览（カリキュラム）
http://www. c. u-tokyo. ac. jp/info/academics/zenki/curriculum/index. html.

从东京大学的哲学通识课程设计中可以看出,作为人文课程,哲学通识教育在东京大学的通识课程中占有绝对的份额。让学生学习哲学通识课程的目的在于开阔学生的知识视野,培养学生的逻辑思维能力,使学生能够将哲学的知识灵活运用到不同的学科专业中去,进而更好地提高学生的综合素质。如同东京大学第一任教养学院院长矢内原忠雄所说的那样,通识教育的目的不仅是为学生将来细致具体的专业学习打下基础,使学生掌握所必备的全面、均衡的知识,其更重要的是,要引导学生养成永无止境地追求真理的精神,而这种精神正是教养学院存在的意义。

值得一提的是,在 2006 年,东京大学与南京大学建立了"合作课程",课程主要围绕东京大学教养学部的"表象文化论"国际化经典课程展开,至今已开设十余年。课程面向全校同学开放,课程旨在引导学生对具有普遍性和实践性的文化"表象"问题进行深入的认识与思考,激发学生的求知欲,提高其思考水平和批判能力。课程内容重点考察表象行为空间的生成与构造,涉及文化生产、艺术管理、文化制度等丰富多彩的实践性课题。将抽象的哲学内容具化,与不同领域的知识进行交叉,为学生提供多元的文化知识,保证了哲学通识教育的顺利开展。

"合作课程"每年都围绕不同的主题,邀请来自东京大学的一流师资集中讲授,近年已经开展的主题有"记忆与记录"、"身体论"、"变形"、"水"、"排泄"等(详见表6-2)。

表6-2 2006—2015年"南京大学—东京大学集中讲义项目"历届主题

年份	主题
2006—2009	文化表象论
2010	身体论

（续表）

年份	主题
2011	记忆与记录
2012	变形
2013	水
2014	排泄
2015	镜

数据来源：南京大学教务处网站 http://jw.nju.edu.cn。

（2）京都大学

京都大学始建于 1897 年。作为日本设立的第二所旧制帝国大学，京都大学是世界级顶尖研究型国立综合大学之一。

京都大学在"大纲化"后废除了教养学部，将通识课程改为"全校共通课程"，原则上面向全校同学开放，其通识课程的设计模式与东京大学截然不同。京都大学本科四年不分阶段，本科人才培养主体在于院系专业，需要何种程度和选修比例的通识课程并未在全校进行统一，而是根据各院系专业以及授课教师来具体决定。

京都大学的通识课程主要分为八大课程组，分别是人文与社会科学课程组、自然科学课程组、外语课程组、情报信息课程组、健康与运动课程组、职业规划指导课程组、综合科学课程组以及小班教学课程组。[①] 课程组的分类更具有引导性，每个课程组都会进行结构化的细分，并对课程名称加以不同的后缀，同时，还利用互联网向学生提供详细的课程组开设目的和具体课程大纲，使学生

---

① 关于京都大学的通识课程，请参见：http://www.z.k.kyoto-u.ac.jp/zenkyo/list。

更加直观地了解修读每门课程的要求,有所依据地理性选课。

京都大学的哲学通识教育从属于人文与社会科学课程组,主要开设有哲学基础文化学、亚洲哲学入门分析、西方古代哲学史、西方中世纪哲学史、西方近代哲学史、日本哲学史、伦理学、宗教学、基督教学和美学等系列课程,①此外还包括形式多样的各类研讨课程和名家讲座等。所开设的哲学通识课程主要通过基础哲学理论知识的教授,培养学生的逻辑思维能力,激发学生的好奇心、探究精神和独立思考的能力。

(3)筑波大学

筑波大学是日本最古老的大学之一,其前身是 1872 年创立的东京师范学校,后于 1949 年实行新学制而改名为东京教育大学,1973 年由东京迁至茨木县筑波地区后更名为现名。

筑波大学舍弃了一般大学传统的学科专业体系,将教学和科研分开,设置了学群、学类、学系三种新型的组织机构。学群是筑波大学本科阶段的教学组织,各类课程属于学群组织;学类是专业院系组织,学生属于学类组织;学系是研究组织,教师属于学系组织。这三种组织相互交叉,即学生可以在各类学群中选择修读课程,教师可以选择不同学群中的科目,接触并教授不同学类的学生。这种组织结构有效消除了通识教育与专业教育之间一直存有的对立,也瓦解了各学科间的壁垒,更有利于调动全体教师共同承担通识教育课程。

筑波大学的学群建立在比专业更为基础的学科平台上,可以有效地将若干相关专业领域相互综合。哲学通识教育在筑波大学

---

① 关于京都大学的通识课程,请参见:https://www.bun.kyoto-u.ac.jp/for_students/student_index/。

的"全学群"板块中,虽然课程名称统称为"哲学概论",但每学期细分为4门课程,针对全校学生、理工与艺术类学生、体育类学生等,分别由不同的任课教师讲授深浅有别的哲学相关知识。[①]

筑波大学的哲学通识课程量少却质精,让学生在接触哲学学习后扩宽了对人生价值思考的路径,提升了思考问题的自发力,从而增强了学生对各类学术的研究兴趣,使得其所学通识教育与专业教育能够相互融通。

3. 日本高校哲学通识教育的意义

日本高校数十年的通识教育发展历程说明,高校通识教育的意义不仅在于平衡专业教育的权重,高校通识教育的水平也将极大地影响一流大学培养杰出人才的水平,进而影响国家在国际上的竞争能力。其中,尤以哲学通识教育是发展通识教育所不可缺少的重要部分,其所具有的极强的主观性和思辨性对人才的培养和国际竞争力的提升具有至关重要的作用,此点从日本战前和战后的教育影响对比中可以明确看出。日本战前的旧制高等教育充斥着浓厚的国家主义色彩,盲目强调本国国体和国民优越性,倡导国粹主义思想,并且在封建意识影响下,"天皇至上"的军国主义思想统治着整个日本社会,森严的等级观念彻底否认了个人存在的价值。日本战后,反战思想深入民心,民主主义的思想影响逐渐壮大。作为未来国家支柱和希望的高校大学生,是整个社会价值观念中具有超前性和先导性的价值群体,对大学生价值观的正确引导与教育是高校教育的重要环节。由于日本高校并没有思想教育类的专门课程,因此"反战与和平"成为通识教育的主旋律,哲学通识教育便是其中的重要组成部分。通过对哲学通识课程的学习,

---

① 参见 https://www.tsukuba.ac.jp/education/ug-courses/。

"和平发展"的理念得到了进一步的巩固,战争强国的固有错误逐渐被摒弃,日本社会开始注重与他国建立良性交往,国家的综合实力也得到了进一步提升。

其次,现代日本强调教育以人格的完整为目的,主张用通识教育培养见闻广博、贯通中西的通才,让学生学会如何做"人"。这恰是哲学通识教育的题中应有之义,这从上述三所日本典型大学——东京大学、京都大学以及筑波大学倡导的哲学通识教育理念、开设的具体哲学通识课程和学生在哲学通识教育中的获益中都得到了充分的佐证。日本的大学期望学生通过学习适当的哲学通识教育,提升每位学生的生命层次,确立民主主义意识,促进学生对人生意义、人生价值的自觉追求,进而提高他们的精神境界,强调其个人的价值与存在,最终实现真实的自我。

再次,日本大学的哲学通识教育还具有其本土的特点。虽然日本的通识教育是在美国的帮助下建立起来的,但并未生硬地照搬照抄,不同的日本大学有着自己独有的通识教育体系,如东京大学的教养学部通识教育、京都大学的全校共通通识教育、筑波大学的学群通识教育、广岛大学的主题 Package 通识教育,等等,均有独特之处。日本的通识教育主张人的真实存在,包括从客体的存在到社会的存在,再到文化的存在,因此寻求人性的完整成为日本高等教育的最终目的。这是日本通识教育设置的根本,更是哲学通识教育在日本高等教育中得以发挥其重要作用的根本。

此外,全球视野的培养也是日本大学通识教育的特点。在不同的文化空间下,客体的存在是多元的,因此,作为多样化、全球化的哲学通识教育涵盖了各种不同文化空间下产生的知识基础。

第二节 香港高校哲学通识教育概览

在 21 世纪变迁的巨流中,香港的高校与世界其他重要高校一样,也进行了不同程度的教育改革。面对新时代多元化的新格局,香港的高校无论在实行哲学通识教育的历史方面,还是在哲学通识教育的实践方面,都已成为亚洲地区的典范。香港与内地血脉相承,而且是我国率先推进现代化的窗口,所以香港的经济、政治、教育等方面都有值得我们关注的焦点。从教育的视角来看,香港高等教育近年来所取得的成就是我们有目共睹的。香港高校的哲学通识教育为我国大学通识教育树立了典范,对其进行研究,对于我们推动高等教育的改革,平衡哲学在通识教育中的作用都具有积极的意义。

1. 香港高校哲学通识教育历史概况

从 19 世纪至 20 世纪 50 年代以来,香港已发展成为一个物质文明高度发展的现代化大都会,但在精神文化方面丧失了许多重要的价值观念,且人文精神淡漠。在强调效益的经济型社会中,各行各业的分工不断细化,对专才的需要也相应增加,大学逐渐沦为"职业培训所"[①],各学科间的鸿沟进一步显现,学术、知识不再是一个整体,本科生对主修以外的科目几乎一无所知,一旦面对本科学习以外的问题就会显得手足无措。他们也更加不再追问人生的意义、价值与目的,大学对于他们而言仅仅是事业的垫脚石,个人的全面发展也已被完全忽略。这些都愈发加剧了香港社会矛盾的不断累积,成为制约香港社会向更高层次发展的重要因素,此时香

---

① 熊思东等:《通识教育与大学:中国的探索》,科学出版社 2010 年版,第 181 页。

港大学教育的权威性又一次受到了质疑。于是,如何探索出一套科学的人才发展战略,以此来保证香港社会的繁荣稳定的任务自然就落到了大学的头上,大学成了担负起解决困难重任的主体。而旨在培养"健全人格、崇高精神"的哲学通识教育正符合这一时代的发展要求。

香港各大学发展通识教育的历史长短不一,有的在创校之初便有规划,且随着大学的发展而不断加以调整和落实;有的在创校之初并未将通识教育纳入大学课程设计中,后来由于学校的发展定位发生转变或者专业教育的弊端不断浮现,才逐渐意识到通识教育的重要并加以规划设计。虽然各个大学发展通识教育的过程各异,但时至今日,它们对通识教育,尤其是哲学通识教育的重视却近乎一致。香港各大学在现今的国际化进程中已经逐渐认识到,努力转变教育的实用价值和功利目的等弊端,需要更加重视对哲学通识教育的规划与发展。

香港高校一直以来大力推行通识教育的目的不仅是为了传播知识本身,更重要的是要传承与传递通识课程的知识中所包含的崇高精神和优秀思想。他们较为强调古今中西文化的沟通和整合,注重中国传统文化的传承,而这些内容都内含于哲学通识教育之中。

哲学在现代文明意识形态中得以发展和延续,并随着人文、社会学科话语权的逐步扩大完成了对中西学问的共同驾驭。哲学通识教育作为香港高校通识教育的重要组成部分,主旨在于提高学生的人文素养。

当代的香港大学生是在科学主义盛行、同时充斥着专业教育与应试教育的背景下成长起来的,他们当中好些人学业精专,热衷于各类证书考试,但实际上缺乏对人生理想的追求,在校对学习所表现的极大热情背后实际上仅是对金钱利益的追逐。有些大学生甚至在经济利益的驱使下,成为只懂谋生的机器,完全丧失了对精神的追求和固有灵魂的守护。他们知道要为自己的生活目标而奋斗,却不知道人生的真正意义为何物。这种消极现象产生的最大根源是人文教育的缺失,而哲学通识教育就是为了弥补这一缺陷所产生的。香港高等教育界已充分认识到人文科学不仅仅是一种知识的体系,它所提倡的人文学术和人文精神是能激发人们去求善、求美的伦理价值体系,对于现代社会精神危机的缓解有着立竿见影的功效。为达到提高学生人文素养的目的,香港高校在哲学通识教育的基本内容选择上非常重视多元文化教育,既有对中国文化的研习,也有对西方文化的探究,种类丰富,为学校不同专业和不同兴趣的学生提供了可供选择的空间,这些多元化、跨文化的人文教育大大地激发了学生的求知兴趣。

2. 香港高校哲学通识教育个案分析

（1）香港中文大学

香港中文大学自1963年成立伊始,一直将通识教育作为学校发展的一个重要的基本方向,并根据学校自身的历史特点及香港经济、社会等层面需求的变化,不断对通识教育的目标、措施和教育方式等进行不同程度调整。迄今为止,香港中文大学已完成了五个阶段的改革调整。

"香港中文大学自创校以来,即承认通识教育的价值,并且特别把通识教育的责任赋予各个书院。"[①]香港中文大学共有九大书院,各个书院的教育理念和发展目标都存有一定程度的差异,因此制定通识教育的相关制度和措施也不尽相同。大学学院和书院共

---

① 金耀基:《大学之理念》,生活·读书·新知三联书店2001年版,第60页。

同提供学校通识课程,其中大学学院提供的通识课程主要以满足学生对各方面知识的需求为目的来设计开设,而书院则是根据其传统特色和学生需求来开设课程,其提供的通识课程主要目的是帮助学生更快更好地融入大学生活,同时让学生扩充本专业之外的知识内容。

香港中文大学的大学通识课程包括通识基础课程、通识教育"范围"课程和领袖培育课程(具体详见表6-3)。

表6-3 香港中文大学通识教育构成图(*标识与哲学通识教育相关)

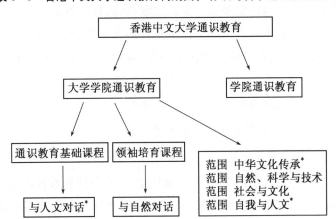

数据来源:香港中文大学通识教育课程设计 http://www5.cuhk.edu.hk/oge/index.php/tc/2011-06-24-02-56-10/why-ge-ch。

其中涉及的哲学通识课程首先包括通识基础课程中的"与人文对话"课程。这类课程主要通过让学生阅读古代中西方的经典文献来尝试理解与看待现在的生活与社会,获得以古论今的成效。在香港中文大学的课程大纲中明确了学生修完这类课程所应达到的五个学习成果:"第一,对于造就了当代美好人生、理想社会观点的主要思想有所认识;第二,无惧接触人文学科原典,对于阅读、对于讨论更具自信；第三，能多角度评估达致美好人生、理想社会的门径进路；第四，能将经典展现的议论和看法，与当代人类处境联系贯通；第五，能欣赏纷纭不同的价值观，建立自己对美好人生和社会的看法。"①"与人文对话"由上、下两册构成，主要分为三个部分，分别是自我与人的潜力、信仰与人的限制和建制中的自我。文献涵盖了中西方各个时期的哲学思想。第一部分中有荷马的《奥德赛》节录、柏拉图的《会饮篇》、亚里士多德的《尼各马可伦理学》节录、《论语》节录和《庄子》节录；第二部分中有一行禅师的《般若之心》、《圣经》节录和《古兰经》节录；第三部分中有黄宗羲的《明夷待访录》节录、卢梭的《社会契约论》节录、亚当·斯密的《国富论》节录和马克思的《1844 年经济学手稿》节录。

其次，在通识教育"范围"课程中也有涉及哲学通识教育的课程，主要集中在"中华文化传承"、"自我与人文"两部分中。主要开设课程有：中国文化及其哲学、哲学与现代问题、哲学与人生、中国文化导论、逻辑与辩论、批判思考、中国哲学主流思想、哲学与生活之道、心灵、人脑与人工智能等②系列课程。学生通过对这些课程的修读，从中体会历代先哲思想与现代社会的关联，理解价值观的多样性，并在理性思考后做出有根据的判断。当然，哲学通识教育在领袖培育课程中也是不可或缺的。

在香港中文大学的书院通识教育中，不论是侧重于文史哲与中国文化的新亚书院，还是发扬基督教义、偏重西方文化的崇基书

---

① 香港中文大学：《通识教育基础课程"与人文对话"预期学习成果》，请参见：http://www5.cuhk.edu.hk/oge/index.php/tc/2011 - 06 - 22 - 08 - 12 - 12/2011 - 07 - 22 - 02 - 18 - 39。

② 参见香港中文大学哲学系科目表"大学通识"：http://phil.arts.cuhk.edu.hk/web/geCourseListing.php? mid＝22 - 24。

院,都在学院内开设一些与哲学相关联的通识课程,将哲学、宗教、历史、文化与社会等相互融合。而在授课形式上,书院通识教育也并不拘泥于普通的教师授课学生听课的一般课堂形式,而是辅加了一些讲座、研讨会、座谈会、沙龙等特色的课程形式。

学习香港中文大学的哲学通识课程不需要有特别的专业背景,反而哲学专业的学生会被限制不能去选修一些哲学通识课程,这便保证了学生在非本专业的更大范围内选择学习内容的自主性。每位学生可以结合自己的特点和发展规划进行选择性学习,使得通识教育更加具有普遍性与特殊性。

香港中文大学的哲学通识课程贯穿于学院通识课程和书院通识课程之中,其中值得一提的是,在设计"与人文对话"课程时,教师尤为注重引导学生阅读一手原著资料,以期让学生从第一手的原著阅读中引发对于人生或者世界的思考,而不再只是关注他人对原著研究的二手资料。对经典原著的阅读,能够培养学生广博的文化修养,激发学生对于学术研究的创新性潜能。

(2) 岭南大学

1888 年创建于广州的岭南大学是以本科教育为重点的教学型大学,其一直奉行着西方经典的博雅教育理念,专注于人文社会科学。1980 年代的陈佐舜校长原为香港中文大学崇基学院院长,后任岭南学院校长后继续以弘扬中华传统文化为学校发展主线,主张将博大精深的中国文化与西方的文化精华相互贯通并加以整合,不断推进通识教育,并设计了一套系统完善的通识教育课程体系。其课程在吸取香港中文大学经验的基础上,设计了分属三个范畴的内容:第一类是理性思考,包含"思考方法"、"逻辑与科学方法导论"、"知识与理解"、"科学观念与用途"等课程科目,旨在提高学生的认知和判断能力;第二类是社会与价值,含"社会与政治哲学”、"社会伦理学"、"科技与人文价值"、"法律与社会"、"全球性问题与世界公民意识"等科目,旨在训练学生正确认识自己,认识自己与他人、社会、甚至整个世界的关系;第三类是文化与理想,含"比较宗教"、"比较文化"、"中国现代化探讨"、"美学"等科目,旨在发展健全人性。

可以看出,岭南大学哲学通识课程始终贯穿于三类通识课程之中,以期培养学生的智慧和创造力。学生在学习哲学通识课程时,可以用哲学的视角理清为人处世等多方面的观点,强化理性判断能力,建立较为完整的价值观。

(3) 香港浸会大学

香港浸会大学创立于 1956 年,这所具有基督教教育传统的研究型综合大学与香港大学并列为香港历史最为悠久的两所高等学府。香港浸会大学结合自身拥有宗教教育背景的特点,将宗教研究与通识教育相互结合,自 1983 年开始推行"全人教育"的办学理念,之后经过多次调整改革,于 1998 年全面推行博雅与专业均衡的大学通识教育体系,由不同的院系共同承担开设各类通识课程。

因为香港浸会大学拥有特殊的宗教背景,所以宗教及哲学知识在通识教育中具有极其重要的意义,同时宗教与哲学系也承担着比一般学科专业要求更为严格的通识课程教育任务。为培养学生拥有正确认识世界、勤于思考生活的意义与价值的能力,宗教与哲学系共开设了近 20 门哲学通识教育课程,具体包括:基督教信仰与人文价值、幸福人生,老子与庄子,道教、禅宗与个人自由,当代香港伦理问题研究,自由与现代社会,全球化与伦理,宗教价值与大众文化,中国宗教智慧等。[①] 这些哲学通识课程的开设,在培

---

① 关于香港浸会大学通识教育请参见:http://ge.hkbu.edu.hk/courses/gcvm/。

养学生自身的发展和独立思考的能力、确立学生个人的宗教或哲学立场、寻找个人与当下全球社会文化的关联、增强对道德伦理观的思考等方面都发挥了无可替代的作用。浸会大学开展通识教育实质上是反对将教育工具化，为的是大力弘扬人的主体自由性，哲学通识教育的存在正是将这一社会现实意义落在了教育实处。

3. 香港高校哲学通识教育的反思

香港各大学属于较早开设通识教育的高校，经过数十年的发展变化，香港整体的通识教育体系已经相对比较成熟。观其特点，其巧妙之处在于将中国文化知识与西方文化知识融会贯通，并切实运用到哲学通识课程教学中，对学生的培养起了相当重要的作用。哲学通识教育在香港高校的通识教育中占有重要地位，按照当前国内的学科分类体系，哲学拥有 8 个二级学科，仅以香港中文大学为例进行比较，可以看出其开设的哲学通识课程已完全涵盖了 8 个二级学科的所有内容，这也足以显示相关高校对哲学通识教育的重视。

人本主义的哲学通识教育代表了香港高校对人文精神的重视。对人自身的关怀，对物化工具性人的批判，对过度理性主义的挑战，推崇人的全面发展的思想等，都可以从香港高校的哲学通识教育中梳理出来。

但是长期的殖民地统治严重阻碍了香港社会主流价值观的确立，虽然在香港回归的大背景下，香港高校非常重视对中国传统文化的传承，努力重塑着被分离割裂许久的文化身份，可是仅通过开设"研读中国经典哲学类原著"类课程的方式，显然是远远不够的。

香港高校只有积极探索更新教育方案，牢固树立国家认同感，设计出符合香港本土化的人才培养模式，才可能在较短时间内真正从"中西夹缝"中脱离。积极引导在校学生树立起"作为一个中国人才能成为'受到其他民族国家地区的人所尊重的'现代人,真正成为一个具有中国灵魂的中国人"的正面意识,对于当下香港的哲学通识教育发展至关重要。

第三节　台湾高校哲学通识教育概览

台湾在取得经济高速发展的同时,其高等教育也迅速壮大,但高校教育的功利化、学生知识面的狭隘等一系列问题日益凸显,严重限制了台湾社会的发展。故此台湾各高校开始了长达半个多世纪的通识教育探索和改革。在借鉴学习美国、日本等西方国家成功经验的基础上,在台湾的学者、高校与有关当局的共同努力推动下,台湾通识教育迅速发展成形。由于台湾与大陆的文化传统有着天然的共通性,且一同面临着全球化发展的各类挑战,同时更肩负着向全世界传扬中华文化的神圣使命,故此回顾和评析起步较早的台湾哲学通识教育,是极具意义的。

1. 台湾高校哲学通识教育历史概况

近50多年来,随着经济的快速发展与社会的急剧转型,台湾从传统社会转变为现代社会,传统与现代之间产生了间隙甚至裂痕;加之台湾在全球化潮流中受到了资本主义市场逻辑的主导,社会上功利主义的价值取向愈发盛行,在西方文化冲击下的台湾青年的价值取舍面临着重重阻碍。台湾高速的工业化进程,使得社会分工要求更加精细。此时的高校教育为了迎合就业市场的需求,分科也日趋细化,大学变细变窄成了"小学"、学院、专业。同时高等教育在大学生人格养成与世界观的塑造上无法发挥应有的作用,大学的育人功能被逐渐肢解淡化,高等教育逐渐工具化、职业化、世俗化。

20 世纪 50 年代以来,随着西方通识教育理念和实践的发展,为急迫解决台湾大学教育高度专业化和功利化的弊端与缺陷,将大学从过去作为"国家意志"的工具转化成社会有机组成的一部分,台湾的有识之士开始呼吁变革高校教育的理念与制度,并在台湾当局的支持和各高校的推动下,开始发展大学通识教育。

1956 年美国基督教会创办的东海大学开设的"宏通教育"可以视作台湾高校开始通识教育的起点。之后台湾各大学开始设立通识教育中心或共同教育委员会等专门的机构来负责推动学校通识教育相关工作的开展。而值得一提的是,20 世纪 90 年代以后台湾高校的通识教育被列入台湾教育行政部门的正式工作议程,可见通识教育在台湾的重要地位。

台湾由于其特殊的历史和政治背景,其高校一直以来都十分重视传统文化思想的传承,而学习哲学通识教育应该是有效提升在校学生人文素养的最好方法。不论是"天人合一"的中国传统哲学,又或是马克思所说过的"人们创造自己的历史,但是他们并不是随心所欲地创造,并不是在他们自己选定的条件下创造,而是在自己直接触碰到的既定的、从过去继承下来的条件下创造的"①这类西方马克思主义哲学,都会有助于在校学生进行反省与思考,重新认识人与他人、人与自然、人与社会之间应有的和谐关系。

2. 台湾高校哲学通识教育个案分析

(1) 台湾大学

台湾大学成立于 1928 年,其前身是日本统治时期所建立的"台北帝国大学",1945 年台湾光复后改名为"台湾国立大学"。台湾大学作为地区综合性的高等学府,以大学自主、学术自由为原

---

① 《马克思恩格斯选集》第 4 卷,人民出版社 1995 年版,第 121 页。

则,以培养地区高级研究人才以及促进台湾地区繁荣发展为己任。台湾大学在20世纪80年代就率先推行通识教育,并将通识教育的理念界定为:"建立人的主体性,以完成人之自我解放,并与人所生存之人文及自然环境建立互为主体性之关系的教育。"①为了实现这一理念,台湾大学自20世纪90年代开始进行了系列通识教育改革,通过设立通识教育机构,逐步规划开发通识教育课程,逐渐形成了一套符合台湾大学发展特色的通识教育运行机制。

台湾大学的通识教育分为共同教育课程和通识教育课程。共同教育课程是基础性课程,旨在培养学生基本的语言能力、人文素养、健康的体魄和服务精神;通识课程是延展性课程,旨在促进学生的全面发展和综合提高,通过延展各种专业类别的知识,使学生能够了解和掌握较为多元的知识。通识教育课程主要包括八大核心维度,分别是:文学与艺术、历史思维、世界文明、哲学与道德思考、公民意识与社会分析、量化分析与数学素养、物质科学、生命科学。

其中,哲学与道德思考部分主要涉及哲学通识教育的相关内容。台湾大学在通识教育的简介中指出,"哲学为追求智慧的学问,探索的对象是人生、社会、世界与宇宙各方面的真理、美善、理想与圣神。道德思考则关切如何做人与生活的人生实践课题,其最基本的三个问题是:我为什么活着?我应该怎样活着?我如何能活出应该活出的生命?针对哲学基本课题与人生三问,本领域提供哲学素养及生命教育的基础课程"②,旨在"培养学生思考与探索人生根本课题的能力;训练学生了解与反省哲学基本课题的

---

① 孙振:《台湾大学通识教育的理念与时间》,《大学》(学术版)2012年第7期。

② 关于台湾大学通识课程,请参见:http://coursemap.aca.ntu.edu.tw/course_map_all/ge-04.htm。

能力;发展学生道德思辨与伦理判断的能力"[1]。

这一部分至今开设的课程有"哲学概论"、"逻辑学"、"道德思考与判断"、"荀子与东亚政治社会"、"哲学推理与伦理学"、"宗教哲学"、"知识论与方法论"、"中国人文精神之发展"、"爱的哲学"等。不难看出,首先,这些课程都是哲学领域的基础性课程,可以让学生对哲学有具象性的了解;其次,课程与现代社会息息相关,基于学生的需求,把专业性的知识融入课程内涵中;最后,课程覆盖的范围很广,从道德、人文精神到方法论再到爱与生命,使看似枯燥的哲学知识变得丰富多彩,进而激发了学生的学习兴趣,拉近了哲学与学生之间的距离。

表6-4 台湾大学各院系指定应修习哲学通识课程领域一览表

院系		哲学与道德思考	
		修习(是)	修习(否)
文学院	日文系、戏剧系	✓	
	中文系	✓	
	外文系	✓	
	历史系	✓	
	哲学系		✓
	人类学系		✓
	图资系	✓	
理学院	数学系、物理系、化学系、地质系、地理系、大气系	✓	
	心理系	✓	

---

① 关于台湾大学通识课程,请参见:http://coursemap. aca. ntu. edu. tw/course_map_all/ge-04. htm。

（续表）

院系		哲学与道德思考	
		修习（是）	修习（否）
社科学院	经济系、社会系、社工系	✓	
	政治系		✓
医学院	医学系、牙医系、药学系、护理系、医技系、物治系、职治系	✓	
工学院	土木系、机械系、化工系、工科海洋系、材料系	✓	
生农学院	农艺系、生工系、农化系、植微系、森林系、动物科技系、兽医系、园艺系、生物机电系、昆虫系	✓	
	农经系	✓	
	生传系	✓	
管理学院	工管系、财经系、会计系、资管系	✓	
	国企系	✓	
公卫学院	公卫系		✓
电资学院	电机系	✓	
	资工系	✓	
法律学院	法律系		✓
生科院	生科系、生技系	✓	

数据来源：台湾大学课程地图院系课程 http://coursemap. aca. ntu. edu. tw/course_map_all/map. php. htm。

台湾大学的哲学通识教育，更加注重学生能力的培养，而非知识的单一传授,教学的目的绝非死板地要求学生掌握课程的全部知识,而是希望通过课程的教授使学生具备一些思维与批评能力。并且在哲学通识教育的课堂上学生永远是课程的主体,在课堂的教学环节以及课程的总结评价阶段,授课教师是辅助性的角色,学生的活动与交流必须贯穿课程的全部环节,以此提高学生的学习积极性,激励学生在学习知识的过程中通过交流与思考来提升自己的能力。

此外,台湾大学还引进了美国大学的教学助理(TA—Teaching Assistant)制度,几乎每门通识课程都配有教学助理,教学助理协助授课教师开展相关教学工作,其中分组讨论是这一制度建立的特色之一。在大班教学的基础上进行小班的分组讨论,这种教学方式更加有利于哲学通识教育这类理论性较强的人文科目,有利于学生跳出书本所学的抽象知识,通过与教师、助教和学生的沟通交流,丰富所学内容,将理论与现实相结合,让学生真正学有所得,获益良多。

(2) 台湾"清华大学"

台湾"清华大学"的前身可追溯至 1911 年在北京设立的清华学堂,于 1956 年在台湾新竹"复校"。学校一直秉持着"厚德载物、自强不息"的传统校训,持续不断地进行高层次人才培养,目前已是台湾地区顶级的研究型大学之一。台湾"清华大学"于 1989 年成立通识教育中心,隶属于人文社会学院,至今已经历了 20 余年的通识教育发展与改革,在这期间一直围绕着"促进人文学术与自然科学的交流、加速从传统教育到现代教育的转化、促进教育从割裂走向整合”①这三点来发展通识教育,并坚守着通识教育持续的根本。自 1990 年以来,台湾"清华大学"每学期都会开设近百门通识课程。

　　台湾"清华大学"的哲学教育通识课程最早产生于 1986 年,当年学校将所开出的通识课程归纳为人文学、自然科学与哲学、社会科学三大类(详见表 6 - 5)。自此以后,哲学通识教育就固定存在于台湾"清华大学"的通识教育课程体系中,并涉及两大类别。

表 6 - 5　台湾"清华大学"1986 年度通识教育课程
(＊标识与哲学通识教育相关)

类别	人文学	自然科学与哲学	社会科学
课程	时代、社会与人物	科学与认知	当代社会变迁与问题(一)
	文化、社会与宗教＊	自然科学概论	当代社会变迁与问题(二)
	台湾开发史	科学哲学＊	心理卫生
	近代世界形成	理则学＊	心理现象与社会行为
	艺术与文化	生命科学概论	经济学概论
	西洋艺术欣赏	生态环境与伦理＊	宪法
	东方艺术欣赏		法学绪论
	现代文学专题讲座		组织与管理通论
	文学与音乐		

数据来源:参考李亦园:《通识教育在"清华"》,《大学通识教育讨论会文集》,1987 年。

　　2006 年,台湾"清华大学"重新整合现有的通识课程,将其细

_____

① 黄俊杰:《我国大学通识教育的挑战与对策》,《大学通识教育探讨会论文集》1987 年版。

分为核心通识课程与通识选修课程。核心通识课程包括思维方式、生命探索、艺术与美感、社会文化脉动、科学技术与社会、文化经典与历史分析等9大向度,其中思维方式与文化经典均包含哲学通识教育的内容,具体开设课程有:批判思维、价值与实践、数理思维、东方思想经典(《论语》、《孟子》、《庄子》选读)等。而在通识选修课程中所开设的哲学通识课程有:儒家思想与现代生活、逻辑、伦理学、科学哲学、精神分析哲学、圣经与人生、哲学基本问题、知识论、古希腊哲学、杜威的教育哲学、语言、语义与逻辑、近现代日本哲学、佛典导读(般若系列)、英文哲学名著选读等。① 如同台湾地区教育主管部门近年来评鉴大学通识教育时,所定义的“通达贯穿之知识,以使学生将来能具备在基础知识之间自我演绎的能力,进而扩展其知识视野,强化公民社会的向心力”②那样,台湾“清华大学”开设的哲学通识课程正是通达贯穿知识、扩展学生视野、强化公民社会向心力的最好体现。

此外台湾“清华大学”还推出了引领全人教育的非正式课程,如“清华思想沙龙”等。不论是在校园内咖啡厅的小讲座,还是在大礼堂的千人盛会,都在台湾“清华大学”引起了巨大的反响,这也是让学生将所学哲学知识从书本理论转变成精神实践的有益探索。

(3)台湾交通大学

台湾交通大学创立于科学救国的时代,学校设置初期以电子、机械等工程专业技术院系为主,近十余年来随着社会需求的变化,

---

① 参见 https://www.ccxp.nthu.edu.tw/ccxp/INQUIRE/JH/6/6.2/6.2.F/JH62f001.php。

② 台湾地区教育主管部门:2008年“大学通识教育评鉴先导计划”(第三期)评鉴报告。

先后成立了信息学院、管理学院、人文社会学院、生物科技学院等，至今共设有 8 个学院和 22 个专业，是台湾研究型重点大学之一。

台湾交通大学于 2007 年架构了全新的通识教育课程体系，将原有的人文艺术、社会科学及自然科学三大领域课程架构改进为通识必修课与通识选修课两大部分。通识选修课分为六个类别，包括文化经典与美学诠释、历史分析、世界文明与全球化、公民社会与经济活动、道德理性与群己关系、自然科学与逻辑推理。其中，道德理性与群己关系中开设了人生哲学、哲学概论、生命伦理学等哲学通识课程；自然科学与逻辑推理中开设了逻辑与思维、科学哲学等哲学通识课程。①

作为一个理工类研究型大学，台湾交通大学对哲学通识教育应当算是非常重视的，这与哲学通识教育可以引导学生了解生活的意义、有益于学生的身心健全发展、有益于培养学生清晰有效地思考与表达的能力、扩展学生的知识视野、增进学生对非专业领域的认知等功能是密切相关的。

3. 台湾高校哲学通识教育的反思

台湾高校现行的哲学通识教育有三个层面的侧重：其一，侧重哲学知识的基本性。相较于知识的应用性或休闲性而言，台湾高校的哲学通识教育更重视将人类历史文明中最不可或缺的哲学知识、人文素养教授给学生。其二，侧重于学生的主体性。台湾高校哲学通识教育通过多种形式的教学方式，如思辨、讨论、比较和批判等，使学生在学习哲学知识时能够更加主动地了解自己所面对的自然世界与社会环境。其三，侧重于文化的多元性。台湾高校哲学通识教育致力于拓宽学生的哲学国际视野，避免文化偏见的

---

① 关于台湾交通大学通识课程规划，请参见：http://cge.nctu.edu.tw/。

产生。

但由于台湾与香港有过殖民统治背景，所以其高校发展不可避免地掺杂着西方意识形态，导致其对于国家认同存在缺失，对于本土化发展存在偏离。其中，"台独"思想恰是验证了台湾高校通识教育一直存在的弊端。台湾地区与祖国大陆同根同源，有着相同的文化背景和教育传统，哲学通识教育在内涵上又与文化、传统、历史有相当的关联度。因此，发展台湾高校的哲学通识教育，必须重视主流意识形态的引导教育，必须正视台湾与大陆的同源关系。只有这样，台湾高校的哲学通识教育才能适应当代社会高等教育大众化和知识经济社会发展的新形势，才能实现大学弘扬人的主体性的固有使命，从而提升学生思考人生、判断核心价值观的能力。

台湾"大学教育改革促进委员会"所著的《台湾高等教育白皮书》中写道："通识教育的目的乃在于透过适当之课程的设计，使学生对人、社会与自然的诸现象有一通盘、初步之知识上的认识，以助于形塑有追求真善美之理想的能力和意愿，也有助于培养自我反省能力之独立人格，同时，更重要的是，协助学生对其所扮演的社会角色有更为宽广的体认。"①相信在台湾推行哲学通识教育的目的也正在于此。

---

① 洪明：《台湾的通识教育》，《高等工程教育研究》1997年第2期。

第七章　民国哲学通识教育的
历史与实践研究

　　民国教育虽仅有短短数十年，但其在整个中国高等教育史，尤其是中国通识教育史上有着举足轻重的地位。1840年的鸦片战争迫使清政府打开国门，兴"西学"，办"洋务"，中国近现代意义上的大学于此时产生，传统以伦理道德教育为核心的"通才教育"向现代以"教授高深学术、养成硕学闳才、应国家需要"为宗旨的"通识教育"转型。这一时期涌现出了蔡元培、梅贻琦、蒋梦麟、张伯苓、郭秉文等倡导通识教育的教育大家，新建了北京大学、清华大学、南京大学、浙江大学、南开大学等一批以通识教育为指导思想的知名大学，这些教育大家和知名大学深刻影响了20世纪中国高等教育事业的发展走向。在这些教育大家的通识教育理论中，大都蕴含着哲学通识教育内容。因此，研究中国哲学通识教育的理念、历史及发展趋势，就有必要对民国时期的哲学通识教育的理念与实践做深入的研究。

第一节 民国哲学通识教育的发展分期

民国时期虽没有哲学通识教育的说法,但学者李曼丽指出,清末所倡导的"通才教育"的核心是伦理道德教育,更多强调的是"德"与"智"的并重;民初的"通才教育"旨在养成"硕学闳材",追求的是学问的广博与深刻。[①] 由此可见,当时的"通才教育"与强调完整人格培养的"哲学通识教育"是有内在一致性的。因此,追溯民国"通才教育"的发展历程,对厘清民国哲学通识教育的发展也具有重要的意义。

从历史维度观之,民国哲学通识教育的发展分期与民国教育史的发展分期是大体一致的。哲学通识教育作为教育史的一个细分科目,亦拥有自己独立的特征,但由于哲学与政治意识形态的特殊关联,哲学通识教育的发展呈现出与政治史发展或中央政权更替相一致的阶段性特点。鉴于此,本书以教育与政权更替的重要历史时刻——"壬寅—癸卯学制"的颁布、辛亥革命的爆发、南京国民政府的成立、中华人民共和国的成立——为时间节点,将民国哲学通识教育划分为史前时期(1902—1912)、初步形成时期(1912—1927)、黄金发展时期(1927—1949)三个阶段。

1. 民国哲学通识教育的史前时期(1902—1912)

民国哲学通识教育的萌发是伴随着清末民初"通才教育"理念的提出而产生的。近代"通才教育"的发端可溯至京师大学堂的设立及《钦定京师大学堂章程》(壬寅学制)的颁布。据学者李曼丽的

---

① 李曼丽:《通识教育——一种大学教育观》,清华大学出版社 1999 年版,第 200—210 页。

研究，"通才教育"作为大学的教育宗旨是在清朝末年首次提出的。1902 年，清政府任命张百熙为京师大学堂第二任管学大臣，并谕令"将学堂一切事宜，责成经理，务期端正趋向，造就通才，明体达用，庶收得人之效"；后张百熙拟定《钦定京师大学堂章程》，将京师大学堂设立宗旨定义为"激发忠爱，开通智慧，振兴实业……端正趋向，造就通才"，并根据此教育宗旨设计"溥通学"和"专门学"两类课程，推进"通才教育"。①《钦定京师大学堂章程》时称"壬寅学制"，这一学制虽未能实施，但却成为近代哲学通识教育的先声。

　　"壬寅学制"时期的通识教育有其"传统"和"现代"的两面性。说其"传统"，是因其传承了中国古代传统儒家伦理通识教育的理论内核；说其"现代"，是因其融入了近代西方大学通识教育的外在形式。但是，清末"通才教育"的提出与近代学制的建立契机一样，均是清政府在内忧外患的逼迫下为"师夷长技以制夷"而提出来的。为了抵御外辱，清政府不得不兴"洋务"、学"西艺"，引进西方大学的教育思想、办学模式、"专门学"课程等来进行"除旧布新"的教育改革，仿照西方大学的外在形式，建立了现代学制的基本模式与框架；为了维护封建统治，清政府又不愿背弃中国传统的纲常礼教及"忠孝"教育，设置了"经学"、"理学"等"溥通学"课程来巩固"修身齐家治国平天下"的传统教育宗旨；于是此际的"通才教育"不得不在中学与西学、传统与现代之间不断冲突与调和，形成了"中体西用"的最终特征。

　　事实上，上述"通才教育"中的"中体"主要指中国传统哲学，特别是儒家哲学中的伦理学。如《钦定学堂章程》指出："中国圣经垂

---

　　①　李曼丽：《通识教育——一种大学教育观》，清华大学出版社 1999 年版，第 200页。

训,以伦常道德为先;而外国学堂于智育、体育之外,尤重德育,中外立教本有相同之理,今无论京外大小学堂,于修身伦理一门视他学科更宜注意,以培植人才之始基。"[1]可见,清末所希望培育的"通才",首重的便是"伦常道德"与"修身伦理"。再如,1904年,张百熙在《重订学堂章程折》中补充道:"至于立学宗旨,无论何等学堂,均以忠孝为本,以中国经史之学为基。"[2]由此可知,上文所谓的"伦常道德"、"修身伦理"就是儒家以"忠孝"为本的纲常礼教,或者说是儒家的经学。儒家的经学不仅仅是一系列伦理教条,它蕴含着很多成体系的哲学系统,如理学、气学、心学等,这些哲学体系乃是儒家纲常伦理的基础。由于儒家的道德哲学是各类专门人才都要学习的课程,因此它可以看作中国最早的哲学通识教育。

但是,这一时期中国的教育体制并没有发生根本的变化,实际上只是传统教育模式的补充,因此作为必修课程的儒家道德哲学教育不能完全看作现代的"通识教育",确切地说,其更像是一种信仰教育。此外,通识教育包涵一个重要的特征指向,即它是相对于专门人才的培养而言的,"是与专业教育一起构成高等教育的非专业教育部分"[3]。从这层意义上来看,此时的儒家道德哲学教育又不是完全传统的,它开始由信仰教育向现代专业人才必备的共识性知识素养转变,因此我们将这一时期称为民国通识教育的史前阶段。

---

① 璩鑫圭、唐良炎:《中国近代教育史资料汇编——学制演变》,上海教育出版社1991年版,第233页。

② 璩鑫圭、唐良炎:《中国近代教育史资料汇编——学制演变》,上海教育出版社1991年版,第289页。

③ 程洁如:《通识教育的理念和功能诠释》,暨南大学硕士论文,2010年,第7页。

2. 民国哲学通识教育的初步形成时期(1912—1927)

　　1912年,中华民国成立,中国结束了长达两千多年的帝制,进入了共和时代。为了适应新时代的人才需求及国民素质教育的需要,蔡元培作为首任教育总长,提出了全新的"养成健全之人格"教育方针。蔡元培认为,君主时代的教育,本质上是一种教化,即"使受教育者迁就教育者的思想";而在民国时期,教育应当以教育者的发展为本,是国民根据自己的能力担负其对国家、社会的责任。基于此,他制定了"五育"并举的教育方针。所谓"五育",即军国民教育、实利主义教育、公民道德教育、世界观念观教育、美感教育。他认为,以上五个方面"皆今日之教育所不可偏废者也",也就是说任何国民都应该接受以上五个方面的教育,可见这其中确实蕴含着通识教育的理念,尽管还不太明显。

　　需要指出的是,在以上五个方面中,道德教育、世界观教育和美感教育都涉及哲学教育。道德教育涉及伦理学的内容,美感教育涉及美学的内容,世界观教育则直接涉及形而上学的内容。蔡元培指出,在以上五类教育中,"军国民主义为体育;实利主义为智育;公民道德及美育皆毗于德育;而世界观则统三者而一之"。所谓世界观教育,其本质是"提撕实体观念之教育",其方法是"循思想自由言论自由之公例,不以一流派之哲学一宗门之教义梏其心,而惟时时悬一无方体无始终之世界观为鹄"。[①] 可见,世界观教育主要指哲学教育。因此,在蔡元培的教育方针中,哲学应成为共和国民通识性教育的一部分。

　　但是,在蔡元培主导下建立的"壬子—癸丑学制"中,通识教育

---

　　① 蔡元培:《对于新教育之意见》,《蔡元培全集》第二卷,中华书局1984年版,第134—135页。

理念其实并没有真正形成。特别是在大学教育中，蔡元培认为，大学是培养艰深学问的地方，因此在学科组合上，"壬子—癸丑学制"中的大学学制注重的是学问的专精，而不是博通。事实上，真正将通识教育的理念落实到中国高等教育制度的是郭秉文。郭秉文曾提出大学教育的"四个平衡"，即通才与专才平衡、科学与人文平衡、师资与设备平衡、国内与国际平衡。其中通才与专才的平衡、科学与人文的平衡实质就是通识教育的另一种表达。通才与专才的平衡，其目标是使"通才与专才相互调剂，使通才不致流于空疏，专才不致流于狭隘"①。科学与人文的平衡则是为了培养具有交叉视野、既有科学思维又有人文情怀的复合型人才。郭秉文不仅提出了上述理念，而且还将其落实到了大学体制中。在担任南京高等师范学校和东南大学校长期间，他实施了必修、选修和主辅系等制度，并且开设了将数理化与文史地合而为一的"文理科"。东南大学文理科的学分制度明确规定，各系学生除必修课外，必须选修包括哲学在内的他系课程至少 30 个学分。② 在这里，通识教育的理念已经真正落实于制度了。至此，作为通识教育课程的哲学教育才真正开始形成。因此我们将郭秉文的通识教育理念看作民国哲学通识教育初步形成的标志。

3. 民国哲学通识教育的黄金发展时期（1927—1949）

1927 年，南京国民政府成立，全国的政局逐渐稳定下来，于是政府加大了对教育的重视和投入，制定了很多关于教育的法案，民国的教育体制逐渐定型并不断完善。近代以来，由于救亡图存的

---

① 冒荣：《至平至善鸿声东南（东南大学校长郭秉文）》，山东教育出版社 2004 年版，第 115 页。

② 张大良、王运来：《郭秉文"四个平衡"的大学教学思想探微》，《中国大学教学》2007 年第 10 期。

需要,各个大学都特别注重对专业人才的培养,虽然有些教育家提出了通才教育或通识教育的理念,但这一理念并没有大范围地普及。南京国民政府成立之后,随着教育事业的蓬勃发展,偏重专精教育的弊端开始显现。于是教育家们开始重视通识教育,并努力推进通识教育的发展。

例如,时任清华大学校长的梅贻琦指出:"通识之授受不足,为今日大学教育之一大通病,固已渐为有识者所公认,然不足者果何在,则言之者尚少。大学第一年不分院系,是根据通之原则者也,至第二年而分院系,则其所据为专之原则。通则一年,而专乃三年,此不足之最大原因则显而易见者。"①也就是说,当时的大学教育确实有一年的通识教育,但梅贻琦认为这是远远不够的,一年时间只是学个皮毛,不能真正扩展学生视野,不能使学生获得融会各学科的能力。于是他提议,仿效西方大学的方法,一方面扩展通识教育的年限,另一方面增设通识教育课。他指出,这两种方法虽然也未必能达到通识教育的目标,但是未来教育体制改革的方向。竺可桢也强调加强通识教育。1946 年,竺可桢在教育部开会讨论大学组织法时提出修改大学宗旨,他希望在"大学宗旨以研究高深学术、养成专门人才"之外加上"通才教育",可惜他的建议没被采纳。②

总之,在南京国民政府成立以后,通识教育受到越来越多的重视。当然,哲学作为人文学科中的重要一门,哲学通识教育在这一时期自然也就有了更大的发展空间。哲学通识教育之所以在这一时期有了更好的发展,与哲学学科自身的发展和完善有着很大的

---

① 梅贻琦:《大学一解》,《清华学报》1941 年第 1 期。
② 竺可桢:《竺可桢日记》第 2 册,人民出版社 1984 年版,第 592 页。

关系。我们知道,中国原本没有"哲学"这一学科,虽然西方哲学自明末清初就开始传入中国,但直到 20 世纪 20 年代,中国知识分子对西方哲学的研究依然处在浅层次上,哲学作为一门独立的学科并没有成熟地建立起来。但是,从 20 年代到 40 年代,随着西方哲学著作在中国被译介与传播,专门的西方哲学研究文章大量涌现。[①] 更为重要的是,参照西方哲学的学术方法,中国哲学作为一门独立的学科也逐渐形成,中西哲学之间也有了深入的融合。因此,这一时期不仅是通识教育发展的黄金时期,也是中国哲学学科发展的黄金时期。两者结合在一起,也就形成了民国哲学通识教育发展的黄金阶段。

此外,这一时期也是国民党竭力推行"党化教育"的时期,为了维护统治地位,国民党向统治区的大中小学强制推行"三民主义"意识形态教育。从广义上来说,国民党意识形态教育中的哲学部分亦是这一时期哲学通识教育的重要内容,这对当时哲学通识教育的发展和主流价值观的传播起到了一定的作用。

第二节　民国哲学通识教育的理念

在民国时期的教育观念中,哲学通识教育占有重要的地位。很多大教育家都把哲学通识教育看作国民人格教育的主要手段,他们根据自己对哲学通识教育的认识,提出了不同的哲学通识教育理念,并付诸实践。以民国哲学通识教育的发展分期为参考,选择性地介绍如下四种教育理念,即"中体西用"中儒家"修齐治平"的教育理念、蔡元培"养成健全人格"的教育理念、郭秉文"通专平

---

① 李俊文:《百年来西方哲学在中国的发展》,《江西社会科学》2014 年第 10 期。

衡"的教育理念及梅贻琦"修明整个之人格"的教育理念。

1. "中体西用"中的儒家"修齐治平"教育理念

"通才教育"作为大学的教育宗旨是在清朝末年首次提出的,其形成初期最显著的特征是"中体西用",即是说,当时的通才教育,虽参照了西方大学教育的外在形式,但其本质上仍延续着中国传统儒家伦理"修齐治平"的教育理念。

《大学》是儒家教育思想的代表之作,也是儒家"修齐治平"教育理念的集中阐发。著名教育家涂又光先生指出,《大学》所说的"大学之道,在明明德,在新民,在止于至善",是"贯穿中国高等教育历史全过程的总规律",是"中国高等教育总规律的最佳表述"①。中国古代的教育大家,如董仲舒、朱熹、程颢、程颐、颜元等,其教育理念均未曾摆脱《大学》的影响;不仅如此,中国高等教育的主要机构,如成均、私学、太学、书院、大学等,其教育理念亦与《大学》一脉相承。可见《大学》在中国古代高等教育史上影响之重。

《大学》的教育理念,可用"三纲领"、"八条目"概括。所谓"三纲领",即指《大学》开篇所明的"大学之道,在明明德,在新民,在止于至善"。儒家认为,教育的目的首先在于"明明德",即将人良善的德行发扬光大;其次在"新民",即修己立人,推己及人,化民成俗,更新民众;最终在"止于至善",即追求永恒的真理,达到至善的最高境界。所谓"八条目",即指要达成"明明德,新民,止于至善"的"大学之道",须得围绕格物、致知、诚意、正心、修身、齐家、治国、平天下这"八条目"——努力践行,格物致知、诚意正心是其手段,修齐治平是其分解目标。

---

① 涂又光:《中国高等教育史论》,湖北教育出版社 1997 年版,第 539 页。

学者李佳指出，通识教育的意义大致可归纳为三点：其一，培养人的主体能力，包括人文社科的基本知识、良好的技能和"终身学习"的习惯；其二，培养人的主体性，包括人的情感、兴趣、道德和价值观等；其三，培养人的社会性，包括与他人的相处、对自然的关怀和对社会的贡献。① 而这三点意义指向，归结而言，也正是本书所要研究的"哲学通识教育"的目标所在，即"培养具有通达的驾驭自我与从容处世能力的完整的人"。以此为参照，可以发现，清末民初通才教育所强调的"中体"——传统儒家以"修齐治平"为中心的教育理念，与本书所言的"以培养完整的人为目的的哲学通识教育"有着异曲同工之处。儒家"三纲领八条目"的教育理念与本书所言的哲学通识教育的一致性表现在两个方面：其一，儒家所言的"格物、致知、诚意、正心"，侧重强调了"培养人的主体能力"的重要性，这与通识教育的第一点意义"培养人文社科基本知识、良好技能和'终身学习'的习惯"，尤其是哲学通识教育所强调的"培养人的理性和批判思维能力，实现知识教育与智慧启迪的有机统一"的培养目标有着内在的连贯性；其二，儒家所言的"修身"，侧重强调了"培养人的主体性"的重要性，这与通识教育的第二点意义"培养人的情感、兴趣、道德和价值观等"，尤其是哲学通识教育所强调的"培养人的哲学素养，形成通达地驾驭自我的能力"的培养目标有其内在的相通性；其三，儒家所言的"齐家、治国、平天下"，侧重强调了"培养人的社会性"的重要性，这与通识教育的第三点意义"培养人与他人相处、对自然的关怀和对社会的贡献"，尤其是哲学通识教育所强调的"帮助人正确地认识世界、认识社会、认识自己以

----

① 李佳：《近代中国大学通识教育课程研究》，浙江大学出版社 2010 年版，第 33 页。

及人与社会之间的关系,形成通达地从容处世的能力"的培养目标也有着内在的一致性。因此,可以说,清末民初"中体西用"时期所延续的中国传统以儒家"修齐治平"为主的教育理念,是着重开发人的主体性精神自觉、强调以德行修养为主的、健全人格的哲学通识教育。

在中国古代封建社会延续了近两千年的儒家"修齐治平"的教育理念固然有其合理之处,但其重"做人"而轻"治事"的弊端亦随着内忧外患的加剧而逐渐显露。一方面,"以中学为主,西学为辅"的高等教育改革的努力,在未撼动中国传统纲常礼教的前提下势必收效甚微,最终以失败告终的洋务运动和戊戌变法,越来越走向腐朽的清末封建统治必然催动着国内有识之士寻求从器物层面上升到制度层面的教育革新之道;另一方面,英、德、日等国高等教育理念与制度的传入以及留洋学生的归来,对国内传统教育形成了震撼性的冲击,也为国内教育领域带来了新的生机。而辛亥革命的胜利,在最终推翻封建王朝统治的同时,也促使传统以"修齐治平"为核心的儒家教育理念向现代以"教授高深学术、养成硕学闳才、应国家需要"为宗旨的"通识教育"转型,这其中,又尤以蔡元培、郭秉文、梅贻琦等教育大家的通识教育理念最为有影响力。

2. 蔡元培"养成健全人格"的教育理念

美国著名教育家杜威先生曾说过这样一段话来评价蔡元培:"拿世界各国的大学校长来比较,牛津、剑桥、巴黎、柏林、哈佛、哥伦比亚,等等,这些校长中,在某些学科上,有卓越贡献的,不乏其人;但是,以一个校长身份,而能领导那所大学对一个民族、一个时代,起到转折作用的,除蔡元培而外,恐怕找不出第二个。"①正如学者刘宝存所指出的"蔡元培先生是我国近代大学产生以来第一个系统地总结、阐述大学理念的教育家"②那样,蔡元培可以算作我国系统阐述近代大学教育理念,尤其是大学哲学通识教育理念的第一人。

蔡元培的哲学通识教育理念,集中体现在其提出的"养成健全之人格"的教育方针中。1912 年 1 月,蔡元培就任临时政府教育总长时就曾提出,"民国教育应以养成共和健全之人格为根本方针";在同年 5 月 3 日《向参议院宣布政见之演说》中,蔡元培再次提及:"教育方针应分为二:一普通,一专门。在普通教育,务顺应时势,养成共和国民健全之人格。在专门教育,务养成学问神圣之风习。"③此处的"普通教育"可作两种理解:一则可以理解为中小学及中等以下职业学校教育、社会教育中含有普通性质者的教育、特殊人群如盲哑废疾者的教育;另则也可以理解为大学及高等专门学校的普遍性的、通识性的教育。对接到大学教育中,蔡元培的这一教育方针可做三点解读:其一,宜注重通识教育,以养成共和国民健全之人格为普通教育的宗旨;其二,宜注重专业教育,以教授高深学问、养成硕学闳材为专门教育的目标;其三,普通教育与专门教育是相辅相成、互不偏废的,养成"健全人格"是培养"硕学闳材"的基础,培养"硕学闳材"是具有"健全人格"的受教育者的更高走向。应该说,蔡元培的这种"养成健全之人格"的教育理念,与哲学通识教育所强调的培养"完整的人"的教育理念是基本一致

---

① 高平叔:《北京大学的蔡元培时代》,《北京大学学报》1998 年第 2 期。
② 刘宝存:《大学理念的传统与变革》,教育科学出版社 2004 年版,第 99 页。
③ 高平叔:《蔡元培教育论著选》,人民教育出版社 2011 年版,第 11 页。

的;而哲学通识教育所提出的"完整的人"所应具备的特征,如"远大目光、通融见识、博雅精神和优美情感"等,更是与蔡元培"养成健全人格"的分解目标"五育"有着极大的相承关系。

为达成"养成共和国健全之人格"的目标,蔡元培就此延伸出了"五育并举"的教育途径。在 1912 年 7 月 10 日《全国临时教育会议开会词》中,蔡元培提到,教育家的任务在于为受教育者养成"克尽种种责任之能力",并使其"能尽完全责任",而"教育家欲尽此任务,不外乎五种主义,即军国民教育、实利主义、公民道德、世界观、美育是也"①。这"五种主义",也即对应到我们所常讲的体育、智育、人生观教育、世界观教育、美育。蔡元培在其《对于新教育之意见》一文中对这"五育"进行了非常详尽的阐述。他指出,军国民教育虽与社会主义背道而驰,且在他国也有消弭的趋势,但在民国初年内忧外患的背景下,仍是社会所需的急务,因此仍有存留发展的必要。实利教育亦是同理。但强兵富国的军国民教育和实力教育必须以道德教育为根基才能健康发展,否则很难避免开兵强而侵、国富可欺的负面效果。因此,蔡元培特别强调,"五育"应"以公民道德为中坚","军国民教育及实利主义,则必以道德为根本"②。

同时,蔡元培又认为,世界有两方面,一为现象,一为实体。现象世界之事即"政治",以现世幸福为目的;而实体世界之事为"宗教",超逸于现世幸福。与世界的两面性相对应,教育亦有两种,一为"隶属于政治"的教育,一为"超逸乎政治"的教育。"五育"中,国民教育、实利教育、道德教育可划归为"隶属于政治"的教育,而世

---

① 高平叔:《蔡元培教育论著选》,人民教育出版社 2011 年版,第 16 页。
② 高平叔:《蔡元培教育论著选》,人民教育出版社 2011 年版,第 16 页。

界观教育和美育则可划归为"超逸乎政治"的教育。在蔡元培看来，"非有出世间之思想者，不能善处世间事"，尤其是教育者，应是"立于现象世界，而有事于实体世界者也"①。因此，在现象世界的军国民教育、实利教育、道德教育之外，超乎现象世界的世界观教育以及介乎现象世界与实体世界之间的美育亦是不可或缺的。世界观教育即"提撕实体观念"的教育，它可以教导人们对现象世界无厌弃亦无执着，更可以教导人们渴慕了解并领悟实体世界，从而达成哲学通识教育的要义所在，即"不以一流派之哲学一宗门之教义梏其心，而惟时时悬一无方体无始终之世界观为鹄"②。

那么，美育又是什么呢？美育即"美感之教育"，"美感者，合美丽与尊严而言之，介乎现象世界与实体世界之间，而为津梁"③。蔡元培在 1930 年写作的《美育》一文中提到，"人与人相互关系，莫大乎行为；故教育之目的，在使人人有适当之行为，即以德育为中心是也"④。而要使行为适当，需要有两方面的教育准备：其一，计较利害、考察因果等教育，如保身卫国的德行，此属于智力教育的范围；其二，不顾祸福、不计生死等教育，如与人同乐、舍己为群的德行，此属于美感教育的范围。在蔡元培看来，智育和美育是相辅而行的，是德育之完成不可或缺的。美感教育是搭建现象世界与实体世界的桥梁，教育家想要教导受教育者由现象世界到达实体世界，想要达成现象世界的"德育"目的，就不可不用美感教育。由此，蔡元培认为，民国成立伊始，应当以公民道德教育为中坚，以军国民教育和实利教育为急务，以美育为桥梁，以世界观教育为终极

---

① 高平叔：《蔡元培教育论著选》，人民教育出版社 2011 年版，第 4 页。
② 高平叔：《蔡元培教育论著选》，人民教育出版社 2011 年版，第 5 页。
③ 高平叔：《蔡元培教育论著选》，人民教育出版社 2011 年版，第 5 页。
④ 高平叔：《蔡元培教育论著选》，人民教育出版社 2011 年版，第 604 页。

目的，"五育"并举前行，从而达成"养成共和国健全之人格"的教育目标。

3. 郭秉文"通专平衡"的教育理念

张其昀先生在《郭师秉文的办学方针》一文中曾言："民国十年左右，'南高'与'北大'并称，隐隐然后成为中国高等教育上两大支柱。"[①]民国初年，"南京高等师范学校"（1920 年更名为国立东南大学，今南京大学的前身）与"北京大学"一南一北，共同创造了中国近现代高等教育发展史上的第一次辉煌。而造就"南高"和"北大"辉煌的最大功臣，正是郭秉文与蔡元培。

被誉为"东南大学之父"的郭秉文是中国最早的教育学博士，也是在美国最早获得博士学位的中国学者之一。[②] 他早年留学于美国哥伦比亚大学，深受时任哥伦比亚大学校长的著名教育家尼古拉斯·巴特勒影响，将其提出的"注重宽广的知识面与精深的专业知识相结合"，即"通专结合"的教育理念引入南高师，并结合民国教育实际，提出了"四个平衡"的治校理念以及"三育并举"的育人方针，在此基础上构建了"通专平衡、学术并重"的教育思想体系。

"郭师自称：生平为人为事，终是本于和平二字。平乃能和，和乃能进。"[③]郭秉文认为，《大学》里"平天下"的"平"字，是治学治事最好的座右铭。对应到大学教育，便是要坚持好四个平衡，即"通

---

① 张其昀：《郭师秉文的办学方针》，转引自上海财经大学校史研究室：《郭秉文与上海商科大学》，上海财经大学出版社 2010 年版，第 138—140 页。

② 冒荣：《至平至善鸿声东南——东南大学校长郭秉文》，山东教育出版社 2004 年版，第 19 页。

③ 张其昀：《郭师秉文的办学方针》，转引自上海财经大学校史研究室：《郭秉文与上海商科大学》，上海财经大学出版社 2010 年版，第 138—140 页。

才与专才平衡,人文与科学平衡,师资与设备平衡,国内与国际平衡"。① 其中,"通才与专才平衡,人文与科学平衡"正是大学通识教育的应有之义。

郭秉文认为,大学教育首先应当坚持通才与专才的平衡。大学培养的学生都应该成为平正通达的建国人才,这就需要大学既注重正科的通才教育,又注重专修科的专才教育;只有通专教育相辅相成、相互调剂,才能使通才培养不致流于空疏,使专才教育不致流于狭隘。

其次,大学教育应当坚持人文与科学的平衡。郭秉文指出,中国古代的教育偏重于文学、哲学与道德等方面,固然在陶冶国民性情、凝聚民心、使国家趋向稳定统一等方面起到了很大作用,但其忽视具体和实践的教育、忽视科学试验及归纳推理方法的教育,亦造成了中国在现代生活艺术和现代科学方面的进步迟缓。而相对于"新文化运动"所带来全盘西化风潮,郭秉文亦不主张矫枉过正,刻意偏重科学而忽视人文。郭秉文强调,科学教育与人文教育应当并重,大学教育应当达成教授学生掌握科学知识与增进学生人文素养的双重目标,承担起传播西方现代科学与弘扬中华传统文化的双重使命。

对比蔡元培与郭秉文的通识教育理念可以发现,两人虽同样认识到大学教育应注重兼容并包、均衡发展,但又大有不同。其不同点主要体现在两个方面。其一,两人对通才教育与专才教育的关系认识不同。蔡元培强调,通才与专才应分开培养、互不干扰,培养通才是大学的任务,而专才的培养有赖于专科学校;据此,蔡

---

① 张其昀:《郭师秉文的办学方针》,转引自上海财经大学校史研究室:《郭秉文与上海商科大学》,上海财经大学出版社 2010 年版,第 138—140 页。

元培于 1917 年裁撤了北大的工、商两科,仅留文、理、法三科(法科因师生反对而得以保留),加强了文理科的交流互通,但将偏重应用的专科排斥在大学之外。郭秉文则认为,通才与专才应是互相融通、不设分界的,缺乏应用性专科教育的通才仅仅停留在理论研究层面,却不能在实用层面助益于国家、社会;缺乏文理通识教育基础的专才则会囿于狭隘的专业领域,无法形成远大的目光与通融的见识。据此,郭秉文在东南大学创建之初,既设文、理科,又重农、工、商、教育等专科,强调通专平衡、学术并重发展。其二,两人对人文与科学的重视程度不同。蔡元培注重革新思想、繁荣学术,因而在实际办学中更为偏重人文研究,科学的发展也仅仅限于"人文与科学"研究的理论层面。郭秉文则强调要应社会之需要办学设科,强调科学与人文并重、理论研究与实际应用并重。对比可见,两人虽同样强调通识教育,但郭秉文的理念与实践更能符合当下社会通识教育人才培养的要求,因而更具有先见性。

郭秉文"通专平衡"的教育理念对接到哲学通识教育层面,主要体现便是其所提出的训育、智育、体育"三育并举"的教育方针,尤其是其提出的"训育"主张。"训育,取训练与管理兼重之义。训练注重启发,使其知其所以然;管理注意实践,使行其所当然;二者交相为用,以期知行合一。"①郭秉文认为,"训育"的标准是"养成对于国家负责任之国民为意想中之人格",这一人格的构成要素须含坚强的体魄、充实的精神,以及至诚的学术、道德与才识。只有具备这样的人格,才能"对于应负之责任能知能行,而人亦能信愿以责任付之也"。而要达成这一"人格"标准,关键方法在于启发学

---

① 郭秉文:《代理校长郭秉文关于本校概况报告书》,转引自上海财经大学校史研究室:《国立上海商学院史料选辑》,上海财经大学出版社 2012 年版,第 22—31 页。

生的自主性,使其"自向所定之标准进行,以至于能自立而止";推进程序在于推己及人、循序渐进,"先由一己以及他人,次由学校以及社会";实施要则在于重"躬行省察与感化考查"的修养,重"实践研究与示范检查"的服务。① 对比郭秉文注重知行合一、养成完美人格的"训育"观点可以发现,其与注重智慧启迪、引导"人之为人"的哲学通识教育有着目标与方法上的一致性。就目标而言,我们今天讲哲学通识教育,其核心要义是"使人能够成为人,而不是成为某种人",也就是说,哲学通识教育培养的"人",应当是包括了"理性的批判精神、良好的道德修养、高度的社会责任感、高度的文化认同感、宽广的理论视野、良好的社会适应能力以及无私的奉献精神"的完整的人,是具有"世界眼光、中国灵魂的现代公民",其在人格要求上必然是完美的、是"能对国家负责任、亦能让人托付责任"的。而就方法而言,哲学是"爱智慧"的学问,哲学通识教育的真谛是"启迪智慧,即授人以'渔',帮助人们掌握追求智慧的方法和道路",这与郭秉文"训育"所主张的"启发学生的自主性"的学习方法是共通的;同时,哲学并不是高束于象牙塔中的"知识",哲学通识教育需要贴近学生的思想实际与社会现实,需要为创新人才的培养提供必要的思维训练,因此,哲学通识教育的教学组织形式不仅要注重研讨式的课堂,还要注重实践式的课外锻炼,这亦与郭秉文"训育"的实施方法有异曲同工之处。因此,可以说,郭秉文所倡导的"训育",正是哲学通识教育理念在当时的一种呈现。

4. 梅贻琦"修明整个之人格"的教育理念

学者李佳指出:"作为通识教育思想的积极倡导者与实践家,

---

① 郭秉文:《代理校长郭秉文关于本校概况报告书》,转引自上海财经大学校史研究室:《国立上海商学院史料选辑》,上海财经大学出版社 2012 年版,第 22—31 页。

梅贻琦堪称中国近代的'通识教育之父'。"①对于一生躬身践行通识教育、被誉为清华大学"终身校长"的梅贻琦而言，这一评价并不夸张。恰是因为梅贻琦在长达17年之久的清华大学校长职位上对"通识教育"的坚持以及对"通识教育"本土化的长期努力，才使得清华在20世纪30年代培养出了众多的一流人才，创出了清华发展史上第一个"黄金时代"。

《大学一解》是梅贻琦通识教育理念的集大成之作。《大学》所代表的中国传统以儒家"修齐治平"为主的教育理念，是一种着重开发人的主体性精神自觉、强调以德行修养为主的、整全人格的哲学通识教育。因此，作为解读《大学》的文本，《大学一解》亦可看成梅贻琦关于哲学通识教育理念的理解。

梅贻琦指出："今日之大学教育，骤视之，若与明明德、新民之义不甚相干，然若加深察，则可知今日大学教育之种种措施，始终未能超越此二义之范围，所患者，在体认尚有未尽而实践尚有不力耳。"②在梅贻琦看来，大学教育的制度可以自西方移植而来，但大学教育的最终目的，无论中外还是古今，都可归于"明明德"和"新民"两义。于"明明德"而言，即使受教育者"知类通达、强立不反"；于"新民"而言，即使受教育者"化民成俗、近悦远怀"。而现今大学发展所最缺乏、或者说最令人担忧的，一则在于对大学"明明德"与"新民"的目的认知不够到位；二则在于对达成"明明德"与"新民"目的的教学实践不够有力。

所谓"明明德"，即指修明"一人整个之人格，而不是人格之片

---

① 李佳：《近代中国大学通识教育课程研究》，浙江大学出版社2010年版，第91页。

② 梅贻琦：《大学一解》，《清华学报》1941年第1期。

段"。而所谓"整个人格",至少应包含知、情、志三个方面。梅贻琦指出,今日大学仅在"知"的教育上略有成就,对"情"和"志"的教育却有所缺失;即使是对"知"的教育而言,也是"灌输之功十居七八,而启发之功十不得二三",在诱发学生自主学习能力的教育上着力不足。再就"意志"和"情绪"的教育而言,更是欠缺。梅贻琦认为,"意志"与"情绪"的修明方法有二:一则教师身教,二则学生自修。就"教师身教"而言,今日大学之教师或能精于一己所长的专科知识教学,但于学生的品格、操守教育并无关注,甚至大学的整体教育环境亦未能为"身教"提供方便。就"学生自修"而言,今人颇为诟病过度重视个人修养、相对忽视国家社会发展需要的儒家理学教育,以致矫枉过正地认为,修身养性是逃避现实的做法,不该出现在德育内容之中;加之,学生自修的时间不足、空间不足、师友联系缺失等原因影响,"学生自修"践行亦不得力。

"明明德"是一种"修己"工夫,侧重于格物、致知、诚意、正心、修身,而"新民"则是一种"化民"工夫,侧重于齐家、治国、平天下。大学教育,一则要教学子修明"整个之人格",二则当教学子在修己明德的基础上化民成俗,以使群己和谐、各安其道。梅贻琦指出:"大学新民之效,厥有两端。一为大学生新民工作之准备;二为大学校对社会秩序与民族文化所能建树之风气。"即是说,今日大学的"新民"教育应达到两点效果:一则要使大学生具备新民的"资格";二则是要使大学具备助益社会秩序维护与民族文化建设的良善风气。就"大学生新民工作之准备"而言,除上述的"明明德"之根本准备外,还须"一反目前重视专科之倾向",转而以通识教育为基础和重心,才能达到"新民"准备之效。梅贻琦认为,"大学期内,通专虽应兼顾,而重心所寄,应在通而不在专",通识是一般生活之所需,专识是特种事业之所需,事业不过是生活的一部分而已,没有通才为基础的专家服务于社会,其结果不但不能"新民",反而可能造成"扰民"。而就"大学校对社会秩序与民族文化所能建树之风气"而言,大学的"新民"之效体现为两点:其一为社会的倡导与表率,其二为新文化因素的孕育涵养与简练揣摩;前者之表率凭藉师生的人格与言行举止,教于内而化于外;后者之孕育凭藉学术自由之风气,无所不思、无所不言而后能新。

梅贻琦的哲学通识教育理念相较于前述两位教育家而言,要更为清晰、坚定了许多。这种清晰性与坚定性主要体现在三个层面:首先,在通识教育与专识教育的关系上,梅贻琦坚定地强调应以通识为本、专识为末,只有以"通识"为基础的大学教育才能培养出具备通识精神的新民,才能算作大学的合格毕业生,才能做好"新民"的准备,服务社会。其次,通识教育固然包涵"学子应对自然科学、社会科学与人文科学三大部门均有相当准备"之义,但也绝非仅有此义;通识教育的终极目的,是"明明德",是"新民",是将"明德"与"新民"的哲学要义内化到个人心中,外扩到群体、社会之中,使得"群中之己"与"众己构成之群"各得安身遂命之道,并相位相育,相方相苞。因此,梅贻琦的通识教育,其理念核心必然是一种哲学通识教育;梅贻琦眼中的"通才",是会通学问与人生的人格通才、哲学通才。其三,哲学通识教育固然有赖于以课程为依托的教师讲授,但更离不开的是良师持养操守的身教表率、学子"格致诚正"的慎独自修、大学与社会"明德新民"的风气感化。因此,梅贻琦强调"所谓大学者,非谓有大楼之谓也,有大师之谓也",并延聘多位德艺双馨的大师为通识教育的贯彻提供师资保障;强调开民主治校、学术自由之风气,鼓励学生"无所不思、无所不言",为通识教育的贯彻提供宽松的话语氛围;最终,通过良师、学子、大学与社会的多重努力,达成教于学校之内,化于学校之外的"明德新民"之效。

第三节　民国哲学通识教育的实践

　　民国哲学通识教育的实践主要体现在当时的课程设置中。前文提到,民国时期虽没有哲学通识教育的说法,但当时所倡导的"通才教育"的核心——伦理道德教育,与强调完整人格培养的"哲学通识教育"具有内在的一致性,因而,我们可以将民国教育中关涉"伦理道德教育"的课程都视作哲学通识教育的课程。同时,虽然哲学通识教育在当时没有一个明确的概念,但诸如蔡元培、郭秉文、梅贻琦等民国教育大家共同的教育理念——追求广博而深刻的学问、培养具有健全人格的国民,却是文史哲各人文相关学科的核心追求,因而,文史哲等人文相关学科的通修课程亦可视为哲学通识教育的课程。因此,笔者从相对宽泛的理解视角出发,将伦理道德教育课程以及文史哲相关通识课程均纳入哲学通识教育的课程体系中来考察。

1. 史前时期的课程设置

　　中国近代意义上的哲学通识课程设置,最早可见于 1902 年颁布的《钦定高等学堂章程》[①]。当时,清政府仿效日本教育,设大学分科为政治、文学、格致、农业、工艺、商务、医术七门,但因大学开办需要时间,且多数小省暂无可入大学学习的学生,因此采取通融之策,设立大学预备科,分政、艺两科,分三年讲授。政科为入政治、文学、商务三科的预备,含有伦理、经学、诸子、词章、算学、中外史学、中外舆地、外国文、物理、名学、法学、理财学、体操共十三门课程;艺科为入格致、农业、工艺、医术四科的预备,含有伦理、中外

---

　　① 舒新城:《中国近代教育史资料》,人民教育出版社 1961 年版,第 533—544 页。

史学、外国文、算学、物理、化学、动植物学、地质及矿产学、图画、体操共十门课程。结合这一时期哲学通识教育的理念、发展特点及政艺两科的授课内容,政科的伦理、经学、诸子、中外史学与艺科的伦理、中外史学均可视为哲学通识教育课程。具体情况如下表:

表 7-1 《钦定高等学堂章程》中关涉哲学通识教育的科目及授课内容表

类别	科目	修习年级	授课内容
政科	伦理	一、二、三	考求三代汉唐以来诸贤名理,宋元明国朝学案,暨外国名人言行,务以周知实践为归
	经学	一	《诗》《书》《论语》《孝经》《孟子》自汉以来注家大义
		二	《三礼》《尔雅》自汉以来注家大义
		三	《春秋三传》《周易》自汉以来注家大义
	诸子	一	儒家、法家、兵家
		二	杂家、术数家、道家
		三	考诸子名理派别
	中外史学	一	中外史制度异同
		二	中外史治乱得失
		三	中外史治乱得失商业史
艺科	伦理	一、二、三	同政科
	中外史学	一、二、三	同政科

《钦定学堂章程》虽未能实行,但其所设定的"端正趋向,造就通才"的全学纲领、"尤重德育与修身伦理"的课程设计对其后的教育改革起到了很大的带头作用,成为大学通识教育改革的先声。

1903 年清政府颁布的《奏定高等学堂章程》①，即是在此基础上修订补充的。

《奏定高等学堂章程》的哲学通识教育课程依然体现在高等学堂预备科中。高等学堂学科分为三类，以三年为修习年限：第一类学科为入经学科、政法科、文学科、商科等大学者预备，含人伦道德、经学大义、中国文学、外国语、历史、地理、辨学、法学、理财学、体操十门课程；第二类学科为入格致科大学、工科大学、农科大学者预备，含人伦道德、经学大义、中国文学、外国语、算学、物理、化学、地址、矿物、图画、体操共十一门课程；第三类学科为入医科大学者预备，含人伦道德、经学大义、中国文学、外国语、拉丁语、算学、物理、化学、动物、植物、体操共十一门课程。结合课程内容，三类学科中均含有的人伦道德、经学大义，以及第一类学科中第二年需修习的心理及辨学，均可视作哲学通识课程。具体授课内容见下表：

表 7－2　《奏定高等学堂章程》中关涉哲学通识教育的科目及授课内容表

科目	修习年级	授课内容
人伦道德	一、二	摘讲宋元明国朝诸儒学案，择其切于身心日用而明显简要者
经学大义	一	讲《钦定诗义折中》、《书经传说会纂》、《周易折中》
	二	二讲《钦定春秋传说汇纂》
	三	《钦定周礼义疏》、《仪礼义疏》、《礼记义疏》
心理及辨学	二	心理学大意，辨学大意

---

① 舒新城：《中国近代教育史资料》，人民教育出版社 1961 年版，第 561 页。

此外，《奏定高等学堂章程》在规定与哲学专业学科直接相关的"经学科"研究方法时还提到，"通经所以致用，故经学贵乎有用；求经学之有用，贵乎通，不可墨守一家之说，尤不可专务考古"①，并规定，治经及理学者，应于本科目外兼习中国文学、西国史、西国法制史、心理学、辨学、公益学（社会学）、比较法制史、西国文学史等人文学科通识课程。据此可见，哲学通识教育不仅存于学校层面的人伦道德、经学大义、心理及辨学的课程之中，亦存在于其他相关学科之中，只不过冠以人文科学之名罢了。

由《钦定高等学堂章程》、《奏定高等学堂章程》可见，这一阶段的哲学通识教育课程主要是通过大学的预备科来落实的。课程内容的安排，主要是基于"中体西用"的原则，以中国传统的道德伦常及文史哲课程为主。

2. 发展时期的课程设置

1912 年 9 月，中华民国临时政府成立后，教育部颁布施行新的教育宗旨，强调"注重道德教育，以实利教育、军国民教育辅之，并以美感教育完成其道德"，明确了形成、发展时期的哲学通识教育的核心内容——道德教育的纲领性地位。10 月，教育部颁布《大学令》，明确大学以"教授高深学术、养成硕学闳材、应国家需要为宗旨"，将大学分为文科、理科、法科、商科、医科、农科、工科共七科，且规定，大学应以文理二科为主。这就在制度法令层面强调了大学文理兼通的综合性特征，为这一时期哲学通识教育的实施奠定了制度基础。

这一时期的哲学通识教育课程仍然是通过预科来实施的。

---

① 舒新城：《中国近代教育史资料》，人民教育出版社 1961 年版，第 574 页。

1913年颁布的《大学规程》①将预科分为三部：第一部为志愿入文科、法科、商科者预备,科目有外国语、国文、历史、伦理、论理及心理、法学通论；第二部为志愿入理科、工科、农科并医科之药门者预备,科目有外国语、国文、数学、物理、化学、地质学及矿物学、图画；第三部为志愿入医科之医学门者预备,科目为外国语、国文、拉丁语、数学、物理、化学、动物学及植物学。其中,三部均含的通识课程为外国语、国文,与哲学通识教育的关联性不强；而第一部入文科、法科、商科者所需修学之历史、伦理、论理及心理科目可纳入哲学通识教育课程体系。

除预科外,大学相关门类中也出现了部分哲学通识教育课程。《大学规程》规定的各科门类中,哲学与文学、历史学、地理学共四门科目分属文科。哲学门下分两类,分别是中国哲学类和西洋哲学类,两类课程如下表：

表7-3 《大学规程》中哲学通识教育课程

哲学门类	课程
中国哲学类	中国哲学(含周易、毛诗、仪礼、礼记、春秋公羊传、穀梁传、论语、孟子、周秦诸子、宋理学)、中国哲学史、宗教学、心理学、伦理学、论理学、认识论、社会学、西洋哲学概论、印度哲学概论、教育学、美学与美术史、生物学、人类及人种学、精神病学、言语学概论
西洋哲学类	西洋哲学、西洋哲学史、宗教学、心理学、伦理学、论理学、认识论、社会学、中国哲学概论、印度哲学概论、教育学、美学与美术史、生物学、人类及人种学、精神病学、言语学概论

落实到大学的具体操作层面观之,以北京大学为例,北京大学文科本科分为哲学、文学、史学三门,其中,哲学门的课程设置如下：

---

① 舒新城：《中国近代教育史资料》,人民教育出版社1961年版,第657页。

表 7-4　北京大学哲学门课程一览表(1917)①

分类	课程
通科	心理学概论、认识论、哲学史、生物学、人类学、伦理学概论、教育学概论、美学概论、言语学概论、玄学(纯正哲学)、外国语(欧洲近代语) (以上各科,各生所必习者除外国语外,各科均在第一、二学年将毕)
专科	中国哲学史、印度哲学史(梵文)、西洋哲学史(希腊文、拉丁文)、论理学(名学、因明学)、心理学(心理学史、人身组织及解剖、生理学、精神病学)、伦理学(伦理学史)、教育学(教授法、教育史、教育学史)、宗教学(比较宗教学、宗教史)、美学(美术史、考古史、文学史)、社会学(统计学、法理学、经济学)、言语学(发音学、比较言语学) (以上各科在第三、四学年讲授,任各生自择正科一科,副科一科或二科,听讲时间必在 30 单位以上)
特别讲演	以一派为范围者,如儒家言、道家言、俱舍宗、天台宗、康德派、孔德派等
	以一人为范围者,如老子、孔子、朱子、王阳明、颜习斋、柏拉图、亚里士多德、斯宾诺莎、叔本华、斯宾塞等
	以一书为范围者,如《周易》、《论语》、《礼记》、《论衡》、《韦陀》、《法华经》、《华严经》、康德之《纯粹理性批判》、陆谟克之《动物学哲理》等
	以一主义为范围者,如性善论、太极图、唯物论、唯心论、进化论、一元哲学等。
	(以上科目,临时延聘名师讲演,各科学生自由听讲)

　　综合可见,除分属中国哲学类的中国哲学专业课程与分属西洋哲学类的西洋哲学专业课程之外,其他课程在两类中均有涉及,

---

　　① 潘懋元、刘海峰:《中国近代教育史资料汇编·高等教育》,上海教育出版社1993 年版,第 382—383 页。

其既可以深入细化为专业课程,也可以浅究泛化为通修课程。此外,诸如北京大学等尤为注重哲学通识教育理念的大学还会临时聘请哲学名师开设哲学讲演课程,面向所有学科门类学生开放,此亦是哲学通识教育课程的重要组成部分。

除哲学外,其他文科类中亦有与哲学直接相关的通识教育课程。如《大学规程》中有关文学门类中规定,中国文学类需修习哲学概论、美学概论、论理学概论课程,梵文学类需修习印度哲学、宗教学、中国哲学概论、西洋哲学概论、论理学概论、伦理学概论课程,英文学类、法文学类、德文学类、俄文学类、意大利文学类、言语学类需修习哲学概论、美学概论课程。北京大学文学门类的通修课程包括文学概论、中国文学史、西洋文学史、言语学、心理学概论、美学、教育学、外国语八门,其中心理学概论、美学、教育学三门均可算作哲学通识课程;史学门类预科课程中,国文、论理学概论、西洋哲学概论亦可作哲学通识课程计算。

综上可见,民初的哲学通识教育呈现如下几个特点:其一,哲学通识教育课程主要存在于预科及大学文科相关门类中,基本未普及到理科、工科中。这说明,"文理兼通"的理念虽已见于制度法令,但在实际操作层面尚未很好地落实。其二,伦理道德教育仍是哲学通识教育的核心内容,与清末相比,废除了忠君、尊孔等封建人伦道德的内容,更加强调美育的作用,强调教育培养独立完整人格、服务国家需要的重要性。其三,在课程设置中,无论是预科还是大学文科,都削弱甚至取消了经学、诸子学等相关读经的内容,转而增加了反映西方文化精神、介绍西方哲学理念的科目,如西洋哲学、心理学、生物学等。这说明,当时的哲学通识教育已经开始偏重西洋哲学。

3. 黄金时期的课程设置

1927 年，国民政府定都南京后，政局步入一个相对稳定的阶段，这虽然为哲学通识教育的发展带来了改革的机遇，但也使相应的行政管控更加严格。

这一时期，国民政府对大学的管控更为严格，哲学通识课程向以"三民主义"为宗旨的"党化教育"倾斜。为加强对大学的控制，贯彻"一个国民党"、"一个三民主义"的政策，国民政府在 1929 年 4 月通令公布了"三民主义"的教育方针，即"中华民国之教育，根据三民主义，以充实人民生活，扶植社会生存，发展国民生计，延续民族生命为目的；务期民族独立，民权普遍，民生发展，以促进世界大同"[①]。与此教育方针一同公布的还有 8 条具体的实施方针，其第一条即明确规定，"各级学校之三民主义之教育，应与全体课程及课外作业相贯连。……务使知识道德，融会贯通于三民主义之下，以收笃信力行之效"[②]。根据这一教育方针，1929 年 7 月，教育部公布的《大学规程》明确规定，大学各学院及独立学院均需将党义、国文、体育、军事训练及第一、第二外国文设为共同必修科目；1938 年，教育部整理大学的课程设置，将三民主义列为当然必修科目，计 4 个学分。

"三民主义"教育方针的确立，是这一时期哲学通识教育意识形态化的一个显著体现。我们知道，哲学通识教育首先是价值观、人生观、世界观的教育，它必定与主流意识形态的引导密切关联。在理念层面观之，国民政府将"三民主义"列为通识必修科目，以期通过三民主义教育培养出视国家建设需要为依归、以延续民族生

---

① 熊明安：《中华民国教育史》，重庆出版社 1997 年版，第 105 页。
② 熊明安：《中华民国教育史》，重庆出版社 1997 年版，第 106 页。

命为目的的本土化国民,这与"哲学通识教育必然是一种主流价值观教育"的要求是相契合的。在三民主义教育宗旨及其实施方针公布后,教育界也确有诸多"代表中国社会的需要"、"可以和建国政策相呼应"①的赞誉,且也正是在这种有法可依、有章可循的主流意识形态教育和引导下,民国中后期即使政局混乱,但依然培养出了大批优秀的通识人才,保证并支持了民族战争和国家建设的需要。但同样值得注意的是,从实践层面观之,此时"三民主义"教育内容在一定程度上已经违背了孙中山先生所提之"三民主义"原初的语意,其主要目的也非孙中山先生所提的"为国家服务,为社会服务",而是国民党"加强对大学师生的思想控制、使其一切言行都符合国民政府统治要求"的一种手段,在一定程度上违背了教育独立、思想自由这一教育主旨。因而,我们说,这一时期的"三民主义"教育,对哲学通识教育的发展既是机遇,亦有阻碍。

除"三民主义"教育方针的确立外,这一时期哲学通识教育的发展亦迎来了一些其他的机遇。首先,选科制和学分制的深化推行为哲学通识教育的发展提供了更为广阔的发展空间。1922 年教育部颁布的学校系统改革案规定了"大学采用选科制",1924 年教育部颁布的国立大学条例规定"国立大学各科系及大学院各设教授会规划课程及其进行事宜",这均为大学围绕通识教育理念开设相应哲学通识教育课程提供了宽松的管理氛围。1929 年,为提高大学教育质量,《大学规程》②增加提出"各科除党义、国文、体育、军事训练及第一、二外国文为共同必修科目外,须为未分系之

---

① 李华兴:《民国教育史》,上海教育出版社 1997 年版,第 462 页。
② 教育年鉴编纂委员会:《第二次中华民国教育年鉴·高等教育》,商务印书馆 1948 年版,第 495 页。

一年级学生设置基本科目"的规定,将"重视基础学科"提上了制度高度;同时,《大学规程》第九条规定,"大学各学院各科课程采取学分制,但学生每学年所修学分须有限制,不得提早毕业",这就将自由的"选科制"与有限制的"学分制"结合了起来,既保证了学生选课的自由度,又避免了无序选科的杂乱感。

其次,虽然国民政府发布的《大学法》[①]将大学的宗旨定位为"研究高深学术,养成专门人才",但当时教育部和一些较有影响力的教育家们都比较倾向于"大学应该实行通才教育"的主张。连曾任教育部长的朱家骅先生都认为:"今日大学课程设置,其序次轻重先后之际,必须尊重学术体系,使学生习于自力研究。专深之学,可任学生于毕业后继续求成,不必虑其专深之不躬,而纷设各种专门问题之课程,贪多骛高,反掩基本课程之重。"[②]朱家骅因此建议,大学所研究的学科必须由基础而入专门,做系统研究。再有浙江大学校长竺可桢、清华大学校长梅贻琦等著名大学校长,及谢循初、朱光潜、朱自清等著名教授,纷纷从大学管理或大学教学的角度出发,强调应立足于通识教育对现有大学课程进行改革。在教育家们的呼吁下,教育部从文、理、法三学院的课程设置入手,基于规定统一标准、注重基本训练、注重精要科目的原则,于1938年拟定了《文、理、法三学院各学系课程整理办法草案》,并正式发布《文理法三学院共同科目表》[③]。

---

① 教育年鉴编纂委员会:《第二次中华民国教育年鉴·高等教育》,商务印书馆1948年版,第493页。

② 教育年鉴编纂委员会:《第二次中华民国教育年鉴·高等教育》,商务印书馆1948年版,第495页。

③ 教育年鉴编纂委员会:《第二次中华民国教育年鉴·高等教育》,商务印书馆1948年版,第496—499页。

表 7-5 文学院所含共同必修科目

科目	学分数	科目	学分数
三民主义	4	科学概论 普通数学 普通物理学 普通化学 普通生物学 普通心理学 普通地质学 地学通论 （选习一种）	6
伦理学	3		
国文	6		
外国文	6		
中国通史 （注重文化之发展）	6		
世界通史 （包括西洋及亚洲各国史， 注重各国文化之发展， 及各国与中国之关系）	6	社会科学概论 法学概论 政治学 经济学 社会学 （选习一种）	6
哲学概论	4		
理则学	3		

总计 50 个学分。另有体育为当然必修科目。

表 7-6 理学院所含共同必修科目

科目	学分数	科目	学分数
三民主义	4	社会科学概论 法学概论 政治学 经济学 社会学 （选习一种）	6
伦理学	3		
国文	6		
外国文	6		
中国通史 （注重文化之发展）	6	普通物理学 普通化学 普通生物学 普通地质学 普通心理学 地学通论 （选习一种）	12—20
普通数学 微积分 （选习一种）	6—8		

总计 49—50 个学分。另有体育为当然必修科目。

表7-7　法学院所含共同必修科目

科目	学分数	科目	学分数
三民主义	4	科学概论 普通数学 普通物理学 普通化学 普通生物学 普通心理学 普通地质学 地学通论 （选习一种）	6
伦理学	3		
国文	6		
外国文	6		
中国通史 （注重文化之发展）	6		
世界通史 （包括西洋及欧洲各国史）	6	法学概论 政治学 经济学 社会学 （选习一种）	12
哲学概论 （注重各国文化之发展及各国与中国之关系）	3—4		
理则学	3		

总计55—56个学分。另有体育为当然必修科目。

　　对比可见，此时的哲学通识教育呈现出三个特点：其一，哲学通识教育作为一种主流意识形态教育的功能愈发凸显。如上述三表所示，"三民主义"成为各科居首的当然必修科目，国民政府"党化教育"的目标通过本土化的"三民主义"课程得到了落实。其二，"文理兼通"的理念不再停留于思想层面，而是以共同必修课程的形式落实在了实际大学通识教育之中。如上述三表所示，文科、法科学生需选修相应学分数的科学概论、普通数学、普通物理学等理科基础课程，理科学生也需选修相应学分数的社会科学概论、法学概论、政治学、经济学、社会学等文科基础课程，这种文理科交叉学习的规定，为真正实现胡先骕先生所言的"一人固可同时为牛顿、达尔文、瓦特、爱迪生与孔子、孟子也"提供了强有力的通识教育保证。其三,与哲学通识直接或间接相关的必修课程数量大大增加。伦理学、国文、外国文、中国通史为文理法学院共同必修之科目,而文学院、法学院还需修习世界通史、哲学概论、理则学科目,理学院需修习普通数学科目。其中,伦理学、哲学概论、理则学均与哲学通识教育直接相关;而国文、外国文、中国通史、世界通史课程中,涉及对中国及世界各国历史、文化、现实等内容介绍的部分,亦可纳入广义的哲学研究范畴,故也可纳入哲学通识教育课程体系之中;再有,诸如社会科学概论、社会学、普通心理学、法学概论等必修课程,亦是与哲学直接相关的学科,其与哲学研究有着密不可分的关联。

第四节　民国时期哲学通识教育的特色及其启示

在民国短短的几十年里,中国的哲学学科从无到有,哲学通识教育也取得了很大的成就。虽然就中国哲学通识教育的发展而言,整个民国时期都属于哲学通识教育的草创阶段,无论是教育理念还是课程设置,都还有很多不成熟、不完善的地方;但这一时期的教育家们为哲学通识教育付出了巨大的努力,不仅提出了诸多富有价值的哲学通识教育理念,而且还将这些理念尽可能地落实到了实践。民国哲学通识教育的发展为我们今天开展哲学通识教育积累了宝贵的经验,值得我们去认真学习和研究。

1. 民国哲学通识教育的特色

如上文所述,民国时期的哲学通识教育的开展可以分成史前阶段、发展阶段与黄金阶段三个分期,这三个开展阶段各自拥有自己的特色。

首先,在清朝末年及民国初年,在"中体西用"的纲领之下,哲学通识教育主要以中国传统经学为主,注重传统伦理道德的教育,并杂以中国诸子各家之学及外国历史文化。这种哲学通识教育的理念和实践彰显了中华文化的主体地位,有利于文化的传承和延续。但是由于这时的传统文化尚未经过现代性观念的洗礼,很多观念还十分保守,具有很强的前现代特性,并不十分适合现代国民的培养要求。

其次,在民国哲学通识教育的发展阶段,在蔡元培"养成健全人格"及"五育并举"教育理念的影响下,传统经学的地位被彻底否定,西方哲学和文化课程大量引入。如果将史前阶段的哲学通识教育特色概括为"保守"的话,这一时期哲学通识教育的特色就是"西化"。西方思想文化、特别是现代性的思想文化地位的提升,有利于国人开阔眼界,认识现代社会的状况,培养现代公民应具备的素质。但是,对传统文化的轻视和过度西化造成了思想文化的失衡,在某种程度上,不利于中西文化的平等交流和对话,从而不利于中华文化吸收、融合西方文化。

第三,在民国哲学通识教育的黄金发展阶段,哲学通识教育的理念和实践得到不断的修正并逐步进入正轨,但中国在此时又进入了生死存亡的时刻,亟须统一思想,加强思想政治宣传,于是,国民党的"三民主义"教育成为这一时期哲学通识教育的重点。"三民主义"教育的开展,有利于在全国上下统一思想,提高国民的思想政治觉悟,但亦有其弊端。那就是,一旦意识形态教育的比重太大或脱离哲学通识教育"智慧启迪"的基本功能,则对学生综合了解各种深邃思想,提升批判能力,养成健全的世界观、人生观是十分不利的。

2. 民国哲学通识教育的启示

民国时期教育家们提出的哲学通识教育理念虽有不同的侧

重,但其目标基本是一致的,那就是培养具有健全人格的国民。健全人格之重要,在于它是一切知识运用的基础,是人们领会生命存在及其意义的根本。而人格教育是不能被专业知识教育所取代的,这凸显了哲学通识教育的必要性。但由于时代的局限,民国时期中国的哲学学科刚刚发展、极不成熟,虽然教育家们提出了很多哲学通识教育的理念,但这些理念大都比较粗疏,缺乏翔实、系统的分析,甚至有的教育家并没有把哲学同其他人文学科区分开来。尽管如此,上文提到的种种哲学通识教育理念对今天哲学通识教育的开展依然具有很大的借鉴意义,是不可忽视的文化财富。

在"养成健全人格"、"通专平衡"等教育理念的指导下,哲学通识教育作为人文教育中的一个重要方面,在民国高校课程体系的设计中得到了落实。虽然在这一时期,哲学通识教育并没有形成独立的体系,但经学、伦理学、哲学概论等课程的设置表明,哲学通识课程已经具有了一定的独立性。这在哲学学科本身并不成熟、国家时局异常动荡的年代是十分难能可贵的。不过,在哲学通识课程的普及性上,民国时期的哲学通识教育主要普及到人文学科之间,在理工科的普及度比较小。在课程内容上,哲学通识教育的主要内容亦发生多次变化,从偏重传统经学到偏重西洋哲学再到推行三民主义,在起到了侧重意识形态教育和本土化转变等积极作用的同时,却也逐渐消解了哲学通识教育的独立性与智慧启迪的功能性,这对哲学通识教育的发展是十分不利的,也是未来开展哲学通识教育时应当注意的。

大体而言,民国哲学通识教育给我们的启示,主要体现在四个方面:

(1)哲学通识教育的必要性

哲学通识教育的必要性,主要体现在"养成健全人格"与"通专平衡"的教育理念中。教育的目的是育人。育人不仅仅是培养人们的知识和技能，更重要的是使人们树立正确的价值观、人生观和世界观，而这只有通过哲学教育才能完成。哲学的特点是综合，哲学并不能教给人们具体的知识，但是可以把人们学到的知识有机地统合起来，从而使人们拥有对人生、对世界的整体把握。这种把握不是知识性的把握，而是一种通情达理的智慧，也就是"健全的人格"。只有拥有健全的人格，"知识"和"技能"对社会的价值才能实现，否则就只能取得相反的结果。因此大学教育不能只教授知识和技能，必须培养学生的人格和修养，使学生在人格和知识之间形成平衡。民国时期的教育家们充分意识到了人格教育的重要性，而具体到学科上，也就是凸显了哲学通识教育的必要性。

（2）哲学通识教育的独立性

民国时期，虽然教育家们非常重视哲学通识教育，甚至开设了纯粹的哲学课程，但由于当时中国的哲学学科并不成熟，"哲学通识教育"的观念并没有从笼统的人文通识教育的观念中独立出来。虽然哲学通识教育属于人文通识教育中的一种，但它拥有自己独特的思维方式、研究对象和研究方法，因此它不应被混淆入文学、美学、意识形态等通识教育中。它应该拥有自己独立的存在地位。当然，哲学通识教育的独立性依赖于哲学作为一门独立学科的发展程度。民国时期，哲学学科的发展刚刚起步，因此很难在通识教育上凸显哲学通识教育的独立性。但在今天，哲学通识教育的观念应该被鲜明地提出来，并贯彻到具体的课程设计中去。

（3）哲学通识教育的体系性

民国时期的哲学通识教育特别缺乏体系性，除了洋务运动到民国初年，哲学通识课程基本延续传统文化的教育体系外，其他时期一般只是开设了哲学概论和伦理学等少数几门课程。而这样的几门概论课程一般很难达到"培养健全人格"的目标。哲学通识课程应该充分考虑讲授哪些内容、对不同专业者授课难度是否应该相同、如何由浅入深地设计哲学通识教育的系列课程等问题。或者说,哲学通识教育的开展应该是一种系统实践,而不是零星地开展。因此,加强授课内容及课程设计的体系性,是当今开展哲学通识教育必须思考的问题。只有系统地开展哲学通识教育活动,"培养健全人格"的目标才能实现。

(4) 哲学通识教育的本土性

民国哲学通识教育的本土性,主要体现在"与主流价值观一致"的指导理念与"与时俱进"的操作实践中。"培养什么人"是一切教育改革的出发点和根本点,也是贯穿民国哲学通识教育发展始终的指导性纲领。哲学通识教育所要培养的并不是价值中立的"健全人格",而是具有浓厚的本土特色、与主流价值观相一致的"国民"。从"中体西用"到"五育并举"再到"三民主义",民国哲学通识教育一直在"与主流价值观一致"的理念指导下朝着"本土化"的实践目标努力,因而每个发展阶段才会显得各有特色。同样,在当下中国,只有以"本土化"为指导纲领,推进"与主流价值观相一致"的哲学通识教育体系建设,才能真正培养出具有世界眼光、中国灵魂的现代中国公民。

第八章　中国特色的哲学通识教育的教学体系改革与建设

建构中国特色哲学通识教育,关键在于指导纲领的确立,重点则在教学体系的建设与改革。中国特色哲学通识教育的教学体系建设与改革需要从三个方面发力:一是提供符合时代需要的科学合理的教学内容;二是提供符合哲学本性、贴近学生思想实际的教学方式,让学生真正感受到哲学的魅力;三是主动适应信息技术与教育教学深度融合的时代潮流,建设各种类型的在线课程,扩大和强化中国特色哲学通识教育的辐射面和影响力。

第一节　中国特色的哲学通识教育建设的指导纲领及其目标

不同的指导纲领产生不同的发展方向和培养目标,不同的发展方向和培养目标培养出不同类型的人才。国外哲学通识教育在国外一流大学人才培养方面取得成功,其中蕴含的"本土化"指导纲领也应该成为我国的哲学通识教育建设的指导思想,这也是对我国的哲学通识教育初步实践经验的呼应。

1. 本土化是中国哲学通识教育建设的指导纲领

何谓本土化？一般认为，本土化是一种积极吸收先进的外来文化，并依据自身文化生态系统和现实需要，将其转化为自身发展所需的滋养并形成其独特的发展模式的过程。"本土化"隐含一个前提，即不同文化背景下的思想观念与社会实践应该不能完全不同。一种先进的具有借鉴意义的思想观念与社会实践欲落地于异地他乡，必先经过一个本土化的过程，否则如"橘生于淮南谓之橘，植于淮北谓之枳"，产生水土不服反应。这是因为我们可以把他们的理念移植过来，但我们不能把他们的生活条件和社会环境以及孕育他们理念的社会条件也移植过来。同时，"本土化"也意味着在坚持规律普遍适用的前提下存在个性差异，即所谓的"特色"，存在形式上的多样性。可见，本土化是事物"移民"后健康发展的内在规律。

2014 年 5 月 4 日，习总书记在北京大学师生座谈会上强调指出："办好中国的世界一流大学，必须有中国特色。没有特色，跟在他人后面亦步亦趋，依样画葫芦，是不可能办成功的。这里可以套用一句话，越是民族的越是世界的。世界上不会有第二个哈佛、牛津、斯坦福、麻省理工、剑桥，但会有第一个北大、清华、浙大、复旦、南大等中国著名学府。我们要认真吸收世界上先进的办学治学经验，更要遵循教育规律，扎根中国大地办大学。"①这一指示增强了我国新时期哲学通识教育的改革和建设本土化道路的自觉和自信。任何一种改革都必须要立足本土，只有找到一条与本国国情

①　习近平：《青年要自觉践行社会主义核心价值观——在北京大学师生座谈会上的讲话》，《人民日报》2014 年 5 月 4 日。

和民族文化相契合的发展道路，才能最终取得改革的成功；相反，跟在他人后面，照猫画虎，盲从他人经验，最终的结局只能是吞下失败的苦果。显然，这一点正是当前我国哲学通识教育的前身（通识教育）改革所面临的一个重要问题。目前，许多高校都在进行通识教育改革实践，然而，在一些学校看来，似乎一提到通识教育，那就是哈佛或耶鲁的通识教育，于是主张全盘移植它们的设计方案，殊不知，这样做恰恰就失去了本土化的反思意识。国外一流大学的通识教育经验告诉我们，不论是哈佛大学还是耶鲁大学，它们之所以能够取得改革的成功，并不是由于它们照搬照抄了欧洲的自由教育，恰恰相反，而是因为它们能够从本土视野出发，立足美国国情，实现了对欧洲自由教育的全面革新，从而建构了一套具有美国特色的通识教育模式。我们对待美国通识教育，应当像美国大学对待欧洲自由教育的态度那样，形成一种自觉的本土反思意识，扎根本民族文化，以中国问题为根本，充分吸收和借鉴它们的成功经验，积极建构一套与我国基本国情和时代发展相符合的、具有中国特色的通识教育模式。我们一方面要坚决维持本国、本地区、本民族中传统教育所蕴含的优秀因子，另一方面还要积极吸收外来文化教育中先进的因子，两方面融会贯通，进而演化重生。

　　鉴于中外历史文化渊源、教育现状及发展水平的差异，中国哲学通识教育建设的本土化必然彰显中国特色。首先，中国哲学通识教育建设本土化要充分体现出马克思主义的世界观和方法论的指导。马克思主义关于世界的物质性及其发展规律、人类社会及其发展规律、认识的本质及其发展规律等原理，为我们研究把握哲学社会科学各个学科各个领域提供了基本的世界观、方法论。它是中国特色哲学社会科学发展的指导思想，也是中国哲学通识教育建设的指导思想。其次，中国哲学通识教育建设本土化必然要传承中华文化血脉、扎根中国大地、反映中华民族意愿,适应中国和时代发展进步要求。第三,中国哲学通识教育建设本土化必须要具有国际视野,以宽广的胸怀和平等、包容、互鉴的态度对待其他国家教育,通过交流沟通、学习借鉴不断提升水平,通过国际合作解决面临的共同问题,推动人类文明进步。第四,中国哲学通识教育建设本土化必然要体现出鲜明的时代特征,是不断改革创新、与时俱进的现代教育。最后,中国哲学通识教育建设本土化坚持本土不忘外来。"泰山不让土壤,故能成其大;河海不择细流,故能就其深。"在兼收并蓄中博采众长,善于吸收一切人类文明成果。总之,中国哲学通识教育建设应植根于中华文化沃土,反映中华民族意愿,适应中国和时代发展进步要求,体现自身的基本特征,这是我国哲学社会科学发展的源头活水。

2. "认识世界,学会做人"是中国哲学通识教育的宗旨

"培养什么样的人"始终是教育必须思考的战略性问题之一。这个问题的"解"是由国情世情、传统文化和时代精神等因素决定的。就新时代的中国哲学通识教育而言,不管是借鉴国内外的实践经验,还是依据通识教育的本质要求,不管从社会需要的角度看,还是从大学生毕业后的职业发展看,其培养的人都应具备三种品质,即:"认识世界,学会做人","中国灵魂、世界眼光的现代公民","培养和践行主流核心价值观、传承优秀传统文化、具有创新思维和世界视野"。

"认识世界,学会做人"是中国哲学通识教育的宗旨,其旨趣在于通过积极培育大学生的哲学素养和人文精神,帮助其正确地认识世界、认识社会、认识自己以及人与社会之间的关系,从而形成通达地驾驭自我和做人处世的能力,真正成长为一名符合时代要求的"完整的人"。"认识世界"意味着睁眼看世界,打破封闭、狭隘

限制，以开放的心态接受世界信息，丰富内在世界。"学会做人"就是要形成通达地驾驭自我和做人处世的能力。"认识世界"是"学会做人"的前提条件，"学会做人"是"认识世界"的基本功能。马克思认为："人的本质不是单个人所固有的抽象物，在其现实性上，它是一切社会关系的总和。"①马克思关于"人的本质"这一论述揭示了个体与社会、个体与世界的共生共存关系。人与世界的关系构成了我们无法逃离的生存结构。正确认识和妥善处理人与世界、人与人之间的关系就理所当然地成为我们的天职，这是我们追求幸福、享受幸福的前提。科学使人聪明，哲学教人智慧。没有科学知识和技能，现代人无法更好地生活；没有哲学素养，人就找不到生存的意义。哲学即爱智慧，哲学的无用之用就在于为人提供观世界、观人生的方法，进而形成世界观和人生观，启迪智慧，引导人成为人。这一点对于当代大学生来说尤其重要。

　　成长先成人，做事先做人。"学会做人"是成长和做事的逻辑基础和前提。"认识世界、学会做人"，这一宗旨全面强化了做人的重要性及哲学的智慧启迪和成人育人功能，试图实现科学知识教育与成人教育、意识形态教育与智慧启迪的有机统一。首先，这是培养与主流价值观相一致的世界观和人生观的需要。面对日益变化、日益开放的世界，尤其在互联网时代各路信息鱼目混珠、真假难辨，当代大学生很容易受到各种环境因素和各路信息的影响、冲击乃至裹挟，难以自发地形成并巩固一种与主流价值观相一致的世界观和人生观。也就是说，当代大学生现实地需要通过哲学通识教育，掌握方法，正确地认识自然、社会、他人、自我以及自我与世界的关系，并从中汲取智慧，树立正确的世界观和人生观，形成

---

① 《马克思恩格斯选集》第 1 卷，人民出版社 2012 年版，第 135 页。

通达地处世、做人的原则和能力,从而能够成长、成人,最终能够自信自立地走进社会。其次,是个性自由与共同体意识的有机统一的需要。自文艺复兴以来,个体意识逐渐从神的意志中解放出来,个性得到张扬。就中国而言,随着改革开放尤其是独生子女时代的到来,人们的观念发生了巨大变化,现代人的自我意识不断得到伸张,甚至发展到极端个人主义的地步,世界、他者在一部分人面前退却。社会生活实践证明:个人的成长与幸福生活离不开个体与世界、他者和谐共建。再次,是工具理性与价值理性有机统一的需要。工具理性与价值合理性之间的矛盾几乎是折磨当今中国社会的梦魇,是知与行分离的罪魁祸首。在工具理性思维支配下,人们往往用"有用"与"无用"作为依据来评判事物的价值,且不论这种"有用"、"无用"的判断正确与否,但这种功利性评判造成了目光短视、急功近利的社会现象,给社会健康发展造成很大危害。另一方面,由于长期缺失价值合理性的引导,长远利益和整体利益得不到保障,找不到生活意义,其产生的物质后果和精神后果最终反馈给社会。哲学能使人超越,能提高人的生活境界,能代替原教旨主义信仰。如冯友兰先生提出的"哲学代宗教"思想,哲学也能保持工具理性和价值合理性的合理张力。最后,这是正确处理文化"一"与"多"关系的需要。不同的文化有不同的"神",文化基因决定了不同的文化孕育不同的生活逻辑、风俗习惯和行为方式等,除了更深入理解不同的文化外,我们很难用我们的原理来适应异质文化的生活逻辑,文明的冲突本质上就是用某一种文明作为标尺粗暴地裁剪其他文明,其后果是现代人不愿面对的悲剧。每一种文化都是历史发展过程,都是精华与糟粕的混合物。丰富的哲学素养和人文精神有助于主体用发展辩证的眼光对待不同文化,开阔眼界,提升境界,兼容并蓄,在坚持自己文化的同时包容其他文化，然后才能用自己的生活逻辑服务他者，实现真正的世界和谐。总而言之，正因为哲学通识教育具有这种成人、育人的重要功能，《高等学校哲学社会科学繁荣计划（2011—2020 年）》明确提出应当"积极宣传哲学社会科学优秀成果，弘扬优秀传统文化，传播科学理论，满足人民群众日益增长的精神文化需求，提高公众人文素质"。

3. "世界眼光、中国灵魂的现代公民"：新时代哲学通识教育的培养目标

如果说，培养大学生"学会做人"是哲学通识教育的最基本也是最重要目标。那么，培养大学生做具有"中国灵魂、世界眼光的现代公民"则是新时代哲学通识教育的培养目标。

当前，全球化、现代性几乎成为家喻户晓的概念，互联网的普及使人们实实在在地感受到中国与世界的空间变换和传统与现代的时空转移，这种现实存在必然对新时代大学生提出更高的素质要求，中国哲学通识教育培养目标应该自觉顺应这种时代要求。早在 1983 年 10 月 1 日，邓小平就为北京景山学校题词："教育要面向现代化，面向世界，面向未来"。这不仅为新时期的教育改革和发展指明了方向，而且也为新时期大学生的成长、成人指明了方向：成人就要成为具有世界眼光、中国灵魂的现代人。所谓"现代公民"意味着能正确认识我们身处其中的现代社会，以形成符合现代社会要求的认知、情感、意志、品质、能力和行为方式；"世界眼光"意味着能够从全球化的角度来看待世界以及处于世界中的中国，进而形成与这个全球化时代相匹配的国际视野和国际化交往能力；而"中国灵魂"则意味着能够正确认识中国的文化传统，能够正确地知道自己在何种意义上是一个中国人，对自己身份能够正确自我确认和认同，从而真正成为一个具有中国灵魂的中国人。

新时代我国哲学通识教育应当努力以"中国灵魂、世界眼光的现代公民"为培养目标,引导当代大学生做真正符合中国主流价值观和时代发展需要的现代公民。

第二节　中国特色哲学通识教育的课程内容建设

加强课程内容建设,提供符合时代需要的科学合理的教学内容,是中国特色哲学通识教育从理念变成现实的重要任务之一。虽然,中国特色哲学通识教育是中国特色通识教育百花园中的一个后来者,但是正所谓"后来居上",起步晚也有起步晚的优势:中国特色哲学通识教育可以在充分反思既有通识教育(特别是其中的哲学通识教育)实践的经验与失误的基础上,加强顶层设计,更加自觉地扎根中国大地,科学设计课程内容,更加自觉全面地处理好与其他教育实践的关系问题。

1. 当前国内哲学通识教育课程内容设计方面存在的问题及其对策

20 世纪 90 年代中期以后,我国的哲学界开始参与通识教育,在哲学通识教育方面进行了积极的探索,取得了一些有益的成果。在这一方面,吉林大学孙正聿教授的工作最值得铭记。孙正聿教授是国内最早开始反思、批判传统哲学教育的学者之一。在此过程中,他力图回到哲学本身,重新阐释和讲授哲学,并在 1995 年开设了一门全新的"哲学通论"课程,后于 1998 年出版了建国后国内学者撰写的第一部《哲学通论》教材。此后,哲学通论或哲学导论课程作为一门哲学通识课程在部分高校推广普及开来,同类教材也相继涌现。哲学通识教育就此进入一个快速发展期。不过,经过短暂的快速发展后,哲学通识教育的发展很快就遭遇瓶颈:课程、教材、教师的增长显著放缓甚至开始萎缩，更重要的是，原本被寄予厚望的哲学通识教育并没有达到人民满意、教师支持、学科认可的理想结果。造成这种局面的原因无疑是多方面的，课程内容设计不科学、不合理则是其中最重要的原因之一。

　　第一，哲学通识教育课程存在较为严重的因人设课现象，教学内容设计缺乏本土化纲领的指导。我国目前的哲学通识教育改革与建设基本上还处于摸索阶段。哲学通识教育应当教什么？绝大多数院校都缺乏专门的机构或机制进行规划和协调。在现实中，相当数量的任课教师都是在学校开展哲学通识教育改革的大环境下匆忙上阵，既不清楚通识教育的目标，也无充足的时间和精力思考、规划、论证课程的教学内容，其结果就是新瓶装旧酒，以哲学通识课程之名，行原有的哲学专业教学之实。也有一些教师有备而来，或宗法欧美哲学教育，或以港台国学教育为师，较为系统地引进、移植了一些教学内容进行教学实践。不过，这种类型教学实践的结果并不理想，最终应了那句古话："橘生淮南则为橘，生于淮北则为枳，叶徒相似，其实味不同。所以然者何？水土异也。"上述情况的存在说明，我国目前的哲学通识教育尚处于引进阶段，未能确立本土化纲领的指导。

　　第二，个别高校的哲学通识教育教学内容的设计游离于中国社会主义核心价值观，有时甚至走到中国教育基本目标的对立面。当前教育界存在一种观点，认为通识教育是对过去以政治价值观为主导的专业教育模式的一种替代，是一种去意识形态化的价值中立教育。如果说过去的教育模式过分强调了价值观引导的政治功能，那么，这一观点则试图取消主流价值观教育的合法性，完全走向了另一个极端：个别高校所推行的哲学通识教育实质上要把学生培养为符合西方自由主义价值观的合格"公民"。党的十八大报告明确指出："坚持教育为社会主义现代化建设服务、为人民服务,把立德树人作为教育的根本任务,培养德智体美全面发展的社会主义建设者和接班人。"①这是回答了"培养什么人、怎样培养人"的问题,这个问题关乎党和国家前途命运。我们应该清楚地看到,通识教育尤其是哲学通识教育绝不是一种消除主流价值观引导的中立教育,相反,它本身就是一种价值观教育。如果缺少了后者的引导,哲学通识教育必然会失去方向,沦为各种腐化思想的温床;反过来,如果哲学通识教育培养出来的学生不符合这个社会主流价值观的要求,那么这种通识教育必然是一种失败的教育。因此,哲学通识教育应紧密围绕教育的人才培养目标,围绕"立德树人"这一根本任务来进行。我们认为,教育不仅要传授知识、培养能力,还要把社会主义核心价值观充分融入哲学通识教育的课堂教学之中,引导大学生树立正确的世界观、人生观和价值观,使他们认识到自己承担的是坚持和发展中国特色社会主义、实现中华民族伟大复兴的中国梦的历史使命。在现实教学中,一些教师在教学内容的设计上没有紧密结合我国社会主义核心价值观,有的甚至走到中国教育目标的对立面,这背离了党的十八大提出的教育方针,也背离了哲学通识教育的初衷。

第三,哲学通识教育尚未真正确立以学生为本的理念,教学内容设计存在脱离学生实际的倾向。以学生为本是现代教育改革发展的大趋势。哲学通识教育也应确立以学生为本的理念。以学生为本并不是要放弃教师的引导作用,一味迎合学生,而是说教学内容的设计要与时俱进,切合学生的需要,符合学生的知识水平和接

---

① 胡锦涛:《坚定不移沿着中国特色社会主义道路前进,为全面建成小康社会而奋斗——在中国共产党第十八次全国代表大会上的报告》,人民出版社 2012 年版。

受能力。在现实教学中，很多教师通常是以自己为中心，基于自己所认为的学生应当接受的内容来进行教学设计，其结果自然是南辕北辙，脱离学生实际，无法满足学生的需要。

发现问题是解决问题的前提。了解我国当前哲学通识教育的主要症结在哪里，我们接下来就可以对症下药、辨证施治。如果说上一节内容已经为我们解决第一、第二个问题指明了基本方向的话，那么，转变观念、通过开展调查研究掌握学生实际，就是我们解决第三个问题的主要方法。

2011 年 9 月，我们在南京大学 2011 级新生中开展了一次哲学素养调查，以期为南京大学当时正在进行中的哲学通识教育改革提供客观的实证依据。[①] 2015 年，也就是在南京大学的哲学通识教育改革进行了 4 年以后，我们再一次开展问卷调查，力图对我们所施行的哲学通识教育的成效、问题进行客观测评。[②] 基于这两次实证调查，我们发现，当代大学生对哲学通识教育存在三种需求。第一种是教育需求。当代大学生渴望通过对哲学的学习，来完善自己的知识结构，提升自己的理论修养；同时，他们还渴望在哲学通识课上了解哲学经典并培养阅读经典的能力，因为"人类文明的成果，就是通过经典的阅读而代代相传的"。第二种是现实需求。当代大学生往往是带着关于社会、人生的困惑走向哲学通识教育的。学生在现实的学习生活中遇到了问题，希望在课堂上找到解决问题的答案，希望课堂的学习能够帮助他们解答人生的困惑，让他们明白生存价值的意义所在。第三种是发展需求。只有哲学教育才能真正培养学生看问题、解决问题的思维方式和创新

---

① 　张亮：《对大学生哲学素养的调查研究》，《重庆大学学报》2013 年第 2 期。

② 　参见本书附录二。

能力,促进学生的精神修养和人格升华。因此在哲学通识教育教学内容的设计上,除了基本的知识性内容,还应该增加思维的训练以及能促进学生更好地认识世界和自身等方面的内容。对于哲学通识教育,既然学生存在上述需求,那么,教育者就有责任和义务去满足这些需求。

2. 中国特色哲学通识教育教学内容设计应当遵循的五个原则

基于我们自己的改革与建设实践,以及通过对国外大学的哲学通识教育建设经验和规律的总结与分析,我们认为,在开展中国特色哲学通识教育的教学内容设计时,应当遵循以下五个原则。

第一,中国特色哲学通识教育教学内容应当包含科学的理想信念。哲学通识教育的重要任务之一就是在大学生中开展意识形态教育,帮助大学生树立科学的理想信念。这个科学的理想信念就是确立马克思主义的坚定信念,树立共产主义的远大理想。在哲学通识教育教学内容的设计上,要加强马克思主义哲学教育,加强马克思主义的引导作用。习近平总书记在第二十三次全国高等学校党的建设工作会议上指出,高校肩负着学习研究宣传马克思主义、培养中国特色社会主义事业建设者和接班人的重大任务。[①]马克思主义是关于人类解放的学说,是为人们谋幸福的理论,是实现人的自由全面发展的理论。毛泽东指出:"指导我们思想的理论基础是马克思列宁主义。"马克思主义给我们提供的理论思想,就是要我们掌握人类历史发展的客观规律,在此基础上形成正确的世界观、人生观和价值观,树立科学的理想信念。所以说,理想信念不是自发产生的,必须把理论思想作为自己的坚实基础。我们

---

① 习近平:《坚持立德树人思想引领,加强改进高校党建工作》,《人民日报》2014年12月30日。

的理想信念是建设中国特色社会主义、实现共产主义，因此我们的理想信念就应当用马克思主义和中国特色社会主义的理论来支撑，必须把系统地掌握马克思主义理论作为我们的"看家本领"。①党的十八大报告也提出："推进马克思主义中国化时代化大众化，坚持不懈用中国特色社会主义理论体系武装全党、教育人民，深入实施马克思主义理论研究和建设工程，建设哲学社会科学创新体系，推动中国特色社会主义理论体系进教材进课堂进头脑。广泛开展理想信念教育，把广大人民团结凝聚在中国特色社会主义伟大旗帜之下。"②马克思主义作为科学的理想信念，能够引导我们的思想，影响我们观察思考问题的方式方法，让我们在复杂多变的国际环境中，认清资本主义的本质，认清其他一些社会主义挫折与失败的原因，不断深化对中国特色社会主义的理解和认识，激励并指导我们开展有益的实践，在这个过程中，不断推动社会向前发展。

第二，中国特色哲学通识教育教学内容应当体现主流价值观。价值观教育是大学通识教育的内在职责和使命。捍卫和弘扬本国的主流价值观，可以说是大学教育的通则，也是大学建设和发展的惯例。教育说到底只是一种方法，价值观教育才是教育的本源，只知其法而不知其源，难免会失去教育的本真。1947 年美国高等教育委员会发表的名为《美国民主社会中的高等教育》的报告书中指出："普通教育应该给予学生能在一个自由社会里正确完满生活所需要的价值观念、态度、知识和技能。"其中明确规定课程目标为

---

① 孙正聿：《为什么要用马克思主义理论支撑我们的理想信念》，《党建》2014 年第 5 期。

② 胡锦涛：《坚定不移沿着中国特色社会主义道路前进，为全面建成小康社会而奋斗——在中国共产党第十八次全国代表大会上的报告》，人民出版社 2012 年版。

"保持与扩大美国社会必需的伦理和社会价值"。这表明,通识教育和主流价值观是内在一致的,前者本身就包含后者,如果前者培养出来的人是与主流意识形态相悖的,那么,这种通识教育必然是一种失败的不合时宜的教育。哲学通识教育作为通识教育的核心和基础,以其独特的学科特点体现了其在主流价值观教育中的重要意义。可以说,二者在理念上是相契合的,共同指向并服务于人的全面发展这个目标。因此,哲学通识教育应成为主流价值观教育的重要渠道,使主流价值观的引导和塑造成为哲学通识教育的基本职能。当前我国社会的主流价值观是社会主义核心价值观。党的十八大报告指出:"倡导富强、民主、文明、和谐,倡导自由、平等、公正、法治,倡导爱国、敬业、诚信、友善,积极培育和践行社会主义核心价值观。"[①]社会主义核心价值观是国家的价值目标、社会的价值取向、个人的价值准则的高度凝结,体现了社会主义本质要求,体现了马克思主义的指导思想、中国特色社会主义共同理想。它是一种处世的标准,指导我们的言与行。习近平同志在视察北京大学同师生座谈时指出:"我国是一个有着 13 亿多人口、56 个民族的大国,确立反映全国各族人民共同认同的价值观'最大公约数',使全体人民同心同德、团结奋进,关乎国家前途命运,关乎人民幸福安康",为此他强调必须"把培育和弘扬社会主义核心价值观作为凝魂聚气、强基固本的基础工程"。他还指出:"青年的价值取向决定了未来整个社会的价值取向,而青年又处在价值观形成和确立的时期,抓好这一时期的价值观养成十分重要。"[②]为此,

---

① 胡锦涛:《坚定不移沿着中国特色社会主义道路前进,为全面建成小康社会而奋斗——在中国共产党第十八次全国代表大会上的报告》,人民出版社 2012 年版。

② 习近平:《青年要自觉践行社会主义核心价值观——在北京大学师生座谈会上的讲话》,《人民日报》2014 年 5 月 5 日。

高校应充分发挥哲学通识教育的重要作用,把人的全面发展作为教育目标,把培育社会主义核心价值观作为一项重要任务,使主流价值观融入大学生的社会性发展需求之中,使主流价值观与大学生的成长需求相结合,并能内化为大学生的自身发展需要,把大学生培养成具有坚定信仰和完善人格的人。习近平同志还指出:"在当代中国,我们的民族、我们的国家应该坚守什么样的核心价值观? 这个问题,是一个理论问题,也是一个实践问题。"①因此,哲学通识教育不仅要重视理论知识的传授,还要注重引导大学生投身实践,使他们成为主流价值观的自觉践行者。

第三,中国特色哲学通识教育教学内容应弘扬中华优秀传统文化。要使当代大学生真正成为一个具有中国灵魂的人,应当引导当代大学生正确认识中华优秀传统文化,不仅知道我们在何种意义上是一个中国人,而且明白我们只有作为一个中国人才能成为受到其他民族、国家、地区的人们尊重的现代人。习近平总书记指出:"抛弃传统、丢掉根本,就等于割断了自己的精神命脉。博大精深的中华优秀传统文化是我们在世界文化激荡中站稳脚跟的根基。中华文化源远流长,积淀着中华民族最深层的精神追求,代表着中华民族独特的精神标识,为中华民族生生不息、发展壮大提供了丰厚滋养。"②因此,哲学通识教育不仅包括马克思主义哲学教育,还应包括儒、释、道在内的中国传统文化教育。儒、释、道三家蕴含着丰富的哲学思想,共同构成了博大精深的中华传统文化。儒家是社会组织的哲学,也是日常生活的哲学,强调人的社会责任

---

①　习近平:《青年要自觉践行社会主义核心价值观——在北京大学师生座谈会上的讲话》,《人民日报》2014 年 5 月 5 日。

②　习近平:《在中央政治局第十三次集体学习时的讲话》,《人民日报》2014 年 2 月 26 日。

和人的自身德行,强调仁义道德,强调"格物、致知、诚意、正心"和"修身、齐家、治国、平天下"。道家认为人世生活应该效法天道自然,倡导无为而治的价值理念,强调人内心自然自发的东西,想揭示宇宙事物变化的规律,如果一个人懂得这些规律,并且遵循这些规律以调整自己的行动,他就能够使事物转向对他有利。佛学在中国主要指禅宗,大概在公元 1 世纪,佛教传入中国,与中国本土文化结合,联系着中国的哲学传统发展起来。我们知道,佛教的中道宗与道家哲学相互作用,产生了禅宗,它对于中国哲学的影响深远,它强调宇宙的一切事物都是心的表现,一个人的存在,就是一连串的因果造成的。这一连串的因果报应,就是"生死轮回"。以儒、释、道为代表的中国传统文化是中华文明历经沧桑而积淀下来的精华,是中华民族五千多年文明智慧最基本的元素和最珍贵的结晶,承载着伟大的民族精神和优良的道德传统。它赋予了中华民族以精深厚重的气质和智慧。① 这是现今人文主义情怀欠缺的西方世界所不能及的。因此,哲学通识教育弘扬中华优秀传统文化也是使命所在,责任所在。以南京大学为例,南京大学哲学系面向全校学生开设的"《孟子》研讨"、"中国古代人生哲学"等课程,以及开展已有 8 年之久的南大哲学系国学启蒙班的暑期社会实践,都是哲学通识教育的生动例子,通过课堂讲授和社会实践等多种形式,使当代大学生认知和亲近中华五千年的灿烂文明,深刻领悟其思想精华和道德精髓,提升大学生对中华民族的价值认同感和精神归属感,增强民族自信、文化自信。我们不仅要让中国优秀传统文化中的哲学智慧影响中国,更要影响全世界。

---

① 王泽应:《论承继中华优秀传统文化与践行社会主义核心价值观》,《伦理学研究》2015 年第 1 期。

　　第四,中国特色哲学通识教育教学内容应当为创新人才的培养提供批判思维训练。哲学通识教育应该让大学生养成善于思考、勇于反思的质疑和批判精神。罗素在他的《哲学问题》一书中说:"哲学的根本特征是批判。"这说明,学哲学是锻炼和提高批判思维能力的有效途径。恩格斯也说:"理论思维仅仅是一种天赋的能力。这种能力必须加以发展和锻炼,而为了进行这种锻炼,除了学习以往的哲学,直到现在还没有别的手段。"①哲学本身是一种特殊的思维方式,具有高度的概括性和抽象性,是对人处理和驾驭外部生活世界的认识和实践活动成果进行的概括、反思和总结,它能培育人的理性和批判思维,而批判思维又对创新人才的培养具有非常重要的意义。爱因斯坦曾经说过:"想象力比知识更重要,因为知识是有限的,而想象力概括着世界的一切,推动着进步,并且是知识进化的源泉。"知识是对过去的总结,是人们已有的共识;而想象力是打破固有模式和惯性思维,是创新的开端。他还说:"提出一个问题往往比解决一个问题更重要。提出新的问题、新的可能性,从新的角度去看旧的问题,都需要有创造性的想象力。"这种想象力就是我们所说的批判思维。因此,哲学通识教育要培养学生的批判思维,使学生的批判思维得到充分的锻炼,这样才能激发学生的想象力,提出有创造性的见解。那么,我们具体在哲学通识教育中如何培养批判思维呢? 就是要让学生学会反思,反思是批判思维的本质特征,批判思维也正是在不断的反思中培养出来的。黑格尔在他的《小逻辑》中也说:"哲学的认识方式只是一种反思——意指跟随在事实后面对既有经验和现实对象的反复思

---

　　① 《马克思恩格斯选集》第 3 卷,人民出版社 1995 年版,第 465 页。

考。"①也就是说,"反思"是思想以自身为对象反过来而思之。既然哲学具备这样的本质,那么我们不难看到,这种反思、批判的思维特点可以贯穿于哲学通识教育的全过程。

第五,中国特色哲学通识教育教学内容应当帮助大学生拓展国际视野、树立世界眼光。1983 年 10 月 1 日,邓小平为北京景山学校题词:"教育要面向现代化,面向世界,面向未来"。这不仅为新时期的教育改革和发展指明了方向,而且也为新时期大学生的成长、成人指明了方向:成人就要成为具有世界眼光、中国灵魂的现代人。哲学通识教育应该开设相关课程,使大学生了解异国的历史和现状、哲学思想、宗教信仰和文化传统,这样才能让学生对异国和异域文明有一定深度的了解,真正"认识世界",最终能够使全人类的优秀思想资源充实学生的心灵。事实上,有统计数据表明,中国的大学生对于西方的哲学、宗教也有着浓厚的兴趣。因此,我们应该充分满足学生的需求,为他们提供尽可能多的学习平台,引导他们站在一定的高度去看待我们身处在其中的这个世界。高度决定视野,所谓"会当凌绝顶,一览众山小",便是如此。站得高,就能看得远,视野有多宽,你未来的成就便有多大。世界眼光是一种看问题、想办法的胸怀、视野和境界。世界眼光要求大学生以海纳百川的胸怀去了解世界各国丰富多彩的先进文化;以合作的精神去参与国际竞争与交流,尊重差异,学习与世界他国人民交往的技能;以和平的信念去关心全人类的共同发展,担负起"全球公民"的责任和义务;以强烈的民族自尊心在世界上传播中华优秀传统文化,扩大中华优秀传统文化的辐射力,要让全世界了解中国,敬畏中国;最终使自己成为具有国际竞争力、中国灵魂和世界

---

① [德]黑格尔:《小逻辑》,贺麟译,商务印书馆 1982 年版,第 7 页。

眼光的现代人。

3. 中国特色哲学通识教育教学内容设计中应当妥善处理的三个问题

哲学通识教育归根结底是通识教育的一个有机组成部分。因此，哲学通识教育的教学内容设计不能脱离通识教育乃至整个高等教育大局。事实上，我们只有立足通识教育乃至整个高等教育改革的大局，着重处理好以下几个方面的问题，哲学通识教育在教学内容方面的改革与建设才能切实取得成功。

第一，妥善处理哲学通识教育与思想政治教育、专业教育的关系，实现教学内容的有效融合，形成一个有机整体。首先，是与思想政治教育内容的有效融合。不管是哲学通识教育，还是思想政治教育，两者的教育对象是一致的，教育目标也是一致的，都承担着我国高等教育"培养什么人"和"如何培养人"的重要任务，唯有充分发挥哲学通识教育和思想政治教育的结合优势，才能为社会主义事业培养出优秀的建设者和接班人。为此，从提高教育的效率来说，应通盘考虑哲学通识教育内容与思想政治教育内容的有效衔接，互联互通，避免大量的重复。思想政治教育为哲学通识教育指明了政治方向，哲学通识教育也为思想政治教育注入了活力，哲学通识教育中的人文情怀和思想智慧是思想政治教育的文化基础，两者相互渗透，共同促进大学生全面发展。其次，是实现哲学通识教育与专业教育的有机融合。不管是高校的领导者、管理者，还是教师、学生，都要消除对通识教育和专业教育认识上的偏差，应该说，两者都非常重要，都是实现我们人才培养目标中不可或缺的部分。此外，对哲学通识教育和哲学专业教育的定位要明确，清楚二者之间的关系，是互为补充、相辅相成、互融互通的。在教学内容的设定上，哲学通识教育可以偏向学生知识面的拓展，注重与实践的结合,受众群体应该是全校学生;哲学专业教育可以偏向对某一专业领域的纵向深入的研究,受众群体应该是哲学专业的学生。

第二,在中国本土化纲领的指导下,进一步推进哲学通识教育的本校化。通识教育,作为一种高等教育理念,在各类大学中应该没有本质的差异,但是由于每所高校条件不同、任务不同,需要不同的通识教育模式,各个高校应根据本校的人才培养目标和学生需要等实际,制定符合本校人才培养需要的通识教育纲领,也就是我们提出的"本校化"。具体来说,国内的研究型大学重点是培养国际化、创新型、研究型人才,所以哲学通识教育可以从拓展学生视野、了解世界文化等角度出发,多开设一些涉及中西方文化、培养逻辑思维的哲学通识课程;国内的教学型大学主要以培养高水平技能型人才(高级专门人才)为重点,注重人才的实用性,所以哲学通识课程的开设可以偏重社会科学、道德伦理等方面的内容,为毕业生踏上社会做好充分的准备;在国内的理工科院校,哲学通识教育的重要性不言而喻,理工科院校更需要人文精神的滋养,以实现文理互补;那么,在国内的文科院校,也还是需要哲学通识教育,哲学是基础,它可以为人们提供思维方法和人文精神,涵盖了生活的方方面面。

第三,哲学通识教育的教学内容设计不是一劳永逸的,需要实现相对稳定与动态调整的统一。我们认为,哲学通识教育的开展,在全国范围内应该有一套符合中国大学教学特点的本土化纲领进行指导,这个纲领应该具有普遍性,相对稳定性。它可以为中国大学开展哲学通识教育指明方向,为哲学通识教育的成功实施准备条件,这样我国的哲学通识教育就不至于走偏,甚至走样。在这相对稳定的纲领性文件的指导下,各大学根据具体情况可进行动态

调整。比如,每所大学都有自身的特点,每所大学里的老师和学生
也都有自身的特点,兴趣、爱好和擅长点都不一样,老师可以根据
所要教授的学生的特点,对教学内容做出适当的调整,使教学效果
更好。此外,从外部环境来看,随着时代的发展、社会的进步,国内
哲学通识教育的实践经验越来越丰富,国外一些先进理念也在不
断传入,我们也可以适时对教学内容做出一定的调整与更新,使教
学更具科学性、前瞻性。总之,不管在什么情况下,哲学通识教育
的教学内容在符合我国通识教育理念的情况下,在国家和教育相
关部门的指导下,可以根据自身特点进行调整和更新,实现相对稳
定与动态调整的统一。

第三节 中国特色哲学通识教育的教学方法改革

中国特色哲学通识教育的改革与建设,不仅要有明确的培养
目标、科学合理的课程设置和符合通识培养目标的教学内容,教学
方式的改革也是一个不可或缺的关键环节。近年来,包括南京大
学在内的一些研究型大学不断探索符合时代需要、具有自身特色
的哲学通识教育模式,在教学方式改革方面进行积极探索,积累了
有益的经验。总结分析这些经验,我们发现,中国特色哲学通识教
育的教学方式必须符合哲学的本性,贴近大学生的思想实际,尊重
大学生的成长规律,能够让学生充分感受到哲学的魅力。

1. 当前哲学通识教育教学方式的主要问题

教学方式的选择应与教学的内容及目标相匹配。一方面,哲
学通识教育不同于传统的哲学专业教学,开展哲学通识教育应该
充分发挥通识的功能,积极培育学生的哲学素养和人文精神,培育
人的理性和批判思维,使其能够正确地认识世界、认识社会、认识

自然以及人与社会之间的关系,并从中吸取哲学智慧,从而形成通达的处事能力和做人原则,真正成长为一名符合时代要求的"完整的人";另一方面,当代中国的哲学通识教育必须坚持以马克思主义哲学为核心,与高校的思想政治教育有机配合,积极适应当代中国社会发展的实际和当代大学生的思想实际,在提升大学生哲学素养的过程中,充分体现时代要求和民族特色,夯实中国特色社会主义的思想基础。

基于以上两点,在哲学通识教育的教学实践中,既要与以往的哲学专业教学有所区别,也要避免直接沿袭思想政治教育的教学方式。不注意这一点,很容易违背通识教育的要求,无法满足学生的学习需求。具体来说,当前的哲学通识教育仍存在以下几个需要着力克服的突出问题。

(1) 重知识传授,轻智慧启迪

传统的哲学专业教学过于强调知识的灌输,相对忽略了智慧的启迪,未能正确把握哲学的本性即"爱智慧"。所谓哲学,就是"爱智慧"、追求智慧。在后现代社会转型时期,如何创新通识教育理念,提升高等教育质量,实现培养具备"远大眼光、通融识见、博雅精神和高尚情操"的社会公民的核心目标是一个根本性的问题。美国耶鲁大学在 1828 年的《耶鲁报告》(*The Yale Report of 1828*)中指出,大学的目的,不是教导单一的技能,而是提供广博的通识基础,不是造就某一行业专家,而是培养领导群伦的通才。①学生从大学所获得的,不是零碎知识的供给,不是职业技术的贩售,而是心灵的刺激与拓展、见识的广博与洞明。

---

① 崔永光:《大学通识教育理念的嬗变与创新———一种基于过程教育哲学的后现代视角》,《辽宁师范大学学报》2015 年第 1 期。

就此而言,哲学教育的真谛是启迪智慧,即授人以"渔",帮助人们掌握追求智慧的方法和道路。因此,哲学通识教育在强化培养正确的世界观和方法论的同时,应当注重智慧的启迪,实现知识传授与智慧启迪的有机结合。然而,在实际的哲学通识教育中,一些教师仍然只是把哲学史上某个哲学家的观点甚或他自己的观点作为"规范性"的知识传授给学生,而没有做到客观公正地"引介"或描述各种哲学观点。①

为了避免哲学通识教育陷入单纯知识传授的局面,教学者必须侧重于启迪学生的智慧,要让学生更多地了解一些学科的基本概念与思维方法,使学生从与相关学科的联系、比较中更好地理解和研究自己所学的专业,并且便于结合个人的志趣、天赋与能力,重新思考和选择自己的专业。在阐述其基本理论和知识的同时,要特别注重科学思维方法的训练,融汇科学精神与人文精神的陶冶。

(2) 以教师的灌输式教学为主,未能激发学生的学习主体性

传统的哲学专业教学以知识点的灌输为主,缺乏必要的研讨性,缺乏批判精神,授课教师根据教学大纲,程式化进行课程知识传达,拘泥于传统的既定框架,仅告知学生知识点,这样的教学授课方式不能充分调动学生的学习兴趣和主体性,并且不能很好地引导学生在现实中提出问题、分析问题,进而自行找到解决问题的正确方法和答案,学生缺少学习自主性。

另外,由于通识教育的课程安排受限,学时较少,不易全面展开,在教学方法上就更要注重少而精,处理好重点问题,授课教师需要把最基本的东西讲得很清晰、将最核心的思想讲得很透彻。

---

① 马天俊:《哲学导论的描述使命》,《学习与探索》2008 年第 5 期。

这就要求授课教师把握要领,突出重点,着重于思路、方法的引导,加强问题意识和启发性,尽力发挥学生的主体性。那种平铺直叙、面面俱到、满堂灌的讲课方式特别不适宜于通识课。这不仅需要授课教师进行精心的教学准备,而且必须探索新型的教学方式。

此外,根据调查,学生往往还希望通过课堂的学习能够解答自己的人生困惑。南京大学的一份调查显示,有 38.3% 的同学希望可以通过大学阶段修读哲学类课程,解答自己的人生困惑。这说明,学生修读哲学通识课程,除了想要完善自己的知识结构,提升自己的理论修养,还希望能解决实际问题,促进人格和智力的独立发展。然而,我们传统的教学方式往往只注重知识的传授,忽视了学生的需求,与实际应用相脱节,这是开展哲学通识教育需要注意的问题。

总之,哲学通识教育应反对机械的、僵化的教育观念,"使知识充满活力而不是使之僵化,是一切教育的核心问题。人类走向伟大和崇高的每一次革命,无不是对各种僵化观念的反对。教育要承担起服务人类、增进自由的重任,就必须超越以被动的方式接受他人的思想,超越现代教育的僵化观念,加强首创精神"①。

(3)未能建立适应哲学通识教育目标的考核方式

从广义上说,考核方式也是教学方式的重要组成部分。当前,我国高校越来越重视通识教育的理念,各类相关选修课程表面上开展得热闹非凡,但课程缺乏设置严格的阅读要求和评价机制,老师照本宣科,学生随便听听,最终"博而不精",难以达到通识教育的目标,这已经成为通识教育一个难以克服的弊端,也在哲学通识

---

① 曲跃厚、王治河:《走向一种后现代教育哲学——怀特海的过程教育哲学》,《哲学研究》2004 年第 5 期。

教育的教学中造成了不良影响。

在哲学通识教育的现实教学中,由于种种因素的影响,考核方式往往沿袭了传统的哲学专业教学的模式,通常采取闭卷考试的形式。这种考试操作简便,也能保证相对的客观性和公平性,但是其缺点也是十分明显的:考试形式单一,往往无法反映学生的综合能力,这与通识教育的人才培养目标是不相符的。在这种考核方式下,学生容易为了高分而去死记硬背一些知识点,而难以激发起主动思考和研究的兴趣。这与"认识世界,学会做人"的大学生哲学通识教育目标还有相当大的距离。

哲学通识教育主要培养学生的综合素质和能力,所以在课程考核方式上更应该注重过程性考核,而非结果性考核。在注重过程性考核的同时,也要把握好考核难度,如果过于严格,容易使学生望而却步;如果过于宽松,甚至对学生不做任何要求,可能也达不到良好的教育效果。另外,对在哲学通识教育的授课教师的考核和激励方式也应该做出相应调整,这方面目前还存在比较大的缺位。

实践证明,以上哲学通识教育中存在的三个主要问题,都是可以通过改革加以解决的。2009 年 9 月,南京大学启动"三三制"本科教学改革,实行"三个培养阶段"和"三条发展路径"。在这一教学改革的引导下,南京大学哲学通识教育开始进入全新的历史时期。基于较为充分的调查研究,南京大学最终形成了"文化素质课—新生研讨课—高年级研讨课—高水平通识课"四级哲学类通识课程体系。这些课程紧紧围绕"认识世界,学会做人"这个中心,通过系的哲学类通识课程的学习,使学生正确地认识自己、认识社会以及人与社会的关系,并从中汲取智慧,形成通达处世、做人的原则和能力,树立健全的世界观,真正将"通识教育与个性化培养、学会学习与学会做人"①有机贯通起来,全面提升学生的哲学素养和人文精神。为了实现这一目标,南京大学在教学方式的改革上做出了不少探索,也为有针对性地解决以往哲学通识教育中的普遍问题提供了有益经验。

2. 以智慧启迪为重,构建探究式、互动式的教学模式

哲学教育应当以符合哲学本性的方式进行。② 作为一门"爱智"之学,哲学重在激发人对智慧的热爱,启迪人对世界与人生的思考。哲学教学的根本目标不是传授具体的知识,而是激发学生的兴趣,拓展学生的视野,撞击学生的理论思维,最终提升学生的哲学境界。③ 在哲学通识教育中,哲学的智慧启迪的意义显得更加突出。为此,必须探索构建一种"以问题为中心"的探究式、互动式的教学模式,从而在通识教学中发挥哲学的智慧启迪功能。

(1)"以问题为中心",开展探究式教学

哲学教育能够真正培养学生看问题、解决问题的思维方式和创新能力,促进学生的精神修养和人格升华。应该提倡"以问题为中心",在传授知识的同时,更要注重培养学生分析解决问题的能力,以适应终身化的哲学教育趋势。具体来说,在教学过程中,应该引导学生发现问题、提出问题、分析问题和解决问题。老师用能够引发学生共鸣的问题为开头,进而开展教学,让学生在整个课堂中带着问题听讲和思考,培养学生的创新能力和批判思维。可以采用讨论的形式,教师提出观点,学生提出问题,双方共同参与探讨,培养学生的问题意识,围绕"问题"而非知识点开展教学。

---

① 陈骏:《融合国际经验建设通识教育与个性化培养相结合的本科教学模式》,《国家教育行政学院学报》2011 年第 1 期。
② 韩震:《以哲学的方式进行哲学教育》,《中国高等教育》2004 年第 6 期。
③ 孙正聿:《关于哲学教育改革的几个问题》,《哲学研究》2000 年第 6 期。

在树立"问题意识"方面,《苏菲的世界》的叙事模式是一个很好的范例。该书以小说的形式,展现了西方哲学史发展的历程,以一封书信中提出问题的方式开头,激发了读者的思考兴趣,引导读者带着问题去深入学习思考,探求解决问题的答案,增加了哲学学习的生动性和趣味性。另外,艾思奇的《大众哲学》也是一个可资借鉴的典范,作者用通俗易懂的手法回答了哲学的基本问题,让大众能够真正接近哲学,不再觉得哲学高深莫测。为了实现理论与实践的双向互动,当代的哲学通识教学必须更加重视以重大理论与现实问题为导向,凸显哲学的"问题意识",不断深化教学方式改革。

（2）打造研究性、互动式的课堂

哲学通识教育应该开展互动式的教学,互动教学也是基于问题的教学的延伸。在大学开设哲学通识教育课程,应该特别强调这些课程是具有相当程度的"研究性"的。这种"研究性"不仅仅指这些课程应该是由对课程内容有研究的教授来上,而且是指选这些课程的学生应该以研究者的姿态参与到课程中去。

课堂互动是激发学生的创造力,培养学生的质疑精神和批判思维的有效的教学模式。教师也应该实现角色的转变,从单向的知识灌输转变为平等的合作与共同的探讨,真正融入学生群体,充分地信任学生,建立新型的师生关系,要把学生当作共同解决问题的朋友,营造开放、和谐的课堂氛围,给学生施展自己才华的机会。通过这些方式将大大提高学生的学习兴趣,提高教学效果,训练了学生的口头表达能力、交流和沟通的能力。

（3）引导学生将"思考"延续到课堂之外

在南京大学关于哲学通识教育的调查中,认为哲学通识类课程的课程内容应该包含思维训练的比例高达77%。这种思维训练不可能仅仅停留在课堂的短暂时间内,而必须在课堂之外得到延续。引导学生课后继续思考课上所提出的"问题",是哲学通识教学对学生进行思维训练的重要环节,也是哲学通识教学在课外的重要延伸。

一方面,教师要为学生提供自主学习的方法指导,在课堂上可以提出一系列启发学生进行哲学思考的问题,供学生课后思考;另一方面,基于问题的教学和互动教学也必然能够启发学生自己在课后进行深入的思考,提出有价值的问题,积极地进行自我探索,自主领悟哲学中蕴含的人生智慧,探寻运用哲学解决问题的方法。

总的来说,这种以问题为中心、在多元探讨中推进、在日常生活中延续的教学模式符合阐释学教育学的基本理念,它是对传统教育理念的一种扬弃,其主要特点是:第一,倡导创造性,通过创造性活动,构建更合理的世界;第二,鼓励多元的思维风格,从多方面考虑问题,重构世界的多样性;第三,倡导对世界的关爱,强调个人与他人内在的、本质的、构成性的关系,倡导重新建构人与自然、人与人的关系和整个世界的形象;第四,走向生活,主张建立关于生活世界的教育哲学,真正关心人。这种理念,可以作为哲学通识教育教学方式改革的理论指导。

3. 以学生主体性为重,打造多样化的课堂形态

课堂是开展哲学通识教育的载体,选择适当有效的课堂形态尤为重要。在哲学通识课程中,我们应该放弃以知识点的灌输为目的的传统教学组织形式,这不仅意味着,应该构建以"问题"为中心的新的教学形式,同时意味着,想方设法改变大学生在课堂上的被动状态,让他们真正成为自主学习的主体。教学模式上实现以"教"为中心向以"学"为中心的转变,颠覆传统课堂中教师的主导地位,注重学生的创造精神和自由发展,这与通识教育理念和过程

教育哲学的目标是一致的。简而言之,就是要结合教学师资实际,灵活选择最能满足学生主体性需要的课堂形态。

(1) 不管是大课堂,还是小课堂,学生喜欢的就是好课堂

承担哲学通识课程的教师虽然都是在哲学专业教育背景下成长起来的,但每位老师都有自己的特长与喜好。有的老师擅长上大课,能够很好地调动整场的氛围,通过渲染一种热烈的气氛,使教学效果达到非常理想的状态;有的老师擅长上小课,觉得这种课堂形态易于掌控,灵活性强,能够充分地与学生进行互动,从而取得理想的教学效果。

因此,我们认为,不必拘泥于课堂的大小,应当因材施教、因地施教、因人施教,根据学校、教师和学生的实际情况来选择确定课堂的形态。从教学效果上看,通选课一般人数多,课堂大。课堂讨论难于组织,课堂秩序不易维持。在注重讲课的科学性、严谨性的同时,还应适当注重生动性和趣味性。灵活调动教学环节,恰当使用多媒体,让学科的魅力和讲课的艺术把绝大多数学生吸引住,吸引到教师的重点阐述上,使学生与教师共同思考,并向教师质疑,与教师商讨,发挥教学相长的作用。由于一般每周只上一次课,教师便必须尽可能充分备课,甚至精雕细琢、锤炼精品,从而为学生的专业选择提供一个良好的契机,为学生的专业深造铺垫一种良好的基础。总之,通选课可以成为学生开阔视野、生长智慧的大课堂,也可以成为教师检验水平、锻炼队伍的大讲堂。

(2) 支持“名家”上大课

总的说来,不管是在国内还是在国外,大课这种课堂形态并不是所有教师都能够驾驭的。通常来说,高水平的哲学通识课程教师都喜欢上大课。大课教学对教师的要求很高,教师通常要具备渊博的学识,丰富的教学经验,能够在学生中起到教学示范作用,

其课堂教学能够吸引学生的注意力，提起学生的兴趣，使学生在课上始终跟着自己的节奏和进度，这样才能营造良好的课堂氛围，取得良好的教学效果。

风靡全球的哈佛大学名教授迈克尔·桑德尔是个典型。在哈佛大学教授的本科通识课程——"正义"，是哈佛最受欢迎的课程。30 多年来，已有超过 14 000 名学生修读这门哲学课，创下哈佛大学的历史纪录。[①] 各高校可通过开展以人文社会科学为核心主题的论坛和讲座等文化活动，邀请国内外著名学者开讲论道，这将极大地拓展学生的人文视野，激发学生去寻求一种有文学气质和有生命意义的生活方式，协助年轻学子塑造性格、养成品性。

（3）积极推广小课堂

目前，国内能够驾驭大型的讲座班并开出高水平哲学通识课程的人很少。因此，在不能驾驭大课的情况下，应积极推广小课堂，充分发挥小课堂的优势，调动每一个学生的主动性，增加教学互动，使教学取得实效。

以南京大学为例，南京大学设计的小型化（30 人）的新生研讨课和高年级研讨课是实行通识教育的一种重要形式。由于这种课堂形态易于掌控，便于开展灵活多样的教学活动，因而受到广大师生的喜爱，在通识教育中发挥了很好的作用。南京大学关于哲学通识教育的调查结果也证明了学生对于小课堂的需求：48.9%的学生希望哲学通识教学的授课方式是小班授课，可见大多数学生希望在课堂中和老师进行相应的课堂互动，从被动者变为主动者参与到课堂教学中去。

---

① 杜欢：《金钱与市场的道德边界何在》，《文汇报》2013 年 5 月 25 日。

（4）打造高水平的一线教学团队

我国高校哲学通识教育要想走向深入、走进核心的另外一个不可忽视的方面就是要拥有高素质的创新型教师队伍。在我国高校,教授离本科课堂越来越远,高校重科研、轻教学现象日益严重。高校一流的学者和教授需要回归课堂、回归教学,用智慧和博学去感染学生、激发其想象力,"一个后现代的教师应该具有丰富的想象力,应该经常能够提出一些原创的、可以选择的、超越了旧的传统模式的新观念,应该鼓励学生不要盲目地接受书本知识,并学会提出新的问题"①。对于哲学通识教育而言,当前各高校面临的核心任务是如何打造充满想象力和创造力的一线教师团队,在一线的课堂教学中,教授和学者需要以一种更加务实的态度去践行通识教育的理念,这是哲学通识教育有效实施和深入实践的重要保障。

4. 以过程管理为重,形成激励性的考核方式

为了改变目前哲学通识教育中普遍存在的考核方式落后的问题,应针对哲学通识教育的课程考核、成绩管理、课程评估等制定一系列管理文件,更加注重过程管理和考核,形成与课程全过程相配套的教师教、学生学、管理人员规范管理的规章制度。通过建立健全制度,加强过程控制,对教师教学过程和学生学习过程形成倒逼机制,促进哲学通识教育教学改革。

（1）不能"一考"定成绩

哲学的本性和通识教育的特殊要求,决定了哲学通识课程不能单纯地用知识类课程那样的考核方式来对学生的学习效果进行考核。从根本上说,哲学通识课程的学习成效绝不是一张试卷、一

---

① 丁振中:《后现代主义视角下我国职业教育哲学反思》,《教育与职业》2014年第17期。

次发言、一篇课程论文所能准确考核评价的,它在很大程度上需要由大学生今后的人生历程来证明。因此,哲学通识课程不宜沿袭传统的专业课程的一次性的考核评价方式。

哲学通识教育的考核,要能够检验学生在学习过程中的能力提升,激励大学生保持学习哲学、追求智慧的热情,为学生提供思维上的训练。因此,较之于传统的开闭卷考试方式,能够比较充分地展示大学生的思想状态和思维水平的课堂问答、课程报告、课程论文等更适合哲学通识课程的考核。至于评价,也宜以正面鼓励为主。事实上,如果通过相关哲学通识课程的学习,大学生能够继续保持学习哲学、追求智慧的热情,并且能够学以致用,应用于现实生活中,那就表明,哲学通识教育的教学目的已经阶段性地达到了。

(2) 确立新型考核方式的基本原则

首先,应注重过程性考核。单一的考试方式无法真正反映学生学习哲学、追求智慧的能力和水平,这与我们哲学通识教育培养"认识世界,学会做人"的大学生的目标也是不符的。我们应当将以一次考试成绩为主的考核方式,分布到整个学期各个阶段的学习过程中,充分考虑课堂参与度,灵活运用问答、分组讨论、课程报告、小论文、小测验等方式进行考核,这样不仅可以充分调动学生在整个课程学习过程中的积极性和主动性,而且可以充分发挥考核的激励导向作用,同时也分散了期末考试的压力。①

其次,应进行激励性考核。哲学的学习本来就比较艰难,因此,老师应该充分挖掘每个人的特长与潜能,在课堂上给予学生展

---

① 庞丽娟:《以课程考核改革为突破口构建课程考核质量监控体系的探索》,《中国大学教学》2007 年第 10 期。

示自己的机会,激发学生学习哲学的兴趣。同时,高校应该建立相应的激励机制,鼓励教师进行有效的教学改革,提升课程质量。

最后,考核应注重培养学生的创造性。哲学通识教育应当鼓励学生用能够体现其创造性的新颖方式来证明自己,形式可以不拘一格,重点能够体现学生的思想,体现他们运用哲学来解决问题的能力。因此,考核方式除了传统的考试、论文、报告之外,还可以制作哲学主题的视频、音频、文学作品、新闻访谈等,鼓励学生以创新性的方式进行课程知识应用表达。在这种考核方式下,学生会觉得哲学并不是一门枯燥的学科,而是充满着新颖、乐趣。

（3）加强考核监督管理

学校还需要采取相应的课程与教学管理措施,从制度上保证通识教育目标的达成。并且建立适当的考核机制,加强监督管理,保障哲学通识教育教学方式的合理开展,激励授课教师和学生的共同参与,提高教育教学质量。

制度环境的保障是进行哲学通识教育教学方式改革的"安全"需要。对于教学管理部门而言,规范教育教学行为有助于促进整体教学质量的提高。通过建立合理的考核监督管理制度,对教学的形式、内容、要求做出明确规定,落实激励制度,减缓科研压力,使授课教师在日常工作中有章可循,为保障教学质量提供客观的制度支撑。

总而言之,哲学通识教育的教学方式改革,应建立在深刻理解哲学自身性质与通识教育目标的基础之上。应该强调哲学的智慧启迪功能,以问题为中心,揭去哲学的神秘面纱,展现哲学的思维之美,使学生带着思考走近哲学,在探究、互动中提升思维能力和思想境界;应该以学生的主体性为本,打造符合师资实际、满足学生需要的课堂形态,最大程度上激发学生的学习热情与主动性;应该引入过程管理的理念,树立新型考核原则,全面改革考核与激励机制,提高哲学通识教育的实效性,更好地适应高校人才培养的需要。

第四节 主动适应信息技术与教育教学的深度融合,强化中国特色哲学通识教育建设

进入 21 世纪后,信息技术迅猛发展,日益渗透到经济发展和社会生活的各个方面,对人们的生产方式、生活方式以及学习方式都产生了深刻的影响。因此《国家中长期教育改革和发展规划纲要(2010—2020 年)》指出:"信息技术对教育发展具有革命性影响,必须予以高度重视。"①进入 21 世纪的第二个十年后,特别是 2012 年以后,信息技术与教育教育开始深度融合,MOOC(大规模在线课程)、SPOC(小规模限制性在线课程)、Flipped Classroom(翻转课堂)等迅速涌现并在全球范围内极速传播,对我国包括哲学通识教育在内的高等教育产生了相当大的冲击。对于信息技术与教育教学这一轮深度融合及其成果,我们决不能采取"鸵鸟政策"、视而不见,而应当理性认识、客观评价、主动适应。我们需要审慎评估这些新型课程形态给中国特色哲学通识教育建设带来的新机遇与新挑战,积极稳妥地推进新型课程的建设,扩大和强化中国特色哲学通识教育的辐射面和影响力。

1. MOOC、SPOC 和 Flipped Classroom:互联网＋时代的新型课程形态

2012 年,MOOC 浪潮突然生成。以 MOOC 为基础,随后又衍生出了 SPOC 和 Flipped Classroom,使 MOOC 浪潮更加强大。

---

① 参见《国家中长期教育改革和发展规划纲要(2010—2020 年)》。

在全球媒体的大力推动下,MOOC 浪潮从美国启程,很快就扩展到世界其他国家和地区,包括中国。2013 年,MOOC 浪潮登陆中国,很快就星火燎原,吸引越来越多的大学、企业、政府机构参与其中,涌现出多个本土 MOOC 平台,上线课程已达千门量级,注册修习人数也已达到千万人次量级。不过,就像很多观察者都注意到的那样,不管是在全球范围内,还是在中国,MOOC 浪潮的高潮已经过去,但它所带来的效应还在持续。

表 8-1　MOOC 中国大事记

时间		事件
2013 年	4 月 4 日	香港科技大学教授在 Coursera 上开设亚洲第一门 MOOC"科学、技术与社会在中国"
	8 月 10 日	清华大学在 edX 上线中国大陆第一批 MOOC
	10 月 10 日	清华大学"学堂在线"平台上线
2014 年	4 月 8 日	上海交通大学"好大学在线"平台上线
	5 月 8 日	"中国大学 MOOC"平台上线
	9 月 19 日	深圳大学"优课联盟"平台上线

中国的大学,特别是研究型大学是最先感受到 MOOC 浪潮激荡的地方。在 MOOC 浪潮已经相对平静的今天,我们通过问卷调查发现,对于大学校园中的学生和老师来说,MOOC 浪潮带来的最大改变似乎主要停留在对 MOOC、SPOC、Flipped Classroom 等新概念的了解上,至于它们究竟是什么,人们往往语焉不详。知其然尚且勉强,那就更不用说知其所以然了。

总体看来,MOOC、SPOC、Flipped Classroom 是信息技术与教学深入融合的产物,是互联网+时代的新型课程形态。

MOOC 是 Massive Open Online Courses 的缩写,即大规模

在线开放课程。在不少人眼中，MOOC 似乎就是过去的视频公开课、网络公开课，但实际上这是一种全新的课程类型。首先，MOOC 的视频不是课堂录像，而是专门针对网络学习制作的基于知识点的短视频，并且短视频构成完整的系统；其次，MOOC 的短视频虽然是片段化的，但其教学环节是完整的；再次，MOOC 基于网络技术设置了讨论区、在线测试和作业，有些甚至安排线下见面会，从而实现甚至强化了教学者与学习者之间的互动交流；最后，MOOC 为完成学习并达到条件的学习者颁发课程证书。总之，MOOC 基于信息技术的支持，聚合大学和教育机构、社会组织、企业等的参与和推动，提供了新的课程资源和学习方式，努力建构了一种由社会环境、技术环境和教育环境组成的学习生态体统。①

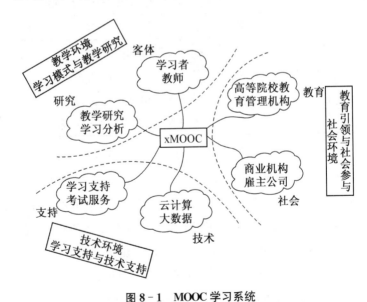

图 8 - 1 MOOC 学习系统

---

①　王萍：《大规模在线开放课程的新发展与应用：从 cMOCC 到 xMOOC》，《现代远程教育研究》2013 年第 3 期。

SPOC 是 Small Private Online Course 的缩写，即小规模限制性在线课程。在一些重视教学质量的精英大学看来，MOOC 存在一些无法容忍因而必须解决的问题：规模太大，教学质量和品牌价值难以得到有效保证；学习者的学习体验不强，学成率低；教师的地位和作用有弱化的趋势；难以盈利，等等。作为对 MOOC 上述问题的尝试解决，2013 年，哈佛大学和加州大学伯克利分校的团队分别进行 SPOC 教学实验，取得较好成效。SPOC 由此开始向全球推广。作为 MOOC 的修正版和加强版，SPOC 的改进主要体现在三个方面：第一，控制规模（小于 500 人）；第二，强化了教师对教学过程的控制；第三，对学习者的学习与参与提出了更高的要求。

2007 年，美国两位郊区高中的化学老师创造性地开辟了一种新的教学方式：他们录制课程视频上传网络供学生在家学习，在课堂上，老师主要进行问题辅导，或者对做实验过程中有困难的学生提供帮助。这是一种新的教学方式——Flipped Classroom（翻转课堂）。① MOOC 浪潮袭来之后，Flipped Classroom 迅速与MOOC 相结合，成为一种正受到更多专业课程教师重视的教学模式。在 Flipped Classroom 中，学习者被要求利用 MOOC 资源自行解决简单知识内容的学习，课堂教学时间则用于在教师主导下进行复杂问题的讨论解决，或对有学习困难的学习者进行额外的辅导，从而有效提高了课堂教学的质量，同时更好地发挥了学习者的学习主体性。

MOOC 浪潮全球扩散后，人们对 MOOC 的评价出现了两极

---

① ［美］伯格曼、［美］萨姆：《翻转课堂与慕课教学：一场正在到来的教育变革》，宋伟译，中国青年出版社 2014 年版。

分化。有人认为 MOOC 的出现是印刷术以来人类教育史上最大的变革，将引发一场教育革命，彻底改变学校，甚至颠覆传统的大学。① 而在批评者看来，MOOC 不过是新瓶装旧酒，并非真的新事物，它的兴起和流行与互联网利益集团的推波助澜有很大关系，是又一个"网红"，随着时间的流逝，终将被打回原形。MOOC 的后续发展既证明上述观点都有其片面性，也为我们理性理解 MOOC 提供了可能性。

第一，MOOC 是一种基于互联网技术并充分体现互联网精神的新型课程形态。短视频无疑是 MOOC 最容易受到关注的组成部分，人们也因此容易把它与传统视频课程混为一谈。事实上，MOOC 与视频公开课等是根本不同的：后者是被放置在互联网上的课程，而 MOOC 则是基于互联网并聚合了多种互联网技术的新课程形态。换言之，有无互联网，视频公开课都可以存在，而一旦脱离互联网，就无所谓 MOOC。作为互联网时代的新课程形态，MOOC 也充分体现了互联网精神，即努力达成开放、平等、协作与分享。虽然 SPOC 强调小规模和私密性，但它事实上是在一个较小的范围内更高水平地实现了开放、平等、协作与分享。

第二，MOOC 是一种高度切合互联网时代学习者的行为方式的新型课程形态。不管我们如何评价 MOOC，都必须看到，作为一种新型课程形态，它高度切合互联网时代学习者的行为方式：以学习者为中心，让学习者具有更大自主性和自由选择权；片段化的结构设计，利于人们利用碎片化的时间进行学习；基于互联网的存在，使得学习者可以随时随地进行学习；多样化的互动方式，满足

---

① ［美］乔纳·唐纳森、［美］埃利安·阿格拉：《大规模开放——慕课怎样改变了世界》，陈绍继译，华东师范大学出版社 2015 年版。

学习者的交流需要；打通关式的测试设计，使学习更多趣味性、游戏性；去中心化，所有学习者都是平等的。也就是说，对于伴随着互联网成长起来的80后、90后甚至00后学习者，MOOC与他们的学习行为方式具有天然的亲和性。

第三，MOOC是一种具有深刻美国印记的新型课程形态。MOOC理念的提出和实践的最初开展都是在加拿大，但只有当2012年美国的大学、机构和企业全面介入后，MOOC才真正蓬勃发展起来，并开始世界性扩张。那么，MOOC为什么能够在美国大行其道？非常重要的一个社会原因就是，随着美国国力的相对衰落，美国青年接受大学教育的成本在增长，预期收入却在下降，从而使得人们对高等教育的价值产生怀疑。MOOC在一定程度上满足了人们对高质量的免费教育的需要。这正是MOOC能够在美国茁壮成长的沃土。为什么MOOC在美国之外的国家和地区的发展方式及成效会有显著的不同？这些都可以在MOOC所具有的美国性中找到某种解释。

第四，MOOC开辟了国家文化软实力展示的新平台和意识形态竞争的新领域。MOOC是在美国大学、机构和企业的大力推动下走向世界的。尽管目前全球范围内的MOOC平台已经超过20个，但是，最具影响力的还是美国的三大平台：edX、Coursera、Udacity。作为开放教育资源运动发展的一个积极成果，MOOC在推动教育变革和全球范围内的教育平等化方面发挥了积极的作用。但同时我们也必须看到，它在客观上为美国国家文化软实力的展示和美国主流意识形态的传播提供了新的平台和途径。换言之，它在互联网上开辟了国家文化软实力展示的新平台和意识形态竞争的新领域。

2. 中国特色哲学通识教育视野中的 MOOC、SPOC 和 Flipped Classroom

MOOC 浪潮登陆中国后,对我国包括哲学通识教育在内的高等教育产生了相当大的冲击。不过,迄今为止,只有少数研究型高校、少数有志于教学研究的高校教师以开放的心态积极回应 MOOC 浪潮,并积极参与其中。导致这种局面的原因很多,其中对 MOOC 浪潮缺乏理性全面的认识,是一个不可忽视的重要因素。2014 年以来,我们所在的南京大学哲学系积极投身 MOOC 浪潮,建设了 3 门哲学通识 MOOC。基于实践体验,我们认为,对于中国特色哲学通识教育的建构而言,MOOC、SPOC 和 Flipped Classroom 虽然带来了压力和新挑战,但同时也提供了更大的发展新机遇。

对于哲学通识教育改革与建设来说,MOOC 浪潮所带来的压力和挑战主要体现在以下三个方面。第一,尽管目前全球的 MOOC 平台上哲学通识课程数量尚且有限,不过,其增长趋势明显,更重要的是,这些哲学通识课程多由世界一流大学或知名大学的知名学者领先制作,代表了本领域的前沿水平。当这些高水平 MOOC 可以自由、免费地获得时,就在客观上对处于相对弱势地位的一般大学、一般教师构成了巨大压力。第二,制作一门合格的 MOOC 需要大量的资金和人力资源的投入,既"烧钱"更"烧脑"。从国内目前的情况看,哲学通识教育 MOOC 的制作者几乎全都是一流大学的知名学者,这种高门槛无形对那些希望参与 MOOC 制作的一般高校、一般教师构成了较大压力。第三,MOOC 的教学方式更符合当代年轻学习者的学习习惯。当越来越多的国内大学生体验过 MOOC 后,他们对哲学通识教育的教学方式就会提出更高的期待或要求,从而对习惯于传统教学方式的教师构成新挑战。

不过,较之于压力和挑战,我们认为,MOOC 浪潮更多的是给中国特色哲学通识教育带来了新的发展机遇。

第一,MOOC 的发展中蕴含着旺盛的哲学通识教育需求,亟待中国特色哲学通识教育满足这种需求。MOOC 最初起步于计算机科学、软件工程、人工智能等学科领域,与理工科的专业教育结合紧密。不过,时至今日,除了极少数 MOOC 平台坚持走单一专业化教育(主要是计算机科学和软件工程)路线外,绝大多数 MOOC 平台都力图实现全学科覆盖,并且以专业化教育和通识教育两条腿走路。大数据分析表明,与美国的学习者不同,中国的学习者对通识性的人文社会科学类 MOOC 有更强的需求,这其中自然包括对哲学通识教育的需求。然而,在目前各大主要 MOOC 平台上,哲学通识课程的供给严重不足,这就给中国特色哲学通识教育的发展提供了难得的发展机遇。

第二,MOOC 的发展与中国的文化走出去战略相向而行,这给中国特色哲学通识教育的发展提供了广阔的舞台。所前已述,MOOC 的发展与美国的文化扩张和意识形态输出战略具有一致性。对于后者,我国早有意识并开展了相关部属。2011 年 10 月,中共中央通过《关于深化文化体制改革推动社会主义文化大发展大繁荣若干重大问题的决定》,提出了中国文化走出去战略:"坚持改革开放,着力推进文化体制机制创新,以改革促发展、促繁荣,不断解放和发展文化生产力,提高文化开放水平,推动中华文化走向世界,积极吸收各国优秀文明成果,切实维护国家文化安全。"[1]中

---

① 《中共中央关于深化文化体制改革推动社会主义文化大发展大繁荣若干重大问题的决定》,《求是》2011 年第 21 期。

国文化这样能够有效地走出去吗？我们已有的实践表明，MOOC可以为包括中国特色哲学话语体系在内的中国文化走出去提供新的有效的途径。事实上，当我们把 MOOC 与文化走出去战略联系起来思考，就会发现，中国特色哲学通识教育事业天地广阔、大有可为！

第三，MOOC 的教学方式深切哲学的爱智慧本质，从而为哲学通识教育教育方式的改革提供了难得的契机。MOOC 的教学方式归结为一句话就是激发学习者的学习主体性，使之成为真正的主体。而哲学究其本质就是爱智慧或对智慧的追求，这种爱或追求的前提则是主体性的确立。也就是说，只有当一个人意识到自己是一个主体时，才可能去爱或追求智慧。如前所述，当前我国哲学通识教育教学方式改革的核心任务之一就是从知识点传授转向启迪智慧，即激励学生去追求智慧。那么怎样才能激励学生去追求智慧呢？MOOC 无疑提供了一条现实的路径。

第四，MOOC 为哲学通识教育展现哲学的魅力、改变关于哲学的社会成见提供了新途径。由于历史原因，在中国，人们往往倾向于把哲学与政治说教混为一谈。"三人成虎"，强大的社会成见对中国哲学以及哲学教育的发展构成了一道看不见的桎梏。怎样打破这种桎梏，是中国的哲学工作者多年来孜孜以求的目标。如果说过去人们缺乏可以便捷认识、了解哲学的途径，那么，MOOC则为哲学走向普通人民大众特别是世界观上处于形成过程中的青年人提供了一条简单有效的途径。

3. 关于哲学通识教育类 MOOC、SPOC 和 Flipped Classroom 建设的若干建议

2014 年以来，我们所在的南京大学哲学系积极参与 MOOC建设，先后建设 MOOC3 门，在 Coursera 平台、学堂在线平台、中

国大学慕课平台上线 7 门次,累计修读人数超过 5 万人次,利用 MOOC 开展翻转课堂教学实验 3 门次,积累了一些建设和改革经验。我们愿基于自己的经验,给有意参与哲学通识教育类 MOOC、SPOC 和 Flipped Classroom 的同行提出以下建议。

(1)加强前期调研,合理确定课程选题

通常情况下,MOOC 都会依托现有的通识课程进行建设。不过,从一门成功的通识课程到一门合格的通识 MOOC,中间还有很多工作要做。第一,必须进行充分的调研,确定既有 MOOC 平台上是否存在相同选题的课程。MOOC 平台都是独立运行的,不过,在学习者眼中,所有 MOOC 平台都是联系在一起的。因此,MOOC 建设应当尽量避免选题重复,如果大的选题实在无法避免撞车,就一定要明确自己的定位,找到自己的特色,这些都需要通过扎实的前期调研来实现。第二,必须充分研究 MOOC 的技术规则,对既有课程选题进行 MOOC 化改造。如果通过前期调研确定既有课程选题是可行的,那么,接下来就需要对选题进行 MOOC 化改造。这是因为既有的通识课程都是按照语言的线性逻辑来建构,而基于互联网的 MOOC 需要更多地使用图像逻辑;既有的通识课程可以不考虑师—生、生—生互动,而 MOOC 必须提供充分的互动等。总之,对选题进行 MOOC 化改造既要使之适合 MOOC 表现,也应充分彰显课程的个性与特征。第三,对课程名称进行适当的“包装”,以利网络传播。

(2)以主讲教师为中心,强化 MOOC 建设的过程管理

制作一门 MOOC,犹如拍摄一部电视连续剧,不仅耗费时间长,而且千头万绪,必须面面俱到。尤其重要的是,MOOC 制作通常都是教学团队和制作团队(公司)合作完成。在此过程中,主讲教师团队必须确立自己的中心地位,发挥领导作用,强化对各个建

设环节的管控。只有这样，才能在确定的时间里完成一门合乎同行 MOOC 技术规范的 MOOC。

第一，主讲教师团队应当成为 MOOC 制作的绝对中心。不少第一次参与 MOOC 制作的主讲教师（团队）都有这样一种观念：既然有制作团队，那么我（们）就做"演员"出镜好了。这种观念不仅是错误的，而且是有害的。MOOC 的制作本身是技术化的，但它涉及的内容生产无疑是专业性的，因而是制作团队无法简单掌握的。所以，主讲教师（团队）在 MOOC 制作过程中一定不能把自己定位为"演员"，而把其他事情都交给制作团队。事实上，主讲教师（团队）必须成为制作的绝对中心：首先是"编剧"，负责整个"剧本"的创作；其次是"制片人"，负责整体制作过程的管控；再次是"助理导演"，部分参与制作过程；最后是"演员"，"演"好每一场"戏"。至于制作团队，他们则更多扮演"导演"、"摄像"、"后期制作"等角色，帮助主讲教师（团队）实现自己的创作意图。

第二，熟悉掌握 MOOC 视频部分的制作规范。作为一种基于互联网的新型课程形态，MOOC 的视频与传统的视频公开课的视频存在根本不同：短视频，一般控制在 8—15 分钟左右；结构完整、节奏合理，通常需要在专业摄影棚拍摄；强调与潜在学习者的互动，包括视角、情感的互动；富媒体的大量使用，以增强视频的丰富性和信息的多样性，等等。这些规范目前都是些不成文的规则，需要主讲教师（团队）和制作团队通过大量的观摩去掌握，然后结合本 MOOC 的实际，确定相关原则要求。

第三，脚本制作先行。拍摄电视连续剧需要剧本，制作 MOOC 则需要脚本。制作 MOOC 最好是一气呵成，这样才可能保证制作的质量和进度，而这样做的前提是完整、完善的脚本。一般说来，脚本必须包含两个部分的内容：主讲教师的讲稿；视频中富媒体的设计方案,即出现什么、何时出现等。总体说来,富媒体设计方案越具体,越有利于制作团队后期工作的开展。

第四,确保视频拍摄的导演水平。主讲教师在 MOOC 视频中的讲授与日常的课堂讲授有较大区别:语速不能过慢,语调需要有起伏,面部表情尽可能生动,需要和潜在的学习者存在眼神交流,等等。这些往往需要经过较为专门的指导才能掌握。因此,MOOC 视频的拍摄需要配备导演,对主讲教师的讲授进行必要的指导。

第五,重视非视频部分的设计。视频无疑是 MOOC 最引人注目的一个部分。不过,除了视频以外,MOOC 的非视频部分也很重要。这些非视频部分主要包括评价政策、测试与考试、讨论区、线下见面会等。它们的设计将直接影响到学习者的学习体验,因而不可小觑,需要给予足够的关注。

第六,组建助教团队。MOOC 建设千头万绪,许多都是事务性工作。主讲教师(团队)不能陷入这种事务性工作中去,而需要组建助教团队,让助教团队承担这些事务性工作。不仅如此,助教团队在 MOOC 开始上线后还将在主讲教师(团队)的指导下承担讨论区的管理工作,负责在线答疑和互动等。

(3) 重视 MOOC 上线后的后期运行

就工作量而言,MOOC 的制作大约要占全部工作量的 95%以上,剩余的 5%工作量则是上线后的运行维护。很多 MOOC 只注重建设,不注意运行维护,仿佛课程上线,任务就完成了似的。所谓"山高九仞,功亏一篑",一个缺乏良好运行维护、不能给学习者提供良好学习体验的 MOOC,绝不是一个成功的 MOOC。那么,怎么才能做好 MOOC 的后期运行工作呢? 首先,主讲教师(团队)的认识要到位,不能上线以后就放鸭子,而应当重视后期运行维护工作；其次，发挥助教团队的主力军作用，根据学习者的学习状况合理分配人员，与学习者进行及时、良性的互动，引导、鼓励学习者完成学习；再次，自觉利用后台数据，及时调整运行方案，增强互动的针对性；最后，主讲教师（团队）需要尽可能多地参与互动，并让学习者能够有所感觉，在提高互动质量的同时，将更多的学习者吸引到互动交流中来。

第九章　中国特色的哲学通识教育改革的制度建设与保障

制度建设是哲学通识教育体系健康发展的政策性支持，也是教学预期效果得以实现的保障。随着我国教育事业的整体性发展，哲学通识教育的内涵不断丰富，相关制度不断健全，同时也不断面临新的问题。要保证哲学通识教育始终合乎发展需求，保证教学效果的切实实现，就需要做好哲学通识教育的规划机制，完善质量保障机制和管理机制。

第一节　哲学通识教育的规划机制

通识教育的理念已被现代高等教育广泛接受，也得到了国内高校的普遍认可。近年来，我国各所大学（尤其是研究型大学）吸取世界高水平大学的经验，陆续开展了通识教育，开设了为数众多、各具特色的通识课程，取得了一定成效。然而，这一过程中暴露出的问题也是显而易见的，比如通识课程中公共课所占比例过高、课程构成上的"拼盘"现象、通识教育有"重知识、轻培养"的倾向以及对课程的管理不善等。[①]

　　虽然近20年来国内高校开展通识教育的声势较大,但"怎样有效开展通识教育"成为很多大学亟待解决的问题。从西方引进的通识教育不是一个简单空洞的设想,更不只是一句标语口号。它不但具有自己的理念、目标、特点,也需要与之相对应的配套措施和管理体系的支持,这才能真正开展起来。从这个意义上说,我们学习国外高水平大学的通识教育经验,不仅仅是学习或照搬其课程设置,更要学习它们先进的制度,即对通识教育课程的规划、遴选和管理。这一点不仅适用于整体意义而言的通识教育,也适用于作为通识教育重要组成部分的哲学通识教育。

1. 顶层设计与规划

　　通识教育的顶层设计与规划,往往是由高校专门成立的通识教育委员会进行。他们的主要职责是对本校的通识教育进行整体的科学规划,通过顶层设计从宏观的层面指导全校通识教育的开展,"审查由通识教育中心主任提交的各项课程计划和改革方案,详细讨论各门课程的修订、新增或停开,还进一步监督和审查已获通过的计划方案实施的情况和结果"[②]。

　　这类专门机构一般具有两个特征:一是机构设立的高层次。通识教育是面向全体学生的,需要在全校范围内配置资源,故在校内机构层级设置中处于较高地位。换句话说,通识教育课程的建设"不可能在专业化很强的学院内完成。通识教育课程是应该横跨各学科专业的,因此必须有一个横跨各学院、各学科的校内学术

---

　　① 蔡映辉:《高校通识教育课程设置的问题及改革对策》,《高等教育研究》2004年第6期。

　　② 杨颉:《大学通识教育课程:借鉴与启示》,上海交通大学出版社2009年版,第197页。

组织来负责构建通识教育课程体系"①。二是组成人员的高水平。通识教育课程往往具有广博性、多元性,使学生能广泛涉猎人类知识的各个领域。但通识教育并不是简单的对信息的拼凑,而是能将这些知识进行整合,是具有进阶性和统整性的智慧。② 这不仅要求机构的组成人员具有高超的学术水平,而且必须高瞻远瞩,对人类精神、社会长远发展有深刻的理解能力。

成立通识教育的专门机构对于推动和开展通识教育无疑具有重要作用。具体而言,这一步骤的意义在于:

第一,基本方向的把握。美国各知名大学的通识教育已经开展了上百年,日本和香港的通识教育也已实行多年。虽然其间经历了一些大大小小的改革,但总的来说都已经具备成熟的思路和高效的执行能力,也得到当地和国际上较为广泛的认可,而取得这样的成就与出色的顶层设计是分不开的。比如,哈佛大学早在1945 年就发布了由 12 位资深教授组成的哈佛委员会编写的《自由社会中的通识教育》(《哈佛通识教育红皮书》),"反映了哈佛大学实施通识教育计划的指导思想和总体构想,揭开了哈佛大学全面实施通识教育的序幕……成为美国数百所大学新的课程改革浪潮的主要推动力"③,被誉为"现代大学通识教育的圣经"。2007 年哈佛又发布了 9 位知名教授撰写的《通识教育工作小组报告》(*Report of the Task Force on General Education*),成为 2009 年

---

① 杨颉:《大学通识教育课程:借鉴与启示》,上海交通大学出版社 2009 年版,第197 页。

② 黄坤锦:《大学通识教育的基本理念和课程规划》,《北京大学教育评论》2006年第 3 期。

③ 李曼丽:《哈佛通识教育红皮书》(译者序言),北京大学出版社 2010 年版,第 2页。

新版通识教育计划的指导思想。相比之下,国内大学的通识教育还处于起步阶段,通识课程的设置和讲授缺乏引导,目前遇到的很多问题甚至源于对通识教育基本理念的误解。只有确定了基本的指导思想、培养目标和改革方针,才能在正确的方向上推动通识教育的发展。

第二,本土化的要求。尽管通识教育的重要性有目共睹,但这仍是"一种在异域文化当中发展起来的全新教育理念"①。目前国内高等教育存在"言必称美国"、"言必称哈佛"的倾向,有时幻想直接照抄别人的做法,而往往忽略了通识教育在中国环境中本土化的要求。哈佛大学的红皮书和新版报告,连同其中详细的阐述、说明和规定,对国内大学确实有较大启发。但需要看到,这是哈佛大学根据美国教育的大环境和自身的特点制订的;如果不加思考和选择便直接照搬到中国,很有可能由于各种原因而水土不服。况且,哈佛大学的经验也有其局限性,只有进行深入分析研究,才能将其中有益的部分进行有效的本土化。再者,通识教育的开展必须符合具体大学自身的特点和需要。即使在美国,哈佛大学、芝加哥大学和哥伦比亚大学等名校各自也采取了不同的通识教育模式。生搬硬套的做法注定收不到良好的效果。

第三,长期发展的需要。由于国内高校通识教育仍在不断摸索的过程中,对通识课程的基本要求不甚明确,课程设置和修读政策往往也缺乏稳定性,朝令夕改,严重挫伤了任课教师和修课学生的积极性。通过独立、专门的委员会制订长期的宏观发展目标,以及为实现目标而建立执行机构,并以规章制度的形式进行保证,则

---

① [美]理查德·莱文:《通识教育在中国教育发展中的角色》,《国家教育行政学院学报》2010 年第 7 期。

可以保障通识教育在学校受到足够的重视和有效的开展。事实上,"相对于外在的课程体系的优化、协调与完善,内在的、严格的课程要求和保障机制的建立则更为关键"①,而进行科学规划的机构应当承担起建立这一机制的任务。

具体到哲学通识教育课程而言,作为通识教育的重要组成部分,一方面,哲学通识教育的宏观规划应该在全校性的通识教育委员会的指导下进行,并积极融入学校通识教育的整体设计与规划中;另一方面,在中国的本土环境中,哲学由于其学科特点与通识教育精神的契合,往往会承担更多的通识课程的建设任务,条件成熟的高校就可以设立相应的通识教育分委员会,专门就哲学通识教育的长远发展做出规划,进行顶层设计。

2. 规划的落实与执行

当通识教育的科学规划和顶层设计已经完成,一个阶段的通识教育目标和方向明确后,必须要有专门的执行机构贯彻落实其做出的要求和规章制度,处理具体的问题,包括课程的遴选,学分的详细要求以及对通识教育某个方面的专题研究等。在某些高校,通识教育的规划与实施职能可能合二为一,由同一个机构承担。例如,台湾"清华大学"成立了通识教育中心,其主要定位就是实际负责推动、规划和执行通识教育的一个独立教学研究单位。②也可能两者的职能分别由不同机构承担。例如,复旦大学通识教育委员会负责通识教育核心课程的顶层设计和建设规划,而复旦学院则是负责具体实施通识教育的机构。③

---

① 吕林海、汪霞:《我国研究型大学通识课程实施的学生满意度调研》,《江苏高教》2012 年第 3 期。

② http://cge.gec.nthu.edu.tw/center.html.

③ http://www.fudan.edu.cn/channels/view/48/.

就规划的执行而言,以哈佛大学为例,该校本科生培养主要由文理学院(Faculty of Arts and Sciences)及其所属的哈佛学院(Harvard College)负责。该校根据 2007 年通过的通识教育文件,成立了通识教育常务委员会(Standing Committee on General Education),负责审阅通识教育的大类设定和通识教育计划的其他必要方面。常委会委员由文理学院院长指定,由通识教育计划主任领导。通识教育计划主任由资深教师担任,委员则由来自各系和教学单位的教师和学生代表组成。常委会的职责包括:吸纳教师参与发展新的通识教育课程;与相关系主任商议,决定哪些课程被纳入通识学分;制订与通识教育有关的政策草案供教师讨论;向课程负责人、系和学院院长以及其他相关负责人建议如何更好更合理地运用资源为通识教育课程服务。①

在我国,较为常见的情况是,具有较强行政色彩的本科生院或教务处往往是负责具体推进通识教育的机构。行政色彩的浓厚,一方面,有利于工作的全面铺开与快速推进;另一方面,由于缺乏深厚的学术根基,它有时难以在推进过程中敏锐把握前进的方向。鉴于此,在落实通识教育规划、推进规划执行的过程中,必须注重遴选拥有较为丰富的通识教育经验且对通识教育有足够热忱和兴趣的教师,以及学生代表参与到具体的推进过程的各个环节中,以减少行政性所带来的负面影响。

在落实与执行通识教育规划的过程中,我们要关注到通识教育本土化过程中呈现出来的特点,根据实际情况灵活、有效地推进

---

① Final Legislation Establishing the Program in General Education [OL]. http://www. generaleducation. fas. harvard. edu/icb/icb. do? keyword = k37826&tabgroupid=icb. tabgroup116510,2014 - 04 - 28.

通识教育。例如,就当前通识教育本土化模式而言,南京大学的建设模式是,从新生研讨课入手,新生研讨课与通识教育课共建、互补,逐步发展演变为完整的通识教育体系。[①] 这是国内较为重要的一种通识教育本土化模式,也是基于现在高校中大部分教师是在专业教育的背景下成长、难以短时期内迅速开出大量符合要求的通识教育课的现状而形成的现实路径。在通识教育规划的执行过程中,也必须充分考虑到本土化的实际情况,特别是在课程设置和考核评价方面,更要注意特殊性。

就通识课程设置而言,一方面,在遴选课程的过程中,要谨慎把握每一门课程与通识教育的匹配度,不管它是人文类、社科类还是自然科学类,尽量避免用专业课程拼凑,必要时可以征求课程相关学科专家的意见;另一方面,要充分意识到当前我们处于通识教育本土化初期,并不能在短时期内开设出足够数量的通识教育课程。因此,对于部分具有潜质的优质新生研讨课、文化素质课,可以作为通识课程的储备资源进行发展。

从严格意义上说,通识教育课、新生研讨课、文化素质课,这三种类型的课程所承担的培养目标并不一样。通识教育的目标是培养学生"有效思考的能力,有效沟通的能力,做出恰当判断的能力,对价值的认知能力"。而研究型大学的新生研讨课,旨在帮助学生了解大学学习阶段的学术性特点,初步体验探究未知世界的乐趣和方法,激发学生的研究兴趣和动机,初步培养提出问题、独立思考和合作交流的意识,实现学习阶段的顺利转换。[②] 文化素质课

①　陈骏:《融合国际经验建设通识教育与个性化培养相结合的本科教学模式》,《国家教育行政学院学报》2011年第1期。

②　张红霞:《美国大学的新生研讨课及其启示》,《中国大学教学》2009年第11期。

作为中国高等教育较为特殊的产物,按照教育部相关文件,目标主要是"提高全体大学生的文化品位、审美情趣、人文素养和科学素质"①。虽然这三类课程的目标并不完全一致,但只要这三者间的基本教育理念相近,后两者就具有发展演进为通识教育课的可能性。可以说,鉴于当前我们正处在通识教育本土化的初期,相应优秀师资匮乏,短时间内迅速开设大量合格的通识教育课并不现实,所以,在遴选时选择部分优秀的新生研讨课、文化素质课等,并不失为一个明智的举措。

就课程的考核评价而言,对于已经入选的通识教育课程,需要有目标导向的考核体系。在保持通识教育大方向稳定的前提下,对已经入选的通识课程执行严格的考核制度。如果确实不适合继续作为通识课程,经与授课老师沟通后,或建议其改革,或不再列入通识课程目录。也就是说,入选通识课目录的课程并不会自动永久地存在于目录之中,每隔一段时间(如 2 年或 3 年)通识教育的执行机构要在评估与考核的基础上决定该门课程是否适合继续作为通识课。特别是对进入通识教育课程体系的新生研讨课、文化素质课来说,更需要通过清晰的、高标准的目标和持续的评价,才能使承担这些课程的教师对通识教育有深入的理解,并在实践中不断地优化教学设计,保证新生研讨课、文化素质课能够按预期的目标演进,最终完成通识教育课程体系的建设。

而对于哲学通识教育课程而言,应该服从学校通识教育总体的规划,根据学校的实施步骤稳妥推进。同时,在课程的遴选和考核方面,应该根据哲学本身的学科特点,将符合通识课程标准的哲学课或具备发展为通识课程潜质的哲学课纳入学校的通识教育课

---

① 《关于加强大学生文化素质教育的若干意见》(教高司[1998]2 号)。

程体系中,并通过严格的、持续的考核,保证哲学通识课程向学校确定的通识教育的大方向发展。

第二节　哲学通识教育的教学质量保障体系建设

哲学通识教育的教学质量是评价高等院校哲学通识教育体制、政策的最直接依据,也关系着高校教育的整体质量。基于当前我国哲学通识教育的实际情况,如何科学建立教学质量保障体系和评价体系,科学利用质量状况和结果,促进教学质量的进一步提高,是一个系统性的课题。

1. 当下我国哲学通识教育的教学质量状况

当通识教育融入大学课程之后,如何保证通识教育的质量,更有利于学生的素质培养,始终是每一所高校面临的一个问题。对于高等教育来说,开设通识教育固然是一项必不可少的工作,但是,如何能够切实保证通识教育合理、有效地开展下去,发挥应有的教育价值,进而促使高校充分认识到通识教育在学生培养体系中的重要性和必要性,是真正让通识教育发挥实质性意义的切实路线。作为通识教育中的重要部分,哲学通识教育的教学质量水平同样关系到该类课程在高校教育体系中是否能够真正顺利开展起来。

作为在高校中具有广泛性意义的通识教育课程,哲学课程在开设之初就要面临高等教育的日益专业化与通识教育本身的普适性之间的矛盾,这给通识教育的发展带来了重大考验。如何从众多专业课中树立自身的特色,如何发展,事关通识教育本身的质量水平,也关乎通识教育未来的发展。如果不能对包括哲学学科在内的通识课进行正确定位,那么,必然会造成通识课被草率对待,更遑论教学质量的提升了。

就目前而言，我国哲学通识课还存在着以下一些问题。第一，课程的丰富性还十分欠缺。大致来看，我国哲学通识课的教学内容依旧停留在对经典人物的经典思想进行引介。虽然这对学生的哲学基础知识的构建有着重要意义，但是，教师在课堂上往往单纯地梳理西方哲学的发展脉络，却忽略了引导学生进行真正的哲理思考。第二，哲学通识课难以在现实课堂实现价值，这源自哲学学科本身的高度抽象性。作为人类智慧的结晶，哲学凝聚了所有的思想因子，从而成为一门极其厚重、深奥的学科。尽管哲学通识课与哲学专业课学生掌握程度的要求有所不同，但要在短时间内使得学生基本掌握哲学的思维方式，对学生而言仍是一项较高的要求，这是影响哲学通识课教学效果的深层源头之一。第三，哲学通识课的特性，决定了该学科教学方法的特殊性和复杂性。如何将高度抽象的理论转变成为能够充分给予学生启发的信息，是教师面临的最为困难的问题。由此还会引出其他问题，比如如何激发学生的创造性、如何营造开放而又热烈的学习氛围，等等。

除了学科本身的因素，还有其他因素也会影响哲学通识教育的质量。例如，是否有相应的教研室进行统一的备课、研讨、团队建设等。就目前而言，只有少部分院校设置了专门的哲学通识课教研室讲授课程，大部分院校要么没有专门设置，要么只是将其挂靠在某一院系之中，并降低课程的期望和要求。哲学通识课在组织和思想上均未能取得应有的地位和重视。这导致课程不能得到良好的组织和管理，也不利于教师和学生集中精力共同探索。再如，我国高校通识教育整体良性发展的大环境尚未完全建立，这也阻碍了哲学通识教育的发展。高校还缺乏将哲学通识教育同其他学科通识教育进行有机融合的意识和能力，使得通识教育课程显得零碎化、片面化。另外,哲学通识课正常开展所需的人力和财力资源远远没有跟上。在我国高校,缺乏专业的哲学通识课教师已经是较为普遍的现象。哲学通识课与哲学专业课并不等同,从专业课发展为通识课,意味着教师要迈入新的领域,转换思维方式,重新进行课程设计,这对教师无疑是个巨大的挑战。如果没有相应的激励措施,教师的开课积极性难以维持,教学研究也会缺乏动力。

哲学通识教育质量问题的影响十分深远。在社会环境因素的影响下,学生对国学、宗教等问题产生了比较浓厚的兴趣,但是由于哲学教育的缺位,大多数学生都未能对相关问题形成科学的认识,甚至出现了一些值得警惕的认识误区。作为直接关系到青年学生认识观、世界观的哲学,一旦在通识教育领域不能发挥其应有的作用,极易导致学生无法塑造正确的认知,从而不利于他们的长远发展。

2.构建质量保障体系

要构建哲学通识课程的质量保障体系,首先要明确构建这一体系的目标。就目前看来,布鲁姆的教育目标分类法已经被广泛引用到哲学等通识课程之中。"2010年,布鲁姆的教育目标分类理论有了修订版,从知识维度和认知过程维度两方面重新规划认知目标,即知识维度将知识分为事实性知识、概念性知识、程序性知识和元认知知识等。事实性知识是学习者在掌握某一学科或解决问题时必须知道的基本要素。概念性知识是指一个学科领域的知识是如何加以组织的,如何发生内在联系的,如何体现出系统一致的方式,等等。程序性知识是'如何做事的知识'。元认知知识是关于一般的认知知识和自我认知的知识。"[①]以此为依据,有学者将大学通识课的目标同样归纳为三大类:第一是知识领域的目标,即提高学生的通识素质,培养学生广阔的知识视野;第二是能力领域的目标,不仅让学生了解专业知识,同时也教会他们分析其他学科或社会问题,对学生的思考、批判、创新能力进行综合培养;第三是情感领域的目标,"引导学生形成某种兴趣、态度和价值观,正确认识各种社会现象,与自然、社会和他人和谐相处"[②]。评价哲学通识课程的教学质量,也需要以所开设课程在知识、能力、情感三个领域中的具体目标为导向,评价开设效果与课程目标的契合度。

由于哲学通识教育在我国的开设时间并不长,因此,质量保障体制还不健全,主要表现在:第一,就评价指标体系而言,通识课程与普通课程的评价指标基本雷同,差异不大,而哲学通识课程的特色更难以在指标体系中凸显。可以说,现行的评价标准未能与哲学通识教育的特色和目标完全结合。哲学通识教育高度抽象,且结构十分复杂,要制定一个科学、可行的评价标准,难度极大,需要予以充分的重视、评估和检验。第二,从评价方式来看,现行对于课程的评价往往包括了教师的自我评价、同行评价和学生评价。而现行的评价流程中,学生评价的范围往往会覆盖所有课程,而同行评价的覆盖面相对较小,教师的自我评价一般不作为评价的必备环节,而是属于自愿行为,往往非常缺乏。这一定程度上也使得哲学通识教育课程难以得到全方位的评价,教师也很少有动力对

---

① 冯慧敏等:《大学通识教育教学质量评价体系及指标设计》,《教育研究》2012年第11期。

② 冯慧敏等:《大学通识教育教学质量评价体系及指标设计》,《教育研究》2012年第11期。

课程进行自我反思、自我改革与提升。

　　就我国哲学通识课的实际开展情况来看,高校已经进行了一系列重要尝试,并且取得了一定成果。例如,围绕哲学通识课程的发展需要,南京大学哲学系已经形成了学校、院系教学委员会、院系领导、督导员、学生负责人五级教学评估体系,采取公开测评、定期听课、随机抽查等多种方式,对教学质量进行多层次、多方位、多角度的监控。就评价内容而言,考察教师的教学态度是否端正、教学内容是否符合大纲和人才培养要求、教学方法是否得当、是否具备良好的师德,以及教学效果与课程目标的契合度、学生的认可度,等等。就具体措施而言,首先,哲学系一直坚持行政领导带头给本科生上课的传统,并形成了明确的规章制度。其次,为了贯彻落实学校"办中国最好的本科教育"的战略目标,哲学系制定了"教授授课制",即每位在岗教授不论年龄大小,每年必须要深入一线本科教学,每学期课时量不低于 36 小时。再次,为了保障教学质量,哲学系建立了由系领导和各学科知名教授组成的教学委员会和教学质量评估委员会,定期对本系教学质量进行检查、评估,坚决执行教学一票否决制。凡是教学评估不合格者,暂停一年开课,且不允许申报高一级别的职称。第四,严格落实《南京大学领导干部本科生课堂听课管理办法》,每学年领导干部听课次数不得少于6 次。第五,建立教学督导员制度,聘请系里具有丰富教学经验的离退休教师担任教学督导员,定期深入第一线,督促和评估任课教师的教学质量。第六,不断提升哲学系教学质量管理队伍的专业素养,建立健全教师培训、教学考核和评价制度,加大对教学的奖励力度,为积极提升教学质量奠定坚实的制度保障。

3. 如何提高高校哲学通识课的质量

　　建立质量保障体系,是保证哲学通识课程质量的第一步。在此基础上,高校还需要通过各种途径提升哲学通识课程的质量。而在这个过程中,我们应遵守以下基本原则:第一,保持连贯性。要充分将质量保障和质量提升相结合,保证课程教学质量的持续提升。"通识教育教学质量的提高离不开通识教育的教学评价,科学的通识教育教学质量评价体系是通识教育实施的导向机制。"①第二,坚持多元性。哲学通识课在每一个高校开展时,都需要与各自学校的学科特点和环境进行有机结合,不能千篇一律。应当意识到,多元化是哲学通识课的内在发展需求。第三,重视规范性。哲学通识课要与教学规范紧密联系起来。在进行教学活动时,需要紧密结合哲学通识课程的纲要和规章,严格按照要求执行,防止发生目标明确、教学却过于随意的情况。第四,强调开放性。高校之间要进行充分交流,互相借鉴,并且扩展视野,引入国外的一些优秀做法和理念,使我国的哲学通识教育拥有自身特色的同时,避免闭门造车,与国际先进的教育理念脱节。

就现实来看,一些在哲学通识教育有所突破的高校,会通过多种渠道提升教师的教学能力,具体的举措包括:首先,鼓励、支持教师出国进修,学习国外高校先进的教学理念与经验,进一步提高教学能力。比如,南京大学实施"青年教师海外教学研修计划",感兴趣的教师入选后,可以到海外一流高校专门选修一门课程进行学习,在回国后为学生开设。其次,建立健全"传帮带"制度。作为一项优良的教学传统,"传帮带"制度对我国高校教师的发展发挥了非常重要的作用。在哲学通识教育的发展中,更需要发挥具有丰富教学经验的老教师的力量,以打造"学术视野开阔、科研水平一流、教学经验丰富、国际化程度高"的教学团队为契机,积极引导青

---

① 唐燕等:《提升大学通识教育质量的路径选择》,《教育评论》2014 年第 2 期。

年教师进入团队,以老带新,全面提高青年教师的科研教学水平。再次,通过校内的教师教学发展中心等机构,对青年教师进行多方位的培训。随着教育部 2012 年评选国家级教师教学发展示范中心工作的启动,教师教学发展中心在全国高校中如雨后春笋般涌现,其重要职能之一就是通过各种培训与研讨活动,提升教师教学能力与水平。可以说,教师教学发展中心可以通过专业化的支持与服务,帮助青年教师积极吸收新的教学理念和教学方法,自我完善,自我提高,为教学水平的提升提供可持续发展的途径。① 这些措施的实施,可以有力提升哲学通识教育课程的教学质量,为各类人才的培养提供坚实的保证。

　　除了内部的各类提升举措外,高校还可以充分利用外部环境,推进哲学通识教育的发展。一方面,要吸引校外的人才和资金用于课程发展。应当与政府、企业、社会团体等建立紧密的联系,积极争取各类资助,形成人才、资金向哲学通识教育领域的集聚,为哲学通识教育的可持续发展提供充足的资源;另一方面,要主动向社会展现哲学通识教育的进展,引起社会关注,吸取各种反馈,获得改革动力。"错综复杂的社会、经济、文化生活间接影响着教育改革,社会各界对通识教育的讨论、批判和反思直接影响着教育观念的转变。高校顺应时代要求对本科培养人才模式实施改革,社会、政府和用人单位的反馈意见无形中影响着大学通识教育改革的进程,促使通识教育课程体系逐渐科学、合理,以培养更加符合未来社会发展需要的人才。"②

---

① 　王守仁、施林森:《聚焦教师教学能力提升　推进高校教师教学发展中心建设》,《中国大学教学》2016 年第 4 期。
② 　唐燕等:《提升大学通识教育质量的路径选择》,《教育评论》2014 年第 2 期。

第三节　哲学通识教育的管理机制改革与建设

哲学通识教育的管理机制是整个课程体系中的关键一环。随着哲学通识教育的不断发展,其管理机制已经愈发成为一个重要的课题。当前,我国高校围绕哲学通识教育的管理机制已经进行了全面探索,取得了一定成绩,但也仍然存在着一些问题。

1. 我国哲学通识教育的管理目标

大致看来,我国包括哲学在内的通识教育整体还是在借鉴国外模式的前提下,逐步进行着本土化尝试。"在过去 20 年的时间中,一些大学在通识教育课程模式、本科文理学院建制等方面尝试与美国高校的惯常做法接轨,开展了多样化的通识教育实践。这虽然有利于通识教育短期内在中国大学快速推进和全面铺开,但迄今为止,我国还没有形成一套比较有特色的、相对成熟的大学通识教育。在制度建设层面上,如果说'境外移植'是解决我国大学通识教育普及阶段的一个简单有效的策略,那么,'本土建构'则是大学通识教育从普及走向深化的一个必然途径。"[①]先引进后本土化,成为我国高校通识教育发展的一条大致路径。而管理体制也需要经历这一过程,以在我国逐渐发展成熟。

哲学通识教育管理的目标,主要是通过管理机构自身的服务,确保哲学通识教育课的顺利开设和平稳运行发展。在这个过程中,关键是为教师提供全方位的支持与保障。

第一,要协调好教学过程中的师资发展、培训问题。例如,哈

---

① 　孟卫青等:《我国大学实施通识教育的制度困境与出路》,《清华大学教育研究》2013 年 4 期。

佛通识教育常委会被要求向课程负责人等建议如何更好更合理地运用资源为通识教育课程服务,包含了通识课教师培训的职责。特别对大多数教师是在专业教育背景下成长的国内高校而言,教师培训就显得尤为关键。通识课程的主要目的不仅仅是传递知识,更是培养能力,使学生符合现代社会要求的认知、情感、意志、品质、能力和行为方式,能够从全球化的角度来看待世界并正确认识中国的文化传统,同时具有足够的批判性思维和创新精神。因此,这对通识课的教师就有两个突出的要求:跨学科的思维和灵活的、符合实际的教学法。

就前者而言,目前国内很多高校对于跨学科研究日益重视,并相继成立类似高研院的机构进行统筹协调,而在教学上,教师的跨学科素质也很重要。对于这一点,有学者曾提出四个方面的提高措施:一是推进教师的跨学科阅读,拓宽教师的知识视野;二是组织文化素质教育专题论坛,为教师搭建提升文化素养的平台;三是举办开放式、跨学科的学术沙龙;四是加强同行间的相互学习和评价。[①]　就后者而言,在教学方法上,可以鼓励有经验的教师传授心得,并鼓励教师通过亲自参与或录像观摩学习成功的研讨课和实践教学的范例。除此之外,在高等教育较发达的地区,某些学校若暂时缺乏通识教育的师资,可以从本地或邻近地区邀请合适的教师独立或参与讲授通识课程,该校教师通过学习观摩,提高自己主持通识课的能力,达到今后独立开课的水平。

第二,要为从事哲学通识课程的教师解决"后顾之忧"。通识课程的讲授一般由各院系教师承担,对教师的要求较高,遴选和考

---

①　汪霞:《大学生眼中的文化素质教育课程:基于对六所大学的调查》,《复旦教育论坛》2013 年第 2 期。

核也有严格的制度。为了保证教师的主动性和积极性,保持高水平和稳定的师资队伍,防止教师产生吃力不讨好的印象,通识教育的管理机构一方面应该在职称评审、薪酬制定等方面,有意识地向从事通识教育的教师倾斜,毕竟通识教育与专业教育不同,涉足通识教育领域的教师需要从自己熟悉的学科研究领域迈向另一个未知领域,需要有充分的激励举措才能使教师保持足够的动力;另一方面,除了职称与薪酬等外在的激励之外,还应该将通识课的开设和讲授与教师的荣誉结合起来,使得从事通识教育的教学变为一种崇高的荣誉,激发教师内在的自豪感与荣誉感。可以说,只有多措并举,对通识课程任课教师提供有力的支持,切实为教师解决"后顾之忧",教师才会发自内心地愿意付出足够的时间和精力,全心投入通识课程的教学之中。

2. 当前哲学通识教育管理机制的问题

哲学通识教育课程在管理中出现的问题,基本上也囊括在当前整个通识教育管理体制存在的问题中,两者之间的问题具有一致性。

从管理机构的重要职责——师资配置来说,随着高等教育的发展和学生发展需求的不断转变,高校的师资管理也不断面临着新的问题。"国家建立了由上而下的专业管理体制,生源、师资、教学设施等各类教育教学资源都是按照专业进行分配,'专业'直接决定了高校教育教学活动的组织方式和运行机制。一个专业的课程体系相对独立和稳定,课程安排具有明显的板块组合特征,通常由公共基础课、专业基础课程(技术基础课程)、专业课程、必要的教学实习、生产实习(社会实践)和毕业论文构成。不同的学科与专业之间具有明显的封闭性与保守性,各专业的课程自成体系,教学资源很难共享。"①这一问题几乎在每一所高校都存在着。如何平衡好各学科的发展,使得各学科愿意贡献最优秀的师资从事通识教育课程的教学,一直是通识教育教学管理中面对的难题。

从组织方式来看,在我国,包括哲学通识课在内的高校通识课程主要运行方式包括以下几种:第一,由教务部门组织实施。学生需要修满一定数量的通识教育学分,每学期在全校范围内自由选修通识课程。但是,"因为教务部门涉及的管理头绪十分繁杂并且关涉高校教学运行的全局,往往不能投入更多的人力、物力来深度推动通识教育。因此,这种运行模式下的通识教育较难形成与专业教育并举的、独立成熟的运行系统。随着其进一步发展,通识课程由于缺乏统一整合而在具体实施过程中流于零散、庞杂,理念基石与育人指向不明晰等诸多问题也就凸显了出来"②。第二,由本科生院组织实施,要求学生在进入学院之后分阶段接受通识教育。这是一种主要的"实体性机构设置方式"。但是,这种方式往往要求大学有足够的专业和组织能力,一般院校难以实施。第三,由相应的通识教育部门负责实施。这一方法虽然最为直接,但是也很容易遇到一些问题。最突出的就是权责不明晰。③

从教学过程中出现的问题来看,如果我们追根溯源,往往能够将这些问题和整个体制联系起来,因为课程设计、师资分配、考核监督这些教学过程中的主要活动,均是由管理部门执行的。就目

---

① 孟卫青等:《我国大学实施通识教育的制度困境与出路》,《清华大学教育研究》2013年第4期。
② 江净帆:《高校通识教育实体性机构设置问题探讨》,《湖北社会科学》2011年第8期。
③ 江净帆:《高校通识教育实体性机构设置问题探讨》,《湖北社会科学》2011年第8期。

前我国高校施行的学分制课程而言,虽然这种制度通过赋予学生一定程度的自主选择权,并提供大量的非专业课程,以期扩展学生的学术视野,促使学生的文化素质全面提高,但是,如何解决由于学分制这种比较自由的学习方式而导致的一些问题,就成了管理部门要面对的课题。比如,如何设置通识课程在所有课程中的比重,如何避免通识课程与学生专业课程过于悬殊而导致的过于零散化的问题。许多问题对于管理部门来说也是挑战,不仅需要管理人员具备管理技能,同时还需要能够对学生成长发展的需求有深入的了解。

这些都是摆在通识课程管理部门面前的现实问题,也是提高高校管理水平的契机。通识教育管理体制建设需要长期建设,其中管理体制建设是关键一环。如何使高校管理水平适应不断发展的通识教育,是始终摆在高校教育体制面前的一个问题。

3. 如何完善哲学通识课程管理机制

哲学通识课程与一般选修课在目标、方式和内涵上存在较大区别。这就要求通识教育管理部门承担更多的任务:

首先,通过多方调研,为各项政策的制定提供客观依据。一方面,要定期经常对参与哲学通识课程的师生展开调研,并适时向通识教育的执行机构进行信息反馈,为修订、调整相关政策提供合理依据,在需要时及时向授课教师进行通报;另一方面,应该积极利用高等教育研究所、教育研究院的学术力量,通过设立通识教育研究课题等形式,请相应的研究人员对学校通识教育的各类政策、评价制度、课程设置体系等进行深入研究,从第三方的角度提供客观评价,不断改进,以保证通识教育各项政策以及管理工作的科学性和合理性。

其次,对于哲学通识课程需要加强评估。各个学校现有的评估往往只是由修课学生进行,学校的专家和督导参与较少。而对于通识课程,尤其是新开的课程,通识教育管理部门应当定期组织校内外专家前往听课,并主要从通识教育而非普通课程的角度进行评估。此外,教师对于课程的自评也很重要。作为最了解该课内容的人之一,任课教师在学期结束后应及时总结教学,包括课程目标的完成情况,实际讲授的内容(及指导的实践),课程进行过程中的经验和教训等,作为课程的记录与今后自己或他人开课的参考资料。就学生评估而言,目前存在的主要问题一方面是评估内容千篇一律,通识课往往是各有特色,因此不同课程的问卷问题设计也应有所区别;另一方面,现在的学生测评往往是学期结束时才会进行,而为了控制各门课程的开设效果,最好在学期中就开展学生测评,使任课教师能及时根据学生测评结果总结经验、发现问题,在下半学期的教学中能采取相应的改进措施。

再次,明晰高校通识教育的管理者自身的定位。大学领导应当认清在教育管理过程中的角色,将教育者和管理者的双重身份结合起来,成为引导大学教育工作的计划者、引导者。"对大学而言,大学领导很重要。学校老师对学校有意见或建议会发信号给他。……教授们很难管,大学校长总想做一些大家看得见的事情。大学领导者具有诚信的素质,才能赢得人们的信赖。管理员工有点像猫抓老鼠,所以大学需要技术管理,需要具备一定领导力的学校领导。当你开始着手做事情的时候,别人什么也不知道,当你结束的时候,大家才会知道这是怎么回事,这就是大学领导应该做的。学校领导必须学会把握方向,要在合适的场合公开告诉教授们应该怎样做。"①因此,在高校哲学通识课程的开设过程中,领导者一定要具备一定的专业熟悉程度,再结合学校整体的发展状况和需求,制定出符合实际的教学计划,并付诸实行。

最后,教育主管部门要合理配置管理权限。在把握通识课程总体发展的同时,调整好教师、学院和学校之间的关系,适当下放权限,为通识教育带来新气象:"随着高等教育管理体制改革的逐步深入和高等教育管理权限的不断下放,我国大学获得了包括制订教学计划与培养方案、专业设置、课程建设与改革等方面越来越大的办学自主权。同时,大学从面向政府办学转向面向社会办学,大学成为真正的办学主体,必然要承担相应的办学质量意识和社会责任。"②而这一过程需要结合高校的多元化特征,精心统筹,认真调节。

总之,从国外高水平大学实施通识教育的经验看,制度建设在通识教育的开展过程中有着至关重要的作用。推行哲学通识教育,必须要有高屋建瓴的科学规划,富有成效的遴选、考核与支持,以及谨慎严格的日常管理,而这三个步骤都需要相应的人员和团队进行具有针对性的努力,以建立良好的、可延续和推广的制度,成为推进哲学通识教育的必要保证。

---

① 崔金贵:《大学的卓越灵魂:通识教育、教学改革与管理》,《高校教育管理》2014年第4期。
② 李正:《中国研究型大学本科教育质量研究》,华东师范大学出版社2005年版,第144页。

参考文献

经典文献与中央文件

《马克思恩格斯全集》第 1 卷,人民出版社 1995 年版。

《马克思恩格斯全集》第 3 卷,人民出版社 1960 年版。

《马克思恩格斯全集》第 30 卷,人民出版社 1995 年版。

《马克思恩格斯全集》第 42 卷,人民出版社 1979 年版。

《马克思恩格斯全集》第 44 卷,人民出版社 2001 年版。

《马克思恩格斯文集》第 1 卷,人民出版社 2009 年版。

《马克思恩格斯选集》第 1 卷,人民出版社 1995 年版

《马克思恩格斯选集》第 3 卷,人民出版社 1995 年版。

《马克思恩格斯选集》第 4 卷,人民出版社 1995 年版。

《列宁全集》第 1 卷,人民出版社 1984 年版。

《列宁全集》第 4 卷,人民出版社 1984 年版。

《列宁全集》第 55 卷,人民出版社 1990 年版。

《毛泽东选集》第 3 卷,人民出版社 1991 年版。

胡锦涛:《坚定不移沿着中国特色社会主义道路前进,为全面

建成小康社会而奋斗——在中国共产党第十八次全国代表大会上的报告》，人民出版社 2012 年版。

习近平：《在中央政治局第十三次集体学习时的讲话》，《人民日报》2014 年 2 月 24 日。

习近平：《青年要自觉践行社会主义核心价值观——在北京大学师生座谈会上的讲话》，《人民日报》2014 年 5 月 4 日。

习近平：《坚持立德树人思想引领，加强改进高校党建工作》，《人民日报》2014 年 12 月 29 日。

习近平：《坚持运用辩证唯物主义世界观方法论提高解决我国改革发展基本问题本领》，《人民日报》2015 年 1 月 25 日。

国务院新闻办公室会同中央文献研究室、中国外文局编：《习近平谈治国理政》，外文出版社 2014 年版。

教育部高等教育司：《关于加强大学生文化素质教育的若干意见》（教高司〔1998〕2 号），1998 年 4 月 10 日。

中共中央、国务院：《国家中长期教育改革和发展规划纲要（2010—2020 年）》，2010 年 7 月 30 日。

中共中央宣传部、教育部：《关于高等学校研究生思想政治理论课课程设置调整的意见》（教社科〔2010〕2 号），教育部网，2010 年 8 月 6 日。

中共中央：《关于深化文化体制改革推动社会主义文化大发展大繁荣若干重大问题的决定》，2011 年 10 月 18 日。

中共中央：《中共中央关于全面深化改革若干重大问题的决定》，《人民日报》2013 年 11 月 12 日。

中共中央办公厅、国务院办公厅：《关于进一步加强和改进新形势下高校宣传思想工作的意见》，2015 年 1 月 20 日。

《中华人民共和国国民经济和社会发展第十三个五年规划纲

要》,新华网,2016 年 3 月 17 日。

中文著作、译著

  [古希腊]亚里士多德:《形而上学》,吴寿彭译,商务印书馆 1959 年版。

  [古希腊]亚里士多德:《政治学》,吴寿彭译,商务印书馆 1997 年版。

  [古希腊]亚里士多德:《政治学》,颜一等译,中国人民大学出版社 2003 年版。

  [英]阿尔弗雷德·诺思·怀特海:《过程与实在》,杨福斌译,中国城市出版社 2003 年版。

  [美]伯格曼、[美]萨姆:《翻转课堂与慕课教学:一场正在到来的教育变革》,宋伟译,中国青年出版社 2014 年版。

  [美]哈佛委员会:《哈佛通识教育红皮书》,李曼丽译,北京大学出版社 2010 年版。

  [美]赫钦斯:《美国高等教育》,汪利兵译,浙江教育出版社 2001 年版。

  [英]赫胥黎:《科学与教育》,单中惠等译,人民教育出版社 1990 年版。

  [德]黑格尔:《小逻辑》,贺麟译,商务印书馆 1982 年版。

  [德]胡塞尔:《欧洲科学危机和超验现象学》,上海译文出版社 1997 年版。

  [美]罗伯特·所罗门:《大问题——简明哲学导论》,张卜天译,桂林广西师范出版社 2004 年版。

  [美]罗伯特·C.所罗门:《哲学导论:综合原典阅读教程》,陈高华译,世界图书出版公司 2012 年版。

［美］迈克尔·桑德尔：《公正：该如何做是好》，朱慧玲译，中信出版社 2011 年版。

［德］克劳斯·施瓦布：《第四次工业革命》，李菁译，中信出版社 2016 年版。

［英］纽曼：《大学的理想》（节译本），浙江教育出版社 2001 年版。

［美］乔纳·唐纳森、［美］埃利安·阿格拉：《大规模开放——慕课怎样改变了世界》，陈绍继译，华东师范大学出版社 2015 年版。

［德］康德：《论教育》，《世界教育名著通览》，湖北教育出版社 1994 年版。

蔡元培：《蔡元培全集》第二卷，中华书局 1984 年版。

冯友兰：《中国哲学简史》，北京大学出版社 1985 年版。

冯友兰：《三松堂全集》（第一卷），河南人民出版社 2000 年版。

冯友兰：《贞元六书》（下），华东师范大学出版社 1996 年版。

高德胜：《知性德育及其超越》，教育科学出版社 2003 年版。

高平叔：《蔡元培教育论著选》，人民教育出版社 2011 年版。

贺麟：《当代中国哲学》，《中国现代哲学原著选》，复旦大学出版社 1989 年版。

黄坤锦：《美国大学的通识教育》，北京大学出版社 2006 年版。

教育部社会科学司组编：《普通高校思想政治理论课文献选编（1949—2006）》，中国人民大学出版社 2006 年、2007 年版。

教育部社会科学司组编：《普通高校思想政治理论课文献选编（1949—2008）》，中国人民大学出版社 2008 年版。

教育年鉴编纂委员会：《第二次中华民国教育年鉴·高等教育》，商务印书馆 1948 年版。

金耀基:《大学之理念》,生活·读书·新知三联书店2001年版。

李华兴:《民国教育史》,上海教育出版社1997年版。

李佳:《近代中国大学通识教育课程研究》,浙江大学出版社2010年版。

李曼丽:《通识教育——一种大学教育观》,清华大学出版社1999年版。

李正:《中国研究型大学本科教育质量研究》,华东师范大学出版社2005年版。

梁启超:《儒家哲学是什么》,《梁启超哲学思想论文选》,北京大学出版社1984年版。

刘宝存:《大学理念的传统与变革》,教育科学出版社2004年版。

陆一:《教养与文明》,生活·读书·新知三联书店出版社2012年版。

冒荣:《至平至善鸿声东南——东南大学校长郭秉文》,山东教育出版社2004年版。

潘懋元、刘海峰:《中国近代教育史资料汇编·高等教育》,上海教育出版社1993年版。

璩鑫圭、唐良炎:《中国近代教育史资料汇编——学制演变》,上海教育出版社1991年版。

上海财经大学校史研究室:《郭秉文与上海商科大学》,上海财经大学出版社2010年版。

上海财经大学校史研究室编:《国立上海商学院史料选辑》,上海财经大学出版社2012年版。

舒新城编:《中国近代教育史资料》,人民教育出版社1961

年版。

孙正聿:《哲学通论》,人民出版社 2010 年版。

涂又光:《中国高等教育史论》,湖北教育出版社 1997 年版。

汪霞:《大学通识教育课程:借鉴与启示》,上海交通大学出版社 2009 年版。

熊明安:《中华民国教育史》,重庆出版社 1997 年版。

熊思东等编:《通识教育与大学:中国的探索》,科学出版社 2010 年版。

徐志强:《哈佛大学通识教育课程改革研究》,中国社会科学出版社 2015 年版。

杨颉:《大学通识教育课程:借鉴与启示》,上海交通大学出版社 2009 年版。

姚小平:《洪堡特——人文研究和语言研究》,外文教学与研究出版社 1998 年版。

于淑秀等编:《大学通识教育研究》,九州出版社 2014 年版。

竺可桢:《竺可桢日记》第 2 册,人民出版社 1984 年版。

中文期刊论文

[美]布赖恩·温、[美]大卫·凯里:《科学知识与政治》,《淮阴师范学院学报》2015 年第 4 期。

陈界:《中世纪博雅教育初探》,《贵州社会科学》2012 年第 10 期。

陈骏:《融合国际经验建设通识教育与个性化培养相结合的本科教学模式》,《国家教育行政学院学报》2011 年第 1 期。

程洁如:《通识教育的理念和功能诠释》,暨南大学硕士论文,2010 年。

崔金贵:《大学的卓越灵魂:通识教育、教学改革与管理》,《高校教育管理》2014 年第 4 期。

崔永光:《大学通识教育理念的嬗变与创新——一种基于过程教育哲学的后现代视角》,《辽宁师范大学学报》(社会科学版)2015 年第 1 期。

丁振中:《后现代主义视角下我国职业教育哲学反思》,《教育与职业》2014 年第 17 期。

杜欢:《金钱与市场的道德边界何在》,《文汇报》2013 年第 5 期。

冯刚:《交叉学科视野下思想政治教育的创新发展》,《思想政治教育导刊》2011 年第 11 期。

冯慧敏等:《大学通识教育教学质量评价体系及指标设计》,《教育研究》2012 年第 11 期。

付小艳:《布朗大学通识教育研究》,河北大学硕士论文,2015 年。

高平叔:《北京大学的蔡元培时代》,《北京大学学报》(哲学社会科学版)1998 年第 2 期。

韩震:《以哲学的方式进行哲学教育》,《中国高等教育》2004 年第 6 期。

洪明:《台湾的通识教育》,《高等工程教育研究》1997 年第 2 期。

黄俊杰:《我国大学通识教育的挑战与对策》,《大学通识教育探讨会论文集》1987 年。

黄坤锦:《大学通识教育的基本理念和课程规划》,《北京大学教育评论》2006 年第 3 期。

江净帆:《高校通识教育实体性机构设置问题探讨》,《湖北社会科学》2011 年第 8 期。

金林南:《论思想政治教育的公共性》,《思想教育研究》2012 年第 8 期(上)。

康万栋:《教育学科学与人文的双重性格》,载《中国教育学会教育基本理论委员会第十届年会交流论文》,2005 年。

孔令帅:《当前美国研究型大学通识教育课程研究》,西南大学硕士论文,2006 年。

李俊文:《百年来西方哲学在中国的发展》,《江西社会科学》2014 年第 10 期。

李曼丽:《哈佛核心课程述评》,《比较教育研究》1998 年第 2 期。

李志玲:《赫钦斯的通识教育思想及实践对我国大学本科教育改革的启示研究》,中南大学硕士论文,2010 年。

理查德·莱文:《通识教育在中国教育发展中的角色》,《国家教育行政学院学报》2010 年第 7 期。

骆郁廷:《思想政治教育的本质在于思想掌握群众》,《马克思主义研究》2012 年第 9 期。

吕林海、汪霞:《我国研究型大学通识课程实施的学生满意度调研》,《江苏高教》2012 年第 3 期。

马凤岐:《"自由教育"涵义的演变》,《北京大学教育评论》2004 年第 2 期。

马凤岐:《教育价值的理论问题》,《北京师范大学学报》1994 年第 6 期。

马天俊:《哲学导论的描述使命》,《学习与探索》2008 年第 5 期。

梅贻琦:《大学一解》,《清华学报》1941 年第 1 期。

孟卫青等:《我国大学实施通识教育的制度困境与出路》,《清华大学教育研究》2013 年 4 期。

庞丽娟:《以课程考核改革为突破口构建课程考核质量监控体系的探索》,《中国大学教学》2007 年第 10 期。

曲跃厚、王治河:《走向一种后现代教育哲学——怀特海的过程教育哲学》,《哲学研究》2004 年第 5 期。

沈文钦:《从博雅到自由——博雅教育概念的历史语义学分析》,《清华大学教育研究》2013 年第 1 期。

沈文钦:《近代英国博雅教育及其古典渊源——概念史的视角》,北京大学博士学位论文,2008 年。

沈文钦:《通识教育的观念与模式在"二战"后的全球扩散》,《高教发展与评估》2013 年第 3 期。

宋晓平、梅红:《Liberal Education、General Education 以及素质教育——当今美国大学的教育理念与教育创新研究》,《中国高教研究》2010 年第 1 期。

苏志勇:《芝加哥大学通识教育课程设置及管理研究》,湖南师范大学硕士论文,2011 年。

孙华:《通识教育的欧洲模式》,《江苏高教》2015 年第 2 期。

孙振:《台湾大学通识教育的理念与时间》,《大学》(学术版)2012 年第 7 期。

孙正聿:《关于哲学教育改革的几个问题》,《哲学研究》2000 年第 6 期。

孙正聿:《为什么要用马克思主义理论支撑我们的理想信念》,《党建》2014 年第 5 期。

台湾地区教育主管部门:"大学通识教育评鉴先导计划"(第三期)评鉴报告,2008 年。

唐燕等:《提升大学通识教育质量的路径选择》,《教育评论》2014年第2期。

汪霞:《大学生眼中的文化素质教育课程:基于对六所大学的调查》,《复旦教育论坛》2013年第2期。

王萍:《大规模在线开放课程的新发展与应用:从cMOCC到xMOOC》,《现代远程教育研究》2013年第3期。

王守仁、施林淼:《聚焦教师教学能力提升推进高校教师教学发展中心建设》,《中国大学教学》2016年第4期。

王学健:《中科协韩启德:科技发展关键在于学科交叉融合》,《科学时报》2009年8月28日第2版。

王英:《美国如何建立社会主流价值观》,《学习时报》2012年3月19日第2版。

王泽应:《论承继中华优秀传统文化与践行社会主义核心价值观》,《伦理学研究》2015年第1期。

项锷:《美国大学通才教育的历史演进》,《深圳大学学报》(人文社会科学版)2004年第1期。

肖朗:《人的两重性和教育的两重性》,《南京大学学报》2003年第1期。

许占权:《西方博雅教育思想的演变与发展》,《现代教育科学》2012年第2期。

易红郡:《英国大学通识教育的理念及路径》,《华东师范大学学报》(教育科学版)2012年第4期。

于汝霜:《自由教育向通识教育的演变》,汕头大学硕士论文,2010年。

张大良、王运来:《郭秉文"四个平衡"的大学教学思想探微》,《中国大学教学》2007年第10期。

张红霞:《美国大学的新生研讨课及其启示》,《中国大学教学》2009 年第 11 期。

张会杰、张树勇:《哈佛大学通识教育课程体系及其特点》,《高教发展与评估》2013 年第 2 期。

张一兵、张琳:《哲学是一种内在的精神个性》,《南京社会科学》2014 年第 5 期。

外文著作

A Committee of the Corporation and the Academical Faculty, *The Yale Report of 1828*, Hezekiah Howe, 1928.

Burton R. Clark (ed.), *The Research Foundations of Graduate Education Germany*, *Britain*, *France*, *United States*, *Japan*, University of California Press, 1993.

Denis Lawton and Peter Gordon, *A History of Western Educational Ideas*, Woburn Press, 2002.

Faculty of Arts and Sciences, Harvard University, Report of the Task Force on General Education, The President and Fellows of Harvard College, 2007.

Gaston Bachelard, *Le Nouvel Esprit Scientifique*, Les Presses Universitaires de France, 1968[1934].

General Education Review Committee, " General Education Review Committee Interim Report," Feb. 2015

Jaakko Hintikka, Philosophical Research and General Education, Front. Philos. China, 2013(2).

"Nones" on the Rise: One-in-Five Adults Have No Religious Affiliation, Report of Pew Research Center's Forum on Religion & Public Life（Washington，D. C.：Pew Research Center，2012）

William Boyd，*The History of Western Education*，Adam & Charles Black，1947.

Thomas H. McGrail，新制大学と一般教育，大学基準協会報，1947(2).

濱田純一.総長メッセージ「総合的な教育改革」の重要な段階を迎えて.東京：東京大学，2013.

東京大学.学部教育の総合的について——ワールドクラスの大学教育の実現のために.東京：東京大学，2013.

附录一
当代大学生哲学素养调查与培育举措研究
——来自南京大学的调研与思考

一、导　言

　　哲学素养通常是指理性地认识人、世界以及人与世界的关系，进而形成通达地驾驭自我和从容处世的能力。作为人文素养的核心组成部分，均衡健全的哲学素养有助于培养学生的综合思维能力和创新意识，有助于学生形成合理优化的知识体系，有助于学生养成高尚的情操和完整的人格，对于促进大学生树立正确的世界观、人生观、价值观具有重要的作用。正因为如此，胡锦涛同志《在庆祝清华大学建校 100 周年大会上的讲话》以及《中共中央关于深化文化体制改革推动社会主义文化大发展大繁荣若干重大问题的决定》《高等学校哲学社会科学繁荣计划（2011—2020 年）》都强调应当强化哲学社会科学的育人功能，以把当代大学生培养成为德智体美全面发展的社会主义建设者和接班人。

南京大学不仅具有悠久的哲学研究传统,而且一向重视非哲学专业学生的哲学教育。在近年开始的通识教育课程体系改革与建设中,南京大学更是把哲学教育放在了一个中心位置。不过,当我们满怀信心地投入教学实践后却发现:在新的历史条件下,原来有效的经验似乎都不适用了。这使我们意识到必须搁置一切既有经验,调查研究当代大学生哲学素养的现状及其学习需要,从而探索出一条符合时代发展和学生需求的哲学教育新路,以进一步提高当代大学生的哲学素养。为此,2011 年 9 月,我们在南京大学2011 级新生中开展了一次哲学素养调查,以期为南京大学正在进行中的哲学教学改革和人才培养提供客观的实证依据,进而为其他高校的哲学教学提供某种借鉴。

二、方　法

1. 调查对象

本调查面向南京大学 2011 级全体新生。总计发放 3600 份问卷,涵盖南京大学理、工、文、医四个学科大类的所有本科新生。

2. 资料收集方法

本次调查采取问卷法收集资料。问卷由 58 个选择题(单选与多选)和 3 个开放性题目组成,涵盖了哲学一般问题以及马克思主义哲学、中国哲学、西方哲学、科学哲学、伦理学、宗教学、美学、逻辑学等 8 个二级学科。通过这次问卷调查,我们希望摸清新生的哲学素养现状,了解他们对基础教育阶段哲学教学方式的态度、对大学阶段哲学教学的需求强度及其偏好、对教学方式的偏好等。问卷的发放和回收均由本调查组成员完成。实际发放问卷 3 600

份,回收有效问卷 2019 份,有效回收率 56.08%,其中理科 770 份、工科 512 份、文科 672 份、医科 65 份,男女比例分别是 55.1%、44.9%。

3. 资料分析与整理

全部问卷资料由调查员检查核实后进行编码,然后输入计算机,再利用 SPSS 分析软件进行统计分析。分析类型主要为单变量的统计描述和双变量的交互分析统计。

4. 信度与效度

本研究中的问卷调查为描述性调查,其目的是通过调查描述大学生对哲学、哲学课程、哲学课程的教学方法等的看法和要求,进而找出其中的规律与特点。由于是描述性调查,调查问卷中涉及的变量的测量相对直观。为了分析调查问卷的信度,我们将所有样本随机分成两个子样本,比较两个子样本在核心变量的测量结果上的一般趋势(集中趋势),发现两个子样本的测量结果具有较高的一致性(相关系数均在 0.80 以上)。

三、结果与分析

作为"时代精神的精华",哲学是一种系统的世界观和方法论,在传承文明、启迪智慧、提高修养等方面都起着极为重要的核心作用。对于这一点,大多数本科新生都有清醒的认识。82% 的学生认为,哲学类课程构成了一所大学必不可少的课程;超过 80% 的学生认为,"懂一点哲学"有助于"启迪智慧"、"滋养心灵"。这表明,大部分本科新生对哲学的功能和作用有着理性的认识。

67% 的学生肯定中学政治课堂是自己了解、学习哲学的主渠道。不过,只有 23.4% 的学生对中学阶段的哲学课程做出了积极的评价,认为自己从中"收获很大",56.8% 的学生表示自己并不能"完全理解"中学阶段的哲学课程,另外有近 20% 的学生做出了消极负面的评价。那么,中学阶段的哲学课程主要存在哪些不尽如人意之处呢? 学生意见比较集中的三点分别是"理论说教多于智慧启迪"(68.5%)、"无法满足个性化需要"(40.4%)和"教学内容过于单一"(40.2%)。正因为中学阶段的哲学教学无论在教学方式还是教学内容方面都存在比较多的问题,无法满足学生的发展需要,所以,相当数量的学生都会自行通过其他途径来了解、学习哲学,例如阅读哲学经典(40.6%)、观看思想类电视节目(22.6%)、阅读通俗哲学读物(20.3%)等。

尽管对中学阶段哲学课程的满意度不高,但这并没有影响学生进入大学后学习哲学的热情。在问到为什么愿意在大学阶段选修哲学类课程时,学生比较集中的前三种回答分别是"提升自己的理论修养"(68.9%)、"完善知识结构"(60.1%)和"解答自己的人生困惑"(38.3%)。这说明学生对哲学学习的态度基本上是非功利的。就喜欢的课程类型而言,运用哲学理论解决重大现实问题和理论问题的"交叉应用类课程"(68.2%)最受青睐,"中外哲学名著导读类课程"(37.2%)和"重要流派思潮的断代史类课程"(34.1%)也颇受欢迎。在当前的哲学教学实践中,这些类型的课程并不多见。这也就为今后的哲学教学改革指明了方向。

马克思主义哲学是中学阶段哲学教学的主体。不过,调查表明,学生对马克思主义哲学的认知状况似乎并不容乐观。关于马克思主义哲学的性质,在 68.6% 的学生肯定它是"科学的世界观和方法论"的同时,12.4% 的学生认为它实际上是一种强制性的意识形态说教,4% 的学生甚至认为它已经过时了。关于马克思主义哲学的当代价值,虽然56.4%的学生认同马克思主义哲学是我们时代"唯一不可超越的哲学"这一判断,但是,有近50%的学生怀疑马克思主义哲学能够科学地分析当代社会现实特别是当代西方社会现实。出现这种状况,与其说是学生的信仰信念出了问题,倒不如说是中学阶段的哲学教学方式出了问题:既然政治教科书(87.5%)和教师的课堂讲授(61.1%)是学生了解马克思主义哲学的主要渠道,且它们都以知识点的传授为中心,那么,学生不能充分领会马克思主义哲学的方法论实质,进而自主地运用马克思主义哲学去分析当代现实,也就不足为奇了。好在大部分学生(78.7%)还能够以积极健康的态度对待大学阶段开设的马克思主义哲学课程,超过90%的学生表示愿意通过阅读马克思的经典著作来寻求答案。这反映出当代大学生具有极强的可塑性。如果我们的哲学教学能够进行与时俱进的改革,用马克思主义哲学研究的最新成果来教育、引导广大大学生,他们完全可以在理论上变得更自觉、更坚定,成长为中国特色社会主义事业的合格建设者和可靠接班人。

受当代国学热的影响,当代大学生比较喜欢选修中国哲学类的课程。那么,在中学阶段的哲学教学没有提供系统的中国哲学教育的情况下,大学新生对中国哲学的认识状况如何呢?通过调查,我们发现,学生的自我认知和实际认知水平之间存在较大差距:66.2%的学生自认为中国哲学对其世界观、人生观的形成产生了非常大或较大的影响,可是,对于一些基本问题,如什么是国学、什么是儒学等,学生的认识却存在明显的不足或误区,例如,32.8%的学生认为儒学在本质上是"中国古代的一种宗教信仰",4.9%的人甚至认为儒学是一种"吃人不吐骨头"的陈腐礼教,更有甚者,68.8%的学生想当然地认为《论语》中的"三十而立"指的是

"立身"。我们还发现,学生对中国哲学经典的当代价值评价积极,超过90%的学生认为除了学习西方先进文化外也必须对中国传统文化加以改造利用,63.6%的学生认为阅读包括《道德经》在内的古代哲学经典可以提高、改善理工科学生的人文素养,23.3%的学生认为通读中国古代哲学经典是在文化上成为一名中国人的必要途径。不过,这也由此导致某种历史虚无主义倾向的蔓延:47.8%的学生认同现代新儒家的观点,认为儒学的发展或可拯救中国,或者起码认为这个方向是正确的(31.6%)。这种倾向必须要引起我们的足够重视。当然,当代大学生对中国哲学的认识也并非一无是处,例如绝大多数学生都能够站在现代法制的立场上对"亲亲相隐"这种传统观念做出符合时代要求的选择。

宗教问题是当代大学生比较关注的一个问题。通过调查,我们发现,20.2%的学生由于家庭和社会环境的影响接触过宗教,11.9%的学生曾经阅读过宗教经典,剩下的大多数学生并没有直接接触过宗教。也正因为如此,大部分学生对宗教产生了种种好奇和兴趣,有72%的人想通过阅读《圣经》来了解基督宗教的基本内容,更有大部分同学呼吁学校增开一些宗教学方面的课程,例如西方宗教、本土宗教以及宗教与社会的关系等方面的课程。但在这种求知的背后,也出现了一些值得警惕的现象。虽然大部分同学都认为宗教是一种"特殊的具有积极和消极意义的意识形态",但仍有62.6%的人认为"宗教具有顽强的生命力",甚至39.3%的同学将其看作"人类思想文明的宝库",更有甚者,75.2%的被调查者对马克思"宗教是人民的鸦片"这一判断"持保留态度"。这表明,大部分同学还没有形成对宗教的正确认识,更没有树立正确的宗教观。这一状况给高校马克思主义意识形态教育敲响了警钟,也反映出新时期加强大学生意识形态教育的紧迫性和严峻性。我们必须要果断采取各种针对性措施,积极引导学生树立正确的宗教观,不断扩大马克思主义在高校的理论阵地和话语权,捍卫和巩固马克思主义意识形态的一元指导地位。

大学生的科学观念是这次调查另外一个比较关注的问题,但调查的结果有点出人意料。对于科学是什么这个问题,学生的选择出现了明显的分化:32%的学生坚持认为科学是对自然规律的客观反映;33.1%的学生认为科学的内容是客观的,形式是主观的;另外有12.4%和22.4%的学生选择了"相对主义"和"实用主义"的科学观。在如何看待科学家这个问题上,令人惊讶的是,64.8%的学生认为科学家就是普通人,他们在道德上也是良莠不齐。这说明当前日益广泛存在的学术失范、学术不端乃至学术腐败现象已经影响了大学生对科学和科学家的积极评价。交叉分析进一步表明,往往是理工科的学生更容易对上述问题形成偏激的认识。这说明我们需要进一步加强理工科学生的科学观,在这一问题上,哲学教育将能发挥重要作用。当然,当代大学生的科学观念也并非无积极可取之处:在"科学和哲学"以及"科学与人文"的关系问题上,大多数同学都认识到两者应当是有机联系的,因此,需要"采取积极措施"促进"科学和哲学"、"科学与人文"的融合。

与上述哲学二级学科相比,大部分学生对西方哲学、伦理学、美学和逻辑学的认识状况则要得多。绝大部分学生对西方哲学的基本流派、观点及其发展历程缺少最基本的认识,只是略微知道几个代表人物的名字;超过一半以上的学生不清楚伦理学、美学和逻辑学的研究内容,81.3%的学生认为伦理学就是"研究人与人之间的关系",69.2%的学生不清楚"道德"与"伦理"之间的内在关系;超过57.7%的学生认为美学就是研究"艺术哲学"和"审美心理",55.1%的学生甚至直接将逻辑学等同于"特定领域的某种规律"。

本次调查还设计了三个开放性问题,分别询问学生最想了解的三位哲学家、最想阅读的三本哲学著作和最关心的三个哲学问题。数据分析表明,学生最想了解的哲学家的前十名分别是:柏拉图、马克思、苏格拉底、黑格尔、尼采、亚里士多德、康德、老子、孔子、庄子。学生最想阅读的哲学著作的前七名(超过100人选择)分别是:《理想国》、《资本论》、《道德经》、《纯粹理性批判》、《苏菲的世界》、《论语》、《共产党宣言》。至于学生最关心的哲学问题,则出现了高度分化,其中相对集中的前六个问题(超过100人选择)大体和如下三个方面的问题有关:我是谁? 哲学何用? 唯心主义与唯物主义孰是孰非、孰高孰低?

通过上述分析,我们可以得出以下几个结论:

第一,大多数学生对哲学都持有一种非功利的态度,重视自身哲学素养的养成与提高,具有较强的学习积极性,希望通过哲学课程的修习完善知识结构、提升理论修养;

第二,随着时代的发展,学生对哲学教学形成了新的期待、新的要求,因此,以中学阶段哲学教学为代表的传统哲学教学模式,无论是在教学内容、教学方式上,还是在课程形态上,都不再能够有效满足学生的需要,改革势在必行;

第三,大多数学生初步建构了以马克思主义哲学为指导的世界观和人生观,但是还不够自觉、不够坚定,需要千方百计地采取措施进行深入有效的引导和培育;

第四,在社会环境因素的影响下,学生对国学、宗教等问题产生了比较浓厚的兴趣,但是由于哲学教育的缺位,大多数学生都未能对相关问题形成科学的认识,甚至出现了一些值得警惕的认识误区,因此,需要进一步加大哲学教学的力度,用马克思主义哲学引导学生正确认识各种重大社会现象和社会思潮，树立正确的世界观、人生观和价值观，巩固和捍卫马克思主义的一元指导地位。

四、对策与建议

哲学素养的培育重在成效。这就要求哲学教学必须能够顺应时代的发展，转变观念，改革创新，寻找到既符合当代大学生的思想发展规律又能激发他们的学习热情的教学方式，不断增强哲学教学的针对性和实效性，引导他们成长为中国特色社会主义事业的合格建设者和可靠接班人。根据南京大学近几年的教改实践，我们认为，进一步提高当代大学生的哲学素养，可以从以下几个方面着手。

第一，在指导思想上，必须打破传统以知识传授为中心的教育理念，转变为以"认识世界，学会做人"为宗旨的生活教育，通过哲学课程的系统学习，使学生正确地认识自己、社会以及人与社会的关系，并从中汲取智慧，形成通达地处世、做人的原则和能力，树立健全的世界观，实现"授业解惑与布道育人的互济、务学求真与道德向善的互通、启迪智慧与通达处世的互融"，真正将"知识教育与个性化培养、学会学习与学会做人"有机贯通起来，全面提升本科生的哲学素养。

第二，在教学方式上，必须改变传统填鸭式的教学方式，紧密围绕哲学领域中的重大理论和现实问题，通过研究性、探究式、互动式的教学模式，深化学生对哲学的认识，开拓学生的学术视野，培养学生发现问题、分析问题和解决问题的能力，系统培养学生自主的思考能力和批判思维。

第三，在课程体系上，应当根据不同层次的本科生的发展需要,有计划有目的地建立一套完整的哲学素养培育课程体系。首先要结合本校的特色优势,凝聚专业核心力量,将现有哲学类课程打造成集传统优势与学术前沿、基础性与创新性、战略性与整体性辩证统一的课程网络,为学生的个性化发展和专业发展提供更为广阔的选择空间。除此之外,应集中一批优势资源和师资队伍,按照"哲学基础知识—基本问题—重要理论—重大问题"的螺旋式格局,精心打造一套"文化素质课—新生研讨课—高年研讨课—高水平通识课"为一体的四级哲学类通识课程体系,为学生哲学素养的培育提供可持续性的发展平台。

第四,在价值导向上,必须要进一步强化以马克思主义为指导的哲学素养教育。当前,我国正处在"过渡期、敏感期、转型期",国内社会思想意识呈现出"多样、多元、多变"的特征,这从不同方面对当代大学生的思想意识产生了不良影响,更对新时期的大学生思想教育产生了严峻挑战。因此,我们必须要认清形势,审时度势,进一步强化以马克思主义为价值导向的哲学素养教育。但在引导的方式上,必须要摆脱传统理论说教的空洞性,在增强理论的学术性和说服力的同时,积极提升马克思主义解释和驾驭现实问题的能力,在与中国传统文化、西方等各种社会思潮的对话和比较中,凸显和证明马克思主义哲学的内在生命力。

附录二
关于哲学通识教育效果、问题及
改进对策的调查研究

  大学通识教育是提高大学人才培养能力、提升人的全面发展能力的重要手段,《国民经济和社会发展第十三个五年规划纲要》中明确提出"推进教育现代化"的目标,并首次提出在高等教育阶段实行"通识教育和专业教育相结合的培养制度",为进一步发展通识教育指明了方向。作为大学通识教育的重要组成部分,哲学通识教育在学生的成人成才过程中发挥着无法替代的基础地位与核心作用。① 由于特定的历史和社会原因,我国的哲学通识教育起步较晚,与国外一流大学相比,我国在哲学通识教育的建设上还存在巨大差距。在此背景下如何准确把握当前大学生对于哲学通识教育的认知和期待,并在此基础上有针对性地建设哲学通识教育体系,已成为我国通识教育发展的当务之急。有鉴于此,本课题组在某校开展了一次有关哲学通识教育的全面调查。通过大量问

---

  ① 徐琴:《哲学在高校通识教育中的地位与作用》,《教学与研究》2014第10期。

卷的发放和回收分析,课题组发现我国当前哲学通识教育在课程体系、教材体系、教学方式等方面还存在一定的缺陷和不足之处,进而将根据最终数据与文献资料提出一些有针对性的改进措施。

一、调查方法与步骤

本课题组所关注的核心问题乃是我国当前哲学通识教育的效果、缺陷及改进措施,其关键在于如何准确把握当代大学生对哲学通识课程的认知和期许,而科学的实证调查是实现这一目标的基础。"根据'想当然'或不合实际的报告来决定对策,那是危险的,科学的实证调查,乃非常之必需。"①为了切实了解情况,本课题组采取大规模问卷调查的方法完成资料收集工作,以某校所有选修了哲学类通识课程的本科学生为调查对象,力图全面直观地了解当前哲学通识教育的施行情况,进而通过对调查数据的分析,提炼共性问题,提出改进建议。

为了做好本次调查,课题组首先检索、研究了以往学界针对相关问题的调查研究成果,以此作为本次调查问卷设计的基础和参照。在具体的问卷设计上,课题组充分考虑被调查者的实际情况,避免问题过多、过难、过细,避免引发被调查者的误解和顾虑,影响调查顺利进行和实际质量。在与调查对象进行自然、随机交谈,了解被调查者基本情况之后,课题组设计了调查问卷的初稿,随后在小范围学生之中对问卷初稿进行了试用性考察,并根据反馈对问卷的格式版面与问题设置进行了相应的修改,最终形成问卷的定稿。

---

① 《毛泽东文集》第1卷,人民出版社1993年版,第254页。

问卷共设有 25 个问题,在内容上主要集中于哲学通识教育的课程设置、教材体系与教学方式等几个方面。在问题形式上,根据问题内容的具体差别,灵活选取了填空式、是否式和选择式的形式,同时为了集中同类问题,缩短问卷篇幅,部分题目采取了矩阵式的形式。问卷的集中发放与回收均由课题组成员完成。最终,课题组实际发放问卷 1 500 份,回收有效问卷 1 291 份,有效回收率 86.1%。问卷样本科学覆盖了不同学科、不同年级、不同性别,其中,文科 537 份、理科 499 份、医科 42 份、工科 213 份,男女生比例分别为 52.1% 与 47.9%。

在问卷回收完成之后,课题组成员首先对回收的问卷进行分类编码工作,其后利用 SPSS 分析软件对获得的数据分别进行了单变量的统计描述和双变量的交互分析统计。最后,课题组结合相关文献资料,在集体讨论的基础上对统计结果展开了样本描述和数据解释,导出最终结论与分析报告。

二、调查结果与分析

哲学通识教育在通识教育的体系中占据着重要的位置,其在人才培养以及大学生人格的健全等方面有着重要而独特的作用。然而调查显示,一半以上的学生对哲学通识教育还缺乏明确认知。68% 的学生对于哲学通识教育有着不同程度的了解,但其中大多数都只是了解一点,没有比较清晰的认识,这样的大学生占到了总体的 52.8%。尽管对于哲学通识教育还不是特别了解,但在最初选择哲学类通识课程的理由上,63.5% 的学生还是基于自己的兴趣所在。因此,大多数大学生对于哲学类通识课程实际上有着比较浓厚的兴趣,对于哲学学习也有着非功利性的目的,注重对于自身哲学素养的培养。

在大学生希望通过哲学类通识课程获得何种哲学训练的问题上,分别有 69.5%、68.5%、59.7% 的大学生选择了思维的训练、更好地认识世界和自身、智慧的启迪这三个选项。不难看出,对于大多数大学生而言他们最希望通过哲学通识教育获得思维的训练,以实现思维方式的转变和智慧的启迪,由此更好地认识自身和这个世界,而并非一些知识性的积累或者学习直接的方法论。

大学生对于通过哲学通识教育来提高自身相应的素质有着比较明确的认识和较为强烈的期待。与此同时,虽然有 64.1% 的学生认为当前的哲学类通识课程在一定程度上满足了他们对于哲学学习的需求,但认为完全满足其需求的学生仅占 13.3%。对于相当大部分大学生来说,当前的哲学类通识课程只能勉强满足他们的需求。另外,还有 18% 的学生认为现有的哲学类通识课程不能满足他们的需求。而在哈佛大学 2009 年版的八大类通识课程之中,哲学类课程遍布各类课程之中,是人文领域课程的主体,占课程总数近三分之二;在社会科学和艺术领域也占到课程总数的 10% 以上。需要指出的是,以上分析仅是针对在课程名或课程简介中明确提到与哲学各领域密切相关的课程所做的,如果考虑到有些哲学内容没有反映在网络简介中,哲学类通识课程的比重恐怕还会更高。由此可见,哲学通识教育的现行课程体系设置实际上还不能很好地满足大学生在哲学学习方面的需要。这也就要求哲学通识教育应当进一步在数量和内容上扩充哲学类通识课程,为学生提供更加充足的课程资源和更加完备的课程体系。

大学生认为在哲学通识教育中需要增加哪些方面的内容,是课程体系进行进一步建设和优化的重要参考依据。调查发现 60.5% 的学生认为需要在目前的哲学类通识课程中增加与逻辑学相关的内容,而逻辑学正是与人的思维紧密联系的学科。希望增加伦理学方面内容的大学生达到了 43.2%,而希望增加中国哲学、西方哲学、科技哲学等方面内容的学生人数分别占 30.2%、33.9%、33%。而出乎意料的是仅有 5.6% 的学生认为需要增加马克思主义哲学方面的内容。基于大学生在马克思主义哲学与其他哲学二级学科的选择上形成的巨大反差,我们发现当前大学生对于马克思主义哲学还存在一定的误解和抵触,这主要是由中学阶段以知识点的传授为中心的哲学教学方式造成的,使得学生不能充分领会马克思主义哲学的方法论实质。因此哲学通识教育的进一步建设应当加强对于学生的引导,培养其形成对马克思主义哲学的正确认知,从而更好地发挥马克思主义哲学在人才培养方面的积极作用。

哲学通识教育更多的是面向非哲学专业的大学生,它更加注重培养学生"认识世界,学会做人"的能力,致力于引导学生获得哲学智慧的启迪,而哲学专业教育则主要是以专业知识的传授为主导目标。正确区分通识教育和专业教育,是哲学通识教育发展的必然要求。通过调查发现,29.4% 的学生认为现存的哲学类通识课程存在着过度专业化的问题。因此,在哲学通识课程体系的建设中还需要进一步明确哲学通识教育和哲学专业教育的不同,并立足于学生的意愿,对课程内容进行适当调整和改进,尽量在课堂上少使用晦涩的哲学专业术语,以适应非哲学专业学生的学习,积极培养学生的哲学素养,拓宽学生的理论视野。在哲学通识课程的内容设计上,大部分学生认为应当包括"当前热点问题分析"(63.4%)、"国外文化与思潮"(61.3%)、"中国传统文化"(57%)等方面的内容。因此,哲学类通识课程应结合学生的兴趣和专业背景,将哲学理论与现实问题结合起来、将国内外文化中的哲学思想以一种非哲学化的形式传递给学生。这恰恰也是学生所希望的哲学通识教育模式。

课程体系的优化设置,可以使哲学通识教育从内容设计上更好地满足大学生的学习需求,也更有利于增强哲学通识教育的教学效果。教材体系的建设则对于大学生的自主学习和学习效果的加强有着重要的影响,它可以帮助学生在哲学通识教育的课堂之外进行相应的阅读和知识扩充。通过调查发现,网上共享资源是大学生比较青睐的一种课外学习和补充的方式,61.2%的大学生希望能建立网上共享资源平台。另外,还有 17.4%的学生认为非常有必要建设网上共享资源。由此可见,接近 80%的学生对于网上共享资源平台建设有着强烈而迫切的愿望,建设与相应哲学类通识课程相配套的网上共享资源平台,已成为当前哲学通识教材体系建设的一项重要任务。此外,经过调查发现,31.3%的学生认为哲学类通识课程需要配套相应的教材,另外,还有 3.5%的学生认为非常需要配套教材。从中可以发现,虽然大部分学生对于配套教材的需求并不像对于建设网上共享资源平台那样强烈,但也存在较高的呼声。

前面提到大学生需要的哲学通识教育是非专业化的,其目的在于为不同专业背景的学生提供哲学素养的训练,因此其教学内容将不同于哲学专业的内容。而针对学生在配套教材上是否也需要不同于哲学专业的学生所使用教材的问题上,通过调查发现,绝大多数学生需要的是专业性与趣味性相结合的教材,达到总人数的 73.5%;另外有 20.6%的学生需要通俗类的教材,而仅有5.9%的学生需要专业类的教材。可以看出,对于非哲学专业的学生来说,他们倾向于选择通俗易懂且兼顾趣味性的教材而非哲学专业学生所用的教材。因此,在哲学通识教育的教材体系建设中,同样不应该忽视哲学通识教育和哲学专业教育的区别,进而大力推进哲学通识教育非专业化教材的建设。

　　课程的授课方式决定了老师与学生在课堂中所处的关系,同时对于哲学通识教育的实际效果也有着重要的影响。通过这次调查,我们发现当前哲学通识教育的授课方式还存在着一定的缺陷,42.5%的学生认为目前哲学类通识课程存在着单调灌输的问题,还有26.4%的学生认为在哲学类通识课程中缺乏课堂互动;认为课程内容无聊的学生占总人数的34.9%,而认为考核方式不合适和存在其他问题的学生分别占14.9%和21.5%。这些问题反映了大学生认为现行的教学方式已经不再适合他们的学习要求和学习习惯。59.9%的学生认为课堂上需要进行相应的互动或讨论,另外还有8.5%的学生认为非常需要课堂互动或讨论。由此可见当前学生已经不再满足课堂上被动接受的传统教学方式,而是更希望能够通过互动使自身参与到课堂教学的过程中去,并且能和老师、同学进行直接的思想交流。教学实践表明,研究性、探究式、互动式的新型教学组织形式有利于激发大学生的学习主体性,锻炼他们的思维能力,培养他们的批判精神,是一种符合哲学通识教育本性的教学组织形式。

　　从大学生对于当前哲学通识教育教学方式的看法中,我们可以发现,以知识点的灌输为目的的传统教学组织形式使大学生处于一种被动的状态,同时造成了当前哲学类通识课程对于部分学生来说显得单调乏味的问题。大学生实际上更希望的是能够真正成为自主学习的主体。这也就需要一种不同于传统教学模式的新型教学组织形式,由此来激发大学生的学习主体性,锻炼他们的思维能力,培养他们的批判精神。

　　而"翻转课堂"教学(Flipped Class)以及"慕课"(MOOC)就是

目前处于发展中的两种不同于传统教学方式的新型教学组织形式。"翻转课堂"教学要求教师将教学内容中最基础、最核心的知识要素制作成模块化、专题化的数字资源,学生预先进行自主学习,教师将时间与精力用于释疑解惑、深度研讨、组织团队学习或其他教学活动。[①] 而"慕课"通俗地来说就是大规模的网络开放课程,是以网络为基础平台的开放式教学模式。[②]

但这次的调查结果显示,55.2%的学生对于"翻转课堂"这种新型的教学方式并不了解,38.5%的学生对"翻转课堂"只是了解一点,而非常了解"翻转课堂"的学生仅占 3.9%。总体来说,大学生对于"翻转课堂"的了解程度仍处于较低的层次。但是相反的,有 50.7%的学生认为学校需要进行"翻转课堂"这样的教学方式改革,另外还有 5.9%的学生认为非常需要进行此项改革。由此可见当前大学生亟须一种不同于传统教学模式的新型教学方式。而"翻转课堂"的教学方式可以使学生预先对教学核心内容进行自主学习,教师在课堂上有更多的时间与精力因材施教,提高课堂教学效果,这样的教学方式也更符合学生的需求与期待。

与此同时,通过调查发现,42.8%的学生对于"慕课"这种教学方式也并不了解,40.8%的学生对"慕课"只是了解一点,而非常了解"慕课"的学生则仅占 10.5%。从整体上来说,多数学生对"慕课"这种教学方式也并不是十分了解,但相比较于"翻转课堂",学生对于"慕课"的了解程度要稍高一点。同时,50.2%的学生认为学校需要进行"慕课"这样的教学方式改革,另外还有 11.1%的学

---

① ［美］伯格曼、［美］萨姆:《翻转课堂与慕课教学:一场正在到来的教育变革》,宋伟译,中国青年出版社 2014 年版,第 104—107 页。

② 汤敏:《慕课革命》,中信出版社 2015 年版,第 6—7 页。

生认为非常需要进行这样的改革。因此,结合学生对于"翻转课堂"的态度,我们可以发现,事实上大多数学生希望对传统的教学模式进行改革,他们期待着一种新型教学模式的出现,也更愿意接受一种生动的、翻转形式的哲学通识教育。因此,在哲学通识教育的建设中,也就需要进一步推进"翻转课堂"和"慕课"的建设,由此才能更好地满足学生对于新型教学模式的需求,使当前的哲学通识教育更加贴合大学生的学习习惯,更好地发挥哲学通识教育在人才培养及教会学生"认识世界,学会做人"方面的独特作用。

三、调查结论与建议

通过对抽样调查资料的统计分析,本研究发现了当前哲学通识教育在课程体系、教材体系以及教学方式等方面所存在的一些问题,同时也了解到大学生对于哲学通识教育的认知和期待,并基于学生的需求,针对哲学通识教育的进一步发展提出相应的对策。由此也就为哲学通识教育的进一步发展提供了相应的参考依据和一手资料。主要结论如下:

第一,当前哲学通识教育的课程体系设计并不能很好地满足大学生对于哲学学习的需求。同时大多数学生希望通过哲学通识教育得到的是思维的训练,以实现一种思维方式的转变和哲学智慧的启迪,由此更好地认识自身和这个世界,而并不是为了积累一些知识和掌握直接的方法论。而且,大学生所需要的哲学通识教育也不同于哲学专业教育。因此,从整体而言,在哲学通识教育的课程体系建设中,应该始终重视对学生的思维训练,在课程内容和数量上对哲学类通识课程进行扩充,同时加强各个哲学二级学科在哲学通识教育体系中的协调作用,并结合本校的办学特色和优势、凝聚专业核心力量以及大胆创新,将哲学类通识课程建设成为传统优势与学术前沿相结合、基础性和创新性并行的课程网络。与此同时,立足于学生的意愿,注重对学生进行一种非专业型的哲学素养的培养,拓宽学生的视野。

第二,大学生在哲学通识教育的教材体系建设方面也有着新的认知和需要。大学生对于建立与哲学类通识课程相配套的网上共享资源平台有着强烈的需求,建立与课程配套的网上共享资源已成为当前哲学通识教育教材体系建设中刻不容缓的任务。虽然大学生对于配套教材并没有十分强烈的需求,但同时也并不抵触。反观国际一流大学,如牛津大学和剑桥大学,可以发现它们所出版的与课程相配套的哲学通识读本在学术研究、人才培养和教育模式创新等方面均产生了不可估量的世界影响。因此,建立相应的哲学类通识读本对于促进我国哲学通识教育的发展来说也是可行的和必需的。至于需要什么样的教材,绝大多数大学生也更倾向于选择比较通俗易懂且兼顾趣味性的教材而非哲学专业学生所用的教材。

第三,当前的哲学通识教育的授课方式还存在着一定的缺陷,存在着一定程度上单调乏味、缺乏课堂互动等方面的问题。通过调查表明,虽然很多大学生对于"翻转课堂"以及"慕课"这类新型的教学方式并不是十分的了解,但相对的是大部分学生都认为学校需要进行"翻转课堂"和"慕课"这类教学方式的改革。因此,事实上大多数学生已经并不满足于传统的教学模式,他们期待一种新型教学模式的出现,他们也更愿意接受一种生动的、翻转形式的哲学通识教育。在哲学通识教育的建设中也就需要进一步推进"翻转课堂"和"慕课"的建设,由此才能更好地满足学生对于新型教学模式的需求,使当前的哲学通识教育更加贴合大学生的学习习惯,更好地发挥哲学通识教育在人才培养,教会学生"认识世界,学会做人"方面的独特作用。总之,哲学通识教育需要对传统教学方式进行改革,并致力于建设一种研究性、探究式、互动式的新型教学组织形式。

附录三

研究型大学哲学通识课程的学习质量：
现状、关系与对策

——基于南京大学的案例实证分析

导　言

在各门学科从哲学的领地中独立门户之前，哲学是所有学科的母学科，并承担着早期学校教育中的理性涵养之重要教化功能。例如，以传授"自由七艺"课程为核心的文学院，是中世纪大学生进入更高级专门学院的基础学问台阶。在法国社会学家涂尔干看来，自由七艺是由强调心智规则的三艺（文法、修辞、逻辑）和强调心智内容的四科（算术、几何、天文、音乐）构成[①]，它们本质上都是带有强烈"爱智慧"色彩的哲学学科。英国教育家纽曼在《大学的

---

① ［法］涂尔干：《教育思想的演进》，李康译，上海人民出版社 2003 年版，第 61—65 页。

理想》中就特别地强调,大学教育就应当以自由学科(自由七艺)为主体,其原因在于,"自由学科所带有的哲学胚芽,把天地万物通盘考虑,这样的知识是真正高贵的和有价值的"①。随着工业革命和政治改革的到来,即使社会群体构成的改变导致了大学专业教育与职业教育的势头逐渐兴盛,但强调理性涵养价值的自由教育仍然卷携着自身独特的价值,彰显着大学作为"人类涓细的智慧溪流"②所独具的品位和意蕴。

其实,傲然挺立于现今大学通识教育体系中的哲学类课程,承袭了传统自由教育的内在基因,其核心价值体现在对"育人"的关注上,这无论在古典大学或现代大学中,都是一个始终不变的教育追求。布鲁贝克说:"教育不仅仅要使人学会做事,更重要的是使人学会做人。"③这句话表达了这位耶鲁学者的如下深意,即关注理性培养的通识教育,能真正实现学生作为一个人的整体发展。实质上,"人的本质是一种精神的存在",哲学类课程是一种超越了功利追求的、强调理性和精神的磨砺的自我实现的学科,它对人的精神发展价值重大。正如《哈佛通识教育红皮书》中所说的,"通识教育的目的在于发展智力和精神,从而使人的能力和人的天赋发挥功用,最终把人从动物的层次提升为真正意义上的人"④。更进一步而言,通过修读这样一种回归理性、触及精神的哲学课程,还

---

① [英]纽曼:《大学的理想》,王承绪译,浙江教育出版社 1998 年版,第 27—33 页。

② [美]布鲁贝克:《高等教育哲学》,王承绪等译,浙江教育出版社 2002 年版,第 13 页。

③ [美]布鲁贝克:《高等教育哲学》,王承绪等译,浙江教育出版社 2002 年版,第 81 页。

④ [美]哈佛委员会:《哈佛通识教育红皮书》,李曼丽译,北京大学出版社 2010 年版。

可以使学生走入吴国盛教授所说的西方的"理—知"传统[1]，感悟为何理念、精神的追求和对整体的、和谐的知识之关注，构成了西方科学和文化的源头和精髓，并在与中国的"仁—礼"传统的对照中，建构对中西文化有着深层体悟的"完整的人"。

作为通识教育的一个重要课程类型，哲学通识课程是否履行了其在知识价值的彰显和育人目标的实现等方面的责任，是否让学生通过投入性的学习，真正地体悟到了哲学的价值和魅力，并打开他们的视野、思路和胸怀，使他们能更包容、更深邃地透视自然、社会和人生？ 对这些问题的回答，其实是对哲学通识课程实施状况的一次真实且深层的检阅，更是对未来哲学通识课程发展走向的一种反思和勾画。本文试图从哲学通识课程学情分析的角度，考查学生学习的质量状况，并提出未来哲学通识课程的改进方向和实施建议。

一、研究进展、框架及方法

1. 研究进展及本研究的问题

有关哲学通识课程的相关研究，目前的进展主要定位在理论阐释和经验借鉴两个维度上。从理论阐释这个维度来看，杜宇鹏等（2013）主要分析了非哲学专业大学生哲学通识教育的理念和目标[2]；马建青等（2013）则对非哲学专业学生的哲学通识课程教学提出了"去魅"、"交互性"、"生命化"等实施原则[3]；魏宁海和张亮

---

[1]　吴国盛：《什么是科学》，广东人民出版社 2016 年版，第 27—41 页。

[2]　杜鹏宇：《非哲学专业大学生哲学通识教育探析》，《法制与经济》2013 年第 1 期。

[3]　马建青：《论哲学通识教育的基本原则》，《中州大学学报》2012 年第 5 期。

（2016）也从哲学通识课程的培养目标、内容设置和教学方法等方面，提出了改革的思路和建议[①]；魏宁海等的这一整体的有关目标定位、方法改进的研究思路，也体现在张亮（2013）的研究之中[②]；而陈琳（2016）[③]和孙乐强（2013）[④]的研究，主要定位在如何建构本土化的、马克思主义引领的中国特色哲学通识课程上。从经验借鉴这个维度来看，尚荣（2013）的研究突出了对中国建国前后哲学通识课程建设经验的分析和借鉴，而孟振华（2013）的研究则将关注点放在了哈佛大学最新哲学通识课程的建设经验的解析上。综上所述，过往的研究突出了理论分析、经验延揽的特征，这些研究对于更好地建构中国特色的哲学通识课程，给出了方向、明晰了原则、提供了策略。但随着我国哲学通识课程建设走向深入，相关的研究需要深入课程的实施层面，即需要探究，学生在哲学通识课程的学习上究竟达到什么样的程度，学习的质量究竟如何，如何去提升学生学习的质量和水平？

对上述问题的回答，张亮（2016）的论文《关于哲学通识课程效果、问题及改进对策的调查研究》已经有所进展，但该文对学习质量的更多维度（如学习参与、学习方法、学习动机、学习结果等），尚未涉及。本研究将深度聚焦于"学生的哲学通识课程学习质量"，并重点解决如下两个问题：第一，学生在哲学通识课程上究竟学得

---

① 魏宁海、张亮：《论我国大学哲学通识教育教学方式改革》，《湖南科技大学学报》2016 年第 4 期。

② 张亮：《我们应当提供什么样的哲学通识教育》，《北京理工大学学报》2013 年第 4 期。

③ 陈琳、张亮：《论中国大学哲学通识教育的内容改革》，《重庆大学学报》2016 年第 4 期。

④ 孙乐强：《如何加强马克思主义对哲学通识教育的引导作用》，《北京理工大学学报》2013 第 8 期。

如何,即学习质量的现状究竟怎样?第二,究竟什么因素会影响学生的学习,即学习质量的影响因素是什么?在解答这两个问题的基础上,笔者进一步提出改进哲学通识课程的建议和原则。

2. 本研究框架

美国高等教育评估专家阿斯汀(Astin)于 1991 年提出了一个分析学生学习质量的评估框架,即 I-E-O 模型[①],该模型被国际学术界广为认同和应用。I 指的是 Input,即学生在学习之初所具备的动机、基本背景等起始性因素;E 指的是 Environment 或 Experience,指的是学生在学习的过程中对学习环境的感知或自身的学习经历等过程性因素;O 指的是 Output,指的是学生在学习结束时学习目标的达成情况、能力的进步情况等结果性因素。阿斯汀认为,只有完整地考察了输入—环境(经验)—输出的各个环节,才能更好地把握学生的学习质量究竟如何。本次的调查内容就是按照这一框架加以设计的。具体的调查内容的设计见表 1。

表 1 本次调查的维度框架及内容设计

	包含的维度	含义	举例
Input(输入)	基本情况	学生的家庭背景和已有成绩基础等状况	性别、家庭背景、学科专业等
	选课动机	为什么要选修哲学课程	感兴趣、易得高分等

---

① 张红霞、吕林海、孙志凤:《大学课程与教学:原理与问题》,教育科学出版社 2015 年版,第 134—148 页。

(续表)

	包含的维度	含义	举例
Environment (环境) 或 Experience (经验)	学习参与	投入到学习中的时间和精力	课堂讨论、师生互动等
	教学体验	对教师教学过程的感受	教学能力、作业布置等
	学习方法	处理学习材料的目的和策略	深层学习、浅层学习
	情感投入	投入的情感因素	意义感知、兴趣投入
Output (结果)	满意度	对课程各方面的满意情况	目标、内容、授课等
	学习收获	各种能力上的进步情况	表达能力、哲学理解等

3. 研究方法

本研究主要采用问卷调查的方法展开研究。调查的样本对象为南京大学三年级所有曾经选修过哲学通识课程的学生,被调查的学生需要对过去两年自己修读的哲学通识课程总体(而非某一门具体的哲学通识课程)进行回溯性判断。因此,调查的结果一方面控制了学生的年级差异所带来的干扰效应,另一方面也反映了哲学通识课程整体的学情状况。为了提高调查数据的质量,课题组在分发问卷的时候,同时向学生赠送相应的小礼品以示感谢。调查数据回收之后,剔除了极为少量的低质量问卷之后,最后共搜集到825个有效样本。总体而言,样本的数据质量比较高。样本的构成情况见表2。

表 2 调查样本的基本情况

变量	选项	人数	百分比
性别	男	448	54.3%
	女	376	45.6%
家庭所在地	乡镇	204	24.7%
	县城	267	32.4%
	地级及以上城市	351	42.5%
专业	人文学科	115	13.9%
	社会科学	188	22.8%
	自然科学	290	35.2%
	工程技术	188	22.8%
	医学及其他	44	5.3%
家庭经济情况	低收入	82	9.9%
	中低收入	157	19.0%
	中等	495	60.0%
	较富裕	83	10.1%
	富裕	5	0.6%

所有的数据最后均输入 SPSS20.0 进行统计分析。具体的统计分析方法主要有描述性统计、均值检验、聚类分析和回归分析，研究者将根据具体的研究问题选用适合的统计方法进行操作。

二、研究发现及分析

本研究的发现将主要围绕两个维度来呈现，第一个维度是现状的维度，即按照 I-E-O 模式的各个方面，呈现学生学情的实然状态;第二个维度是关系的维度,即根据 I-E-O 模式中的几个关键性关系(如 I-E 关系、E-O 关系等),选择一些关键的变量,通过变量间关系的挖掘,呈现影响学生学习质量的关键机制。

1. 现状的维度:学生学情的实然状态

(1) 输入维度(Input)的学情状况

从输入维度(Input)来看,"选课动机"这一变量值得关注。选课动机是指学生选修哲学通识课程的内在驱动性因素。问卷共设计了 13 个题项来进行调查,经过因子分析,共可抽取出两个因子,即内部动机和外部动机。内部动机指的是,学生主要是出于内在的兴趣、知识的追求、视野的开阔等方面的原因来选修哲学通识课程;外部动机指的是,学生是出于完成学分要求、获得高分成绩等外部方面的原因来选修哲学通识课程。统计结果表明,内部动机的均值为 4.57,外部动机的均值为 3.26。根据计分方法,学生在各个题项上从 1—6 分进行选择,4、5、6 分分别代表"较符合"、"符合"、"非常符合"。由此可见,内部动机的均值处于"较符合"至"符合"之间,说明学生的选课动机较符合内部动机;而外部动机的均值处于"较不符合"至"符合"之间,说明学生的选课动机较不符合外部动机。

如果以 1—6 分的中值 3.5 分为标准,我们可以判断,选择的均值高于 3.5 分的学生,其动机就更加符合所对应的动机类型。结果表明,对于外部动机而言,得分大于 3.5 分的学生比较少(约34%);对于内部动机而言,选择大于 3.5 分的学生人数非常多(约93%)。所以,可以确认,绝大部分学生选择哲学类通识课程的主要动机因素应当是内部动机因素。

(2) 环境或经验维度(Experience & Environment)的学情状况

环境或经验维度的学情状况可以进一步从学习参与

(learning engagement)、学习方法、情感投入、教学感知四个方面进行解析。前三个方面属于经验的方面,反映的是学生学习过程中的经验、投入等状况。第四个方面属于环境的方面,反映的是学生对所提供的教育环境的感知和体验状况。

首先,就学习参与这个指标而言,其一直被国内外高等教育界视为评判教学质量的重要指标①。按照这个概念的最初提出者乔治·库(Kuh)的定义,学习参与指的是大学生在课堂内外的有效教育活动中所付出的时间和精力。本次调查共设计了 16 个题项,通过因子分析和主成分分析,共抽取出三个因子,即:课堂讨论与师生交流、良好学业习惯、同伴互动与合作。按照 3 分为"有时"、4分为"较多"、5 分为"经常"、6 分为"总是"的计分方式,各个因子的均值得分在 4 分及以上,就表明参与度较高;反之,则表明参与度较低。根据统计,课堂讨论与师生交流的均值为 3.26,均值偏低;良好学业习惯的均值为 4.37,均值较高;同伴互动与合作的均值为 3.38,均值偏低。由此可见,在哲学通识课程上,课堂互动偏少,同伴互动偏少,但学生的学业习惯较好。

第二,学习方法是另一个考查学生学习质量的重要指标,它反映的是学生在处理学习任务和学习材料时所具有的动机和采用的策略。② 按照马顿(Marton)、比格斯(Biggs)、恩特威斯特尔(Entwistle)等欧美学者的共识性观点,深层学习(deep learning)

---

① 吕林海、张红霞:《中国研究型大学本科生学习参与的特征分析——基于 12 所中外研究型大学调查资料的比较》,《教育研究》2015 年第 9 期。

② 吕林海、龚放:《大学学习方法研究:缘起、观点及发展趋势》,《高等教育研究》2012 年第 2 期。

和浅层学习(surface learning)为两种典型的学习方法。[1] 前者指向于对文本意义的关注,后者指向于能够机械地完成问题的解答、对文本进行背记而非理解。本次调查共设计了 13 个题项来调查学生的学习方法,经过因子分析,可以印证性地抽取出深层学习和浅层学习两个因子。统计结果表明,深层学习方法的均值是4.11,浅层学习方法的均值是 3.73。如果以 4 分为标准线(4 分被标记为"有时"),倾向于深层学习方法的学生人数占 65.6%(均值超过 4 分的人群比例);而倾向于采用浅层学习方法的学生人数则比较少,占 47.2%(均值超过 4 分的人群比例)。总体而言,学生更多地采用深层学习方法,更少地采用浅层学习方法。

第三,情感参与也是一个考察学习质量的重要维度,它试图从非认知因素的视角揭示学生在学习过程中的情绪、兴趣、认同等内在的深层心理状态。现代脑科学的研究已经证明,"认知、情感和身体是彼此深深地联系在一起的,消极的、无助的、焦虑的情感状态必然压抑人的认知状态,损伤学习的效果"[2]。情绪心理学家Nussbaum 更是直言,"情感不仅仅是理性创造物心理机制的动力来源,也是创造物理性自身非常复杂和凌乱的组成部分"[3]。本次调查共设计了 6 个题项来测量情感因素,6 个题项的总均值为4.67 分,超过了 4 分的标准线,说明学生在哲学通识课程上的情感投入程度较高。在 6 个具体的题项均值中,"觉得通识课重要"、

---

① 〔澳〕普洛瑟、〔澳〕特里格维尔:《理解教与学:高校教学策略》,潘红等译,北京大学出版社 2007 年版,第 4—7 页。

② 〔美〕凯恩:《创设联接:教学与人脑》,吕林海译,华东师范大学出版社 2004 年版,第 1—2 页。

③ 〔美〕舒尔茨:《教育的感情世界》,赵鑫等译,华东师范大学出版社 2010 年版,第 169 页。

"觉得通识课程有价值"的均值得分甚至超过了 4.5 分,这说明,学生对哲学课程的意义有着深度的认同感。

第四,教学感知是学生对教学情境的一种质量判断,它作为环境因素,对于学生的学习经历状况会产生显著的影响。如果把教师的教学作为一种客观的存在,那么,学生对这种环境的感知则是一种主观的感受,而这种主观的感受才是"引发学生是否投身学习的关键"①。本次调查一共设计了 14 道题项。经过因子分析,可抽取出两个因子。第一个因子为"优质教学水平",主要涉及讲课能激发学生兴趣、讲课有层次性和梯度性、讲课清晰、课前准备充分、能与学生保持互动等方面。第二个因子为"适当的作业与考核方式",主要涉及老师能布置有针对性的任务或作业、对作业完成情况能及时反馈、课程考核方式恰当等。经过统计,"优质教学水平"的均值为 4.78,"适当的作业与考核方式"的均值为 4.46。按照 1—6 分的计分方式,4—6 分标记为"较符合"、"符合"和"非常符合"。可以看出,一方面,学生对教学环境的感知有着较高的评价;另一方面,相对于作业和考核方式,学生对教师的教学水平评价更高。

（3）结果维度（Output）的学情状况

本次调查主要考察两个方面的学习结果:一是学生对哲学通识课程的学习满意度;二是学生通过哲学通识课程所获得的能力进步情况。

首先,从学习满意度的情况来看,本次调查共设计了 8 个满意度题项,学生需要从"很不满意"、"不满意"、"较不满意"、"较满

---

① 吕林海、龚放:《大学学习方法研究:缘起、观点及发展趋势》,《高等教育研究》2012 年第 2 期。

意"、"满意"、"非常满意"中进行选择。为便于统计,我们把每个题项中选择"较满意"、"满意"和"非常满意"的选项合并为"满意",并计算满意人群的百分比。统计结果表明,92.8%的学生对"目标定位"感到满意,"内容安排"的满意百分比为93.2%,"授课方式"为92.3%,"考核评价"为89.7%,"教学材料"为87.5%,"整体收益和进步"为89.3%,"整体学习经历"为90.4%,"总体的课程满意度"为94.2%。综合而言,学生对哲学通识课程的满意程度还是比较高的。

第二,从能力进步的情况来看,本次调查共设计了17道题项来考察学生的各种能力进步。课题组首先通过因子分析的方法来简化题项,共抽取出3个因子。第一个因子为"信息与思维能力",指的是学生在各种思维能力、各种信息搜集能力上的进步情况。第二个因子为"哲学理解和智慧",指的是哲学通识课程所带给学生的哲学认知及独特的思维品质等的发展,如"对哲学概念的理解"、"对哲学体系的理解"、"哲学知识的运用能力"、"对人生的意义和理解"等。第三个因子为"文化通感与理解",指的是学生通过哲学课程的学习,形成的一种对人类发展、历史发展、文化发展的整体视野和思考。可以看出,后两个因子其实更加体现出哲学课程所给予学生的独特发展价值。经过统计,"信息与思维能力"进步的均值为2.81,"哲学理解和智慧"进步的均值为2.83,"文化通感与理解"进步的均值为2.69。本部分调查为4点计分,1分表示"没有进步",2分表示"较小进步",3分表示"较大进步",4分表示"很大进步"。因此,如果以2.5分作为中间得分,那么,三个能力进步因子的得分都超过了2.5,说明学生在三个指标上都取得了较好的进步情况。相比较而言,学生在最后一个因子"文化通感与理解"上的进步分值最低,接近2.5这个中间值。

2. 关系的维度:学生学习质量的内在影响机制

在 I-E-O 模式内的诸多变量关系中,笔者试抽取出几个关键性的关系进行分析,以获得最具价值和针对性的机制洞见。

(1) 选课动机的影响(Input 的影响)

选课动机是一种学习的启动性因素,那么,学生在哲学通识课程上的选课动机是否以及怎样去影响学生的学习投入和学习结果,这是值得考量的重要问题。

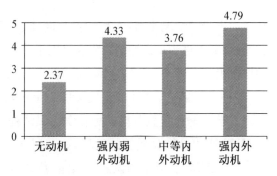

图 1　不同动机人群在深层学习方法上的得分比较

根据前述的分析,学生的选课动机主要分为内部动机和外部动机两种,并且,学生在内部动机上的得分更高。由于每个学生个体所持有的动机往往是复杂多样、彼此融合的,所以,我们就可以从每个个体的角度去分析动机组成情况,进而分析不同动机类型的群体之间在学习参与、学习方法和学习结果上的差异状况。

通过聚类分析(cluster analysis)的方法,以两种动机为聚类变量,可以得到四类学生群体,即无动机(内部动机和外部动机均极弱,占 0.8%)、强内弱外动机(内部动机很强、但外部动机很弱,占 35.5%)、中等内外动机(内部动机和外部动机均处于中等状态,占 48.9%)、强内外动机(内部动机和外部动机都很强,占

14.8%)。经过单因素方差分析,四个人群之间在深层学习方法上彼此之间存在显著的差异 F(3,820)=66.334,p<0.001。

由图1可见,强内外动机的学生的深层学习得分最高(4.79分),其次是强内弱外动机的学生(4.33),中等内外动机的学生的深层学习得分再次之(3.76),无动机的学生表现最差(2.37)。

进一步分析动机与学习参与之间的关系,可以发现,强内外动机的学生群体,在三种学习参与维度上的得分都最高(见图2)。我们似乎看到一个普遍且有趣的模式,即内外动机都强烈且平衡得最好的学生,似乎是学习参与上做得最好的学生,外部动机对中国学生而言并不一定是完全消极的动机。除此之外,持有更强内部动机的学生,相对而言,在学习参与的积极程度上要高于较弱内部动机的学生。

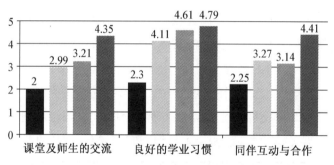

图 2　不同动机人群在学习参与上的得分比较

对学习进步中的三个维度而言,不同动机的人群也表现出显著的差异。由图3可见,仍然是那些内外动机都高的学生,在三个进步维度上也得分最高。其次是内部动机高但外部动机低的学生。内外动机弱甚至没有动机的学生,进步的幅度最低。

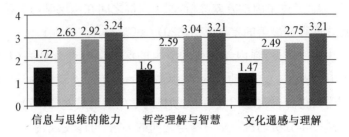

图 3　不同动机人群在学习进步上的得分比较

（2）学习方法所产生的影响（Experience 的影响）

如果我们把深层学习方法和浅层学习方法按照人群进行 4 分类聚类，可以得到四类人群，即学习游离型（两类学习方法的得分都低）、浅层主导型（浅层方法得分很高、深层方法得分很低）、深层主导型（深层方法得分很高、浅层方法得分很低）、深浅共通型（深层和浅层得分都很高）。深浅共通型学生占 48.7%，浅层主导型占 12.4%，学习游离型占 7.1%，深层主导型占 31.8%。

根据统计比较，由图 4 可见，在三种学习进步的类型上，"深层主导型"和"深浅共通型"的学生表现显著优于"学习游离型"和"浅层主导型"的学生。而"深层主导型"和"深浅共通型"的群体之间

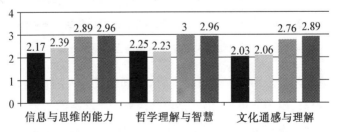

图 4　不同学习方法人群在学习进步上的得分比较

没有显著差异。这说明,无论是否采用浅层学习方法,深层方法对学生的学习收获都存在着关键的影响。

(3)学习参与所产生的影响(Experience 的影响)

在已有的各种学术研究结论中,学习参与往往是影响学生学习进步的重要因素。那么,大学生在通识课程上的学习参与究竟如何影响各种学习进步的结果因素的? 在本研究中,笔者把三个学习参与的因子(课堂及师生的交流、良好的学业习惯、同伴互动与合作)作为自变量,把三个学习进步的因子(信息与思维的能力、哲学理解与智慧、文化通感与理解)作为因变量,运用多元线性回归的方式进行了分析。分析的结果见表3。

表 3　学习参与的三个因子对学习进步产生的影响

因变量	预测变量	R	R^2	F	Sig	Beta	B	Sig
信息与思维的能力	方程模型	0.545	0.297	98.198	0.000			
	课堂及师生的交流					0.284	0.143	0.000
	良好的学业习惯					0.294	0.184	0.000
	同伴互动与合作					0.070	0.031	0.133
哲学理解与智慧	方程模型	0.531	0.282	91.180	0.000			
	课堂及师生的交流					0.294	0.164	0.000
	良好的学业习惯					0.278	0.192	0.000

（续表）

因变量	预测变量	R	R²	F	Sig	Beta	B	Sig
	同伴互动与合作					0.058	0.028	0.220
文化通感与理解	方程模型	0.556	0.310	104.152	0.000			
	课堂及师生的交流					0.349	0.204	0.000
	良好的学业习惯					0.162	0.118	0.000
	同伴互动与合作					0.139	0.071	0.003

由表3可见，学习参与中的"课堂及师生的交流"与"良好的学业习惯"会影响三个学习进步的结果变量，而同伴互动与合作对于"文化通感与理解"也会产生显著的影响。总体而言，强化师生互动、课堂交流，加强同伴互动，养成良好的学业习惯，对学生的学习结果的达成都是非常重要的。

（4）教学感知所产生的影响（Environment 的影响）

教学感知也属于过程性变量，但其主要被定位为环境变量（Environment），它是学生对客观教学环境的一种主观感知。按照已有的大学学习理论，教学感知是一个相对于学习方法、学习参与等变量而言的一个前置变量，也就是说，学生是在对教学环境的一种无言体会基础之上展开学习活动的。[①] 基于此，我们需要进

---

① ［澳］普洛瑟、［澳］特里格维尔：《如何提高学生学习质量》，潘红等译，北京大学出版社 2013 年版，第 70—80 页。

一步探究和验证,大学生在哲学通识课程上的教学感知是否以及如何影响了学生在学习方法、学习参与、情感投入等方面的表现。

表4表明,两个教学感知因素(优质教学水平、适当的作业与考核方式)和深层学习方法、课堂及师生的交流、良好的学业习惯、同伴互动与合作、情感投入等都有中等程度的显著相关性。这再一次证明,教师的教学水平和考试及作业的设计反馈等方面,都对学生能否投入到学习中、能否深度地学习,具有显著的影响。

表4 教学感知与学习方法、学习参与、情感投入的相关性

	深层学习方法	课堂及师生的交流	良好的学业习惯	同伴互动与合作	情感投入
优质教学水平	0.486**	0.410**	0.450**	0.302**	0.499**
适当的作业与考核方式	0.409**	0.434**	0.481**	0.384**	0.377**

** 代表 $P<0.01$;* 代表 $P<0.05$。

三、讨论及建议

本文主要获得了如下的研究结论。第一,学生选修哲学通识课程的动机偏向于内部动机。第二,哲学通识课程的课堂及师生互动偏少,同伴之间的互动偏少,但学生的学业习惯较好。第三,在教学体验和感知上,学生对教师的教学水平评价很高,对作业和考核的设计也具有较高的评价。第四,在学习方法的使用上,学生使用深层学习方法的情况较好,同时采用深层和浅层学习方法的学生比例达到41.6%。第五,学生对哲学通识课程有良好的情感投入状态,特别是对通识课程的价值和意义更具认同感。第六,学生对通识课程的目标、内容、授课、整体经历等的满意度都非常高,满意的比例几乎都达到了 90% 以上。第七,学生在"信息与思维能力"、"哲学知识和智慧"等方面取得了较好的进步,在"文化通感和理解"上的进步略小。

基于上述的基本结论,再结合本文所得到的几个重要的关系结论,笔者试进行如下三个方面的讨论,并进一步提出改进哲学通识课程的若干建议。

第一,要重视选课动机的重要性,特别是内部动机的价值。本研究发现,内部动机高的群体(无论是强内弱外动机群体,还是强内外动机群体),他们在深层学习方法、学习参与、学习进步等方面,都明显强于内部动机弱的群体。这其实再一次印证了人性的本质,即"人天生是一个理性的精神存在,内在的好奇心、求知欲深层而持久地驱动着人类去探索和学习","内在地、理性地建构世界,体现了人在满足缺乏性动机之后的一种更高的丰富性动机,它体现了人是一种精神存在物"[1]。尽管本研究证明了中国学生动机构成的独特性,即"中国学生的外部动机和内部动机往往是彼此整合、相互促进的"[2],但是,对于东西方学生而言所共有的规律特征是:内部动机是根本、是支柱、是引擎,没有内部动机的支撑,外部动机是难以产生持久的、深层的认知推动力的。基于上述的分析,促进和提升学生选修哲学通识课程的内部动机,就显得颇为重要了。笔者建议,首先,大学应当提供更多门数的哲学通识课程,

---

① 夏甄陶:《人是什么》,商务印书馆 2000 年版,第 180—226 页。

② D. A. Watkins, "Learning Theories and Approaches to Research: A Cross-cultural Perspective", In D. A. Watkins, J. B. Biggs(ed). *The Chinese Learner: Cultural, Psychological and Contextual Influences*, CERC, 1999, pp. 3 - 24.

这除了因为哲学通识课程在智慧涵养上的重要价值之外，还在于通过多样化课程的供给来增强课程的可选择性，从而可以更好地满足学生差异化的兴趣需求。其次，大学应当加强对各门课程的宣传和介绍，比如在网络上有比较详细的课程大纲或介绍供学生查阅、用更具亲和力的语言呈现课程与生活的联系等，这样就可以打破哲学在学生心目中的畏途形象，激活学生的求知热情，提高学生的修课积极性。最后，认真上好每门课，其实是增强学生内部动机的根本。笔者在访谈中发现，很多学生往往会通过各种渠道了解所感兴趣的通识课程的质量，并在此基础上做出理性的选择，很多高质量的通识课程也的确门庭若市、大受欢迎。所以，如果把课程门数的增多、加强课程的介绍看作外部的、管理性的措施，那么，站好讲台、上好课程，其实就是一种内部的、本质性的举措，其对学生的意愿、发展等的影响也一定是深层而久远的。

第二，要尽可能促使学生使用深层方法展开学习。本研究证明，一方面，使用单一的浅层方法的学生和完全游离的学生，占了大约20%的比例；另一方面，深层学习方法与学生的学习收获关系紧密。这说明，哲学通识课程的授课教师，要尽可能关注那20%的学生，这是提升课程质量的重要方面。那么，该如何关注呢？有什么样好的措施呢？笔者有如下两点建议。其一，要通过动机激发，促进深层学习的产生。这里的动机，不仅仅包含选课动机，也包含进入课堂之后的学习动机。深层学习是一种以建构意义、深度理解为目标的学习，因此，首先要让学生愿意以此为目标展开学习才行。这就需要教师要站在学生的角度思考教学，通过生活的实例、有趣的案例等引入深奥的哲学思想，营造一种"润泽的、气息相通的学习情境"①，深层激活学生思考哲学的兴趣和欲望。其二，要通过教学引领，促进深层学习的展开。美国大学学习与教学领域的著名学者比格斯(John Biggs)提出了"建构性校准"(Constructive Alignment)概念，其核心是指，欲让学生能深度地展开学习，教师就要保持高度的灵敏度，采用并调整教学方法，促进教学效果达到更优。② 例如，理想的方法当然是教会学生整体性地把握教材背后的知识结构、原理和思想，但要完成这种抽象的结构建构的任务，必然需要教师设计更多的学生活动，如小组讨论、案例分析、全班展示、问题解决、聆听反馈、反思改进等。但使用什么样的活动、何时停止使用、何时补充活动等，均需要教师时刻进行教学的评估、审视和判断，这既取决于教师的教学专业知识和水平，也取决于教师的教学经验和艺术。正如日本东京大学教育学院的佐藤学教授所指出的，"优秀的教学是'花'，花的呈现背后是教师'技'与'道'的深层结合、是教师作为'专家'和'工匠'的深层结合"③。

第三，增强学生的学习参与度尤为重要。本研究有两个主要的发现：一方面，参与度越强，学生在学习上的收获就越大，其中，课堂讨论、师生互动、学业习惯的影响尤其大；另一方面，学生在哲学通识课程上的学习参与度不太高，认真听讲、遵守规范而非主动发言、积极互动，似乎仍是哲学通识课堂的主要学习特征。笔者认

---

① 〔日〕佐藤学：《静悄悄的革命——课堂改变、学校就会改变》，李季湄译，教育科学出版社 2014 年版，第 19 页。

② John Biggs, "Enhancing Teaching Through Constructive Alignment", *Higher Education*, 1996, p. 32.

③ 〔日〕佐藤学：《教师花传书——专家型教师的成长》，陈静静译，华东师范大学出版社 2016 年版，第 7 页。

为，第一个发现证明了"促进学习参与"是一个具有跨文化适应性的教育策略；第二个发现则进一步佐证了笔者先前的诸多研究发现，即对于中国学生而言，源于文化和教育传统的深层影响（如谨言慎行、尊师守礼等），学习参与仍然是一个需要奋力跨越的学习鸿沟。笔者认为，简单地采用提问、讨论的课堂互动方式以增强学生的学习参与度，往往因学生的保守学习倾向而导致课堂的沉默现象的发生。[①] 基于此，笔者建议，要打破禁锢在中国学生身上的保守坚冰，可资借鉴的一个有效教学模式为"讲授＋研究＋展示"模式，即对全班进行分组，每个小组设计一个探究性问题，在最后的三次课上每个小组展示对问题的研究结果，小组对问题的研究过程贯穿在前期的教师正常上课进程之中。笔者在南京大学通识课程的教改活动中尝试了这种"讲授＋研究＋展示"的教学模式，实验班级为社会学科的通识课程班级。实验结果证明，这种模式相对于传统的"讲授＋提问"模式，有着更好的学习参与效果，并能使学生达到更优的学习结果。笔者认为，哲学作为一门更加关注"智慧"乃至"爱智慧"的学科，天然地适合于"智识的自由参与"，因此，任课教师可以发挥自己的教学想象力，创造适合于所教学科、适合于自身风格的参与式的哲学通识课堂，并最终赋予学生智慧和灵性的真正成长！

---

① 吕林海：《中国学生的保守课堂学习行为及其与中庸思维、批判性思维等的关系》，《远程教育杂志》2015 年第 5 期。

后　记

　　2009 年,南京大学启动"三三制"本科教学改革,南京大学哲学系顺势而为,着手开展哲学通识教育改革与建设。为了做好这一工作,南京大学哲学系成立了以张亮教授为首的哲学通识教育研究团队,一方面在全校范围内开展实证调研,全面了解和掌握不同层次的学生对哲学教育的需要,另一方面通过对境外一流大学哲学通识教育体系的比较研究,对哲学通识教育形成了较为全面的理性认识。在此基础上,我们逐步明确了中国哲学通识教育改革建设的指导纲领和培养目标,等等。经过 5 年多的探索与实践,南京大学哲学系精心打造了一套以"认识世界,立德树人"为宗旨,以"主流价值观的引导、传统文化的传承、创新思维的培育和世界视野的塑造"为核心的四级哲学通识课程体系(哲学经典导读—新生研讨课—文化素质课—通识课),并依托互联网+,建设了一批与哲学通识课程相配套的在线开放课程和慕课。这套体系的根本特色可以概括为:"育人(Culturing)为本"、"核心价值观(Core values)引导为纲"、"经典(Classics)传承为基"、"批判思维

(Critical thinking)培育为轴"、"互联网＋(线下与线上课程的融合)为翼",因此,我们将其称为以"4C＋"为核心的哲学通识教育体系。

　　本书是南京大学哲学系近 5 年来在哲学通识教育建设方面所进行的理论研究和实践探索的总结。在内容上主要包括三部分:一是哲学通识教育的理念研究,主要包括第 1—3 章;二是哲学通识教育的历史与实践研究,包括第 4—7 章;三是中国特色的哲学通识教育体系的探索与建构,包括第 8—9 章。本书由南京大学哲学系张亮教授和孙乐强副教授共同主持编写。参与编写人员及分工情况如下:

　　第一章　孙乐强(南京大学哲学系)

　　　　　　赵春雷(南京工业大学继续教育学院)

　　第二章　刘　鹏(南京大学哲学系)

　　第三章　张秀勤(南京大学马克思主义理论博士后流动站)

　　第四章　孟振华(南京大学哲学系)

　　第五章　张　晓(苏州科技大学马克思主义学院)

　　第六章　孙　寅(南京大学哲学系)

　　第七章　郭明姬(南京大学哲学系)

　　第八章　马　曦(南京大学研究生院)

　　　　　　张秀勤(南京大学马克思主义理论博士后流动站)

　　　　　　张　亮(南京大学哲学系)

　　第九章　施林森(南京大学教师教学发展中心)

　　　　　　钱梦旦(苏州科技大学国际教育学院)

陈琳(南京大学软件学院)和魏宁海(南京医科大学研究生院)参与了本书部分内容的前期准备工作。

　　本书结尾附了三篇附录:

附录一是本团队于 2011 年在南京大学进行的本科生哲学素养调查的报告分析；

附录二是本团队于 2014—2015 学年在南京大学开展的哲学通识教育效果的追踪调查报告；

附录三是 2016 年南京大学哲学系委托南京大学教育研究院吕林海副教授，对整个哲学通识教育体系的效果、质量和存在问题进行的"第三方"评估的调研报告，完全由吕林海副教授独立完成。

孙乐强副教授协助张亮教授设计了本书的体系结构，并协助张亮教授进行统稿，郭明姬、孙寅助理研究员承担了本书的文字编辑、格式统一等技术事务性工作。

5 年多来，我们的工作始终得到南京大学教务处、南京大学教师教学发展中心的领导和同志们的大力支持，在此特表诚挚谢意！在本书修改定稿的工作中，南京大学教育研究院吕林海副教授给予我们重要的学术支持，在此专表诚挚谢意。本书的出版得到南京大学出版社社长金鑫荣教授和施敏老师的大力支持，在此特致谢忱！

张 亮 孙乐强
2016 年 9 月 10 日